U0502133

质检

高等职业教育财经大类专业基础课程教材

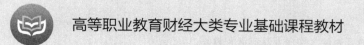

区块链金融

QUKUAILIAN JINRONG

主　编　陈俊金　袁　亮　吴金旺

副主编　王　琳　苑　梅　刘全宝　施亚东

新形态
教材

中国教育出版传媒集团

高等教育出版社·北京

本书另配：教学课件
　　　　　课程标准

内容提要

本书是高等职业教育财经大类专业基础课程教材。

本书从商科类专业需求出发，介绍了区块链的基本概念以及区块链技术对金融业的巨大作用和影响。全书共分为 6 个项目，分别是区块链金融基础、区块链在传统银行业务中的应用、区块链在数字银行业务中的应用、区块链在证券业务中的应用、区块链在保险业务中的应用和区块链金融的未来。本书注重理论与实践相结合，突出"以学生为主体，以教师为主导，'教学—训练—考核'为主线"的现代高职教育教学新思路，通过案例和实训操作帮助学生快速了解并掌握区块链相关知识，具有较强的系统性、可读性和实用性。为了利教便学，部分学习资源（微课视频）以二维码形式提供在相关内容旁，可扫描获取。此外，本书另配有教学课件、课程标准等教学资源，供教师教学使用。

本书既可作为高等职业教育财经大类专业基础课程教材，也可作为相关专业技术资格考试的参考用书、企业在职人员的培训用书。

图书在版编目（CIP）数据

区块链金融 / 陈俊金，袁亮，吴金旺主编. —北京：
高等教育出版社，2022.10
ISBN 978 - 7 - 04 - 057702 - 0

Ⅰ. ①区… Ⅱ. ①陈… ②袁… ③吴… Ⅲ. ①区块链
技术–应用–金融–高等职业教育–教材 Ⅳ.
①F830.49

中国版本图书馆 CIP 数据核字（2022）第 018854 号

策划编辑 毕颖娟 宋 浩　　责任编辑 宋 浩 蒋 芬　　封面设计 张文豪　　责任印制 高忠富

出版发行	高等教育出版社	网　址	http://www.hep.edu.cn	
社　址	北京市西城区德外大街 4 号		http://www.hep.com.cn	
邮政编码	100120	网上订购	http://www.hepmall.com.cn	
印　刷	上海天地海设计印刷有限公司		http://www.hepmall.com	
开　本	787mm×1092mm　1/16		http://www.hepmall.cn	
印　张	16.75			
字　数	386 千字	版　次	2022 年 10 月第 1 版	
购书热线	010-58581118	印　次	2022 年 10 月第 1 次印刷	
咨询电话	400-810-0598	定　价	35.00 元	

本书如有缺页、倒页、脱页等质量问题，请到所购图书销售部门联系调换

前　言

近年来,联合国、国际货币基金组织等机构以及多个发达国家先后发布了有关区块链的系列报告,探索区块链技术及其应用。区块链(blockchain)是一个信息技术领域的术语。从本质上讲,它是一个共享数据库,存储于其中的数据或信息,具有不可篡改、全程留痕、可以追溯、公开透明、集体维护等特征。

习近平总书记强调,把区块链作为核心技术自主创新的重要突破口,加快推动区块链技术和产业创新发展。"区块链"已走进大众视野,成为社会的关注焦点。

本书以理论和实践相结合的方式,让学生们了解并掌握区块链的思维方式、基础知识和基本操作,使其对区块链知识及技术有初步了解,同时也为深入学习区块链技术奠定基础。

本书主要特色如下:

1. 理实一体,任务驱动

本书通过合理的任务设计和丰富的实训操作,将知识和技能融为一体,辅助教师更好地进行讲解。大多项目采用"理论+实训"的模式编排,使学生在掌握相关技能的同时巩固所学知识。

书中以"项目引领,任务驱动"为教学思路,将每个项目按照知识点划分为具体的任务,大多项目按照"案例导入—学习目标—素养目标—章节脉络—项目内容—实训"来设计,形成一个完整的工作过程。

2. 内容精练,循序渐进

本书以区块链的理论体系为依据,将教学内容划分为 6 个项目,项目一介绍了区块链金融基础知识,项目二至项目五分别讲述了区块链在传统银行业务、数字银行业务、证券业务以及保险业务中的应用场景,引导学生深入了解和学习区块链技术在金融领域的运用,项目六介绍了区块链金融的未来价值和发展趋势,让学生能够直观感受到区块链技术所带来的颠覆性改变。同时每一项目设置对应的实训操作,使学生能在上机操作的过程中巩固所学知识,进一步培养区块链思维,提升综合素养。

3. 资源丰富,利教便学

本书配有中国慕课(MOOC)、智慧职教在线开放课程(中国慕课学习网址：//www.icourse163.org/spoc/course/YPI‑1459810161?from＝searchPage;智慧职教学习网址：//www.icve.com.cn/portal＿new/courseinfo/courseinfo.html?courseid＝02iqaa6ss4vcstfpwmxesq)。为了利教便学,部分学习资源(微课视频)以二维码形式提供在相关内容旁,可扫描获取。此外,本书另配有教学课件、课程标准等教学资源,供教师教学使用。在此感谢北京知链科技有限公司向我们提供区块链金融创新实训平台软件的试用机会。

本书由扬州工业职业技术学院团队编写,陈俊金、袁亮、吴金旺担任主编,王琳、苑梅、刘全宝、施亚东担任副主编。具体编写分工为：项目一由陈俊金、袁亮、吴金旺编写,项目二由陈俊金、巫昊旻编写,项目三由陈俊金、陈晨编写,项目四由王琳、苑梅、王泉编写,项目五由王琳、姜雨丝、施亚东编写,项目六由陈俊金、施逸文编写。北京知链科技有限公司刘全宝提供软件应用支持。全书由袁亮总纂定稿。

在编写过程中,我们参阅了大量文献资料,在此对这些资料的作者表示诚挚的谢意! 由于编者水平有限,书中难免存在疏漏之处,敬请广大读者批评指正。

编　者

2022 年 6 月

目　录

资源导航

项目一
区块链金融基础

 **案例导入**

区块链去向何处

2008年11月1日,一个自称"中本聪"的人在一个隐秘的密码学讨论邮件组上贴出一篇研究报告,阐述了他对电子货币的新构想,比特币就此问世,区块链也随之产生。但区块链并不等同于比特币,而是比特币及大量加密数字货币的底层实现技术体系。

互联网上的贸易,几乎都要借助金融机构作为可信赖的第三方来处理电子支付信息。但金融中介会增加交易成本,限制了实际可行的最小交易规模,也限制了日常的小额支付交易。基于此,人们需要另一种电子支付系统,它能使任何达成一致的双方直接进行支付,不需要第三方中介参与。

区块链便是一个链式数据结构存储的分布式账本(数据库),可以在弱信任环境下,帮助用户分布式地建立一套信任机制,保障用户业务数据难以被非法篡改、公开透明、可溯源。简而言之,每个参与者手上都有一个独立账本。每一次变化,记一次账,就要对所有参与者进行广播,所有人都确认后,才能被记录到账中。

例如,如今医院普遍采用电子健康病历,但数据难共享。在医疗数据中心化存储下,真实安全和隐私保护也得不到保障。而区块链通过不可篡改和加密技术能够对病历信息进行确权,患者、医院或医疗机构通过设置获取权限来解决数据共享后的数据权利问题和责任划分问题。医疗数据区块链共享平台便可成就很多应用场景,病人历史数据等信息可以上链,病史和影像资料可供进入系统的人员查看。这些医疗数据还可以用来建模和机器学习。

区块链技术的集成运用在新的技术革新和产业变革中起着重要作用。我们要把区块链作为核心技术自主创新的重要突破口,明确主攻方向,加大投入力度,着力攻克一批关键核心技术,加快推动区块链技术和产业创新发展。

那么,区块链究竟是什么?区块链能够应用在哪些方面?

学习目标

1. 掌握区块链的含义。

2. 熟悉区块链的起源和发展。

3. 掌握区块链的特点。

4. 理解去中心化的含义。

 素养目标

1. 初步认识区块链，对区块链有一个轮廓性的了解。

2. 了解虚拟货币转账在一定程度上提高了社会交易效率。在不远的将来，它会更加深刻地影响着人们的行为方式和相处方式。

3. 能使用操作平台创建节点、建链并搭建区块链钱包。

 章节脉络

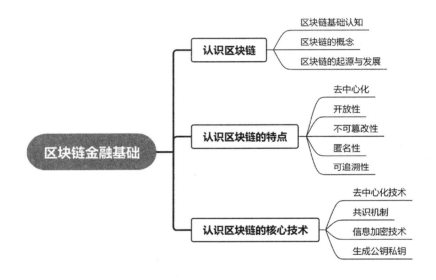

任 务 一　认 识 区 块 链

一、区块链基础认知

人们"双十一"在网上购物，平时点外卖，这是怎样实现的呢？支持这些行为的基础就是互联网数据与数据间的传输方式。客户在网上购买了一件衣服，远在广州的商家就能接收到该客户的需求信息，从而实现交易。这是该客户与商家之间通过互联网的数据与数据传输技术实现的。如果没有数据间的传输，那些网上购物、点外卖等信息，商家也就无法得知。互联网技术给人们的生活带来了翻天覆地的变化。而区块链，也将作为一种新技术改变人们的未来，为未来的社会智能化提供支撑。

学者认为：不是机器人，不是大数据，甚至不是人工智能，而是区块链将引发人

区块链基础
认知

类第四次工业革命,并重新定义互联网甚至人类社会。

近些年来,新兴的IT技术开始涌现,如大数据、云计算、人工智能、5G,以及区块链。在不久的将来,人们将会看到以人工智能作为支撑的无人驾驶、智能交通、会学习的机器人。同时,人们也将会看到以区块链作为支撑的智能合约、智能保险、数字货币等涉及人类社会关系的自动、智能化处理。如图1-1-1所示。

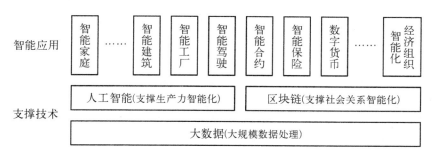

图1-1-1 智能应用的支撑技术

每个人都处在人类社会的关系中,人类社会不是抽象的单个人的机械相加,每个人都需要与其他人交流合作。传统的社会关系主要依赖的是"人"。

只要有人参与的事件,或多或少都会受个人情绪和偏好的影响,从而在一定程度上影响社会关系构建的公正性和效率。

如图1-1-2所示,可以将区块链理解为是一个支撑社会关系智能化的关键技术。

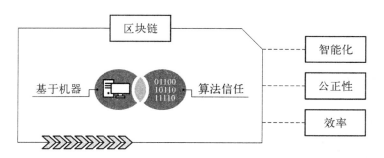

图1-1-2 支撑社会关系智能化的关键技术

☞ 特别提示:
区块链不同于传统的社会关系的信任构建模式,它基于机器和算法的信任,因此,将会促进社会关系的智能化,提高公正性和效率。

☞ 特别提示:
在社会治理和公共服务中,区块链有广泛的应用空间,将有力推动社会治理数字化、智能化、精细化、法治化水平。

二、区块链的概念

区块链是一种去中心化的分布式账本数据库,区块链技术本质上是一种数据库技术。每个区块就像一个硬盘,把信息全部保存下来,再通过密码学技术进行加密。这些被保存的信息无法被篡改。

这个定义是完全从技术层面来解释的,如果不是技术人员,理解起来就会有点困难。从这个定义中可以看出两个重点,去中心化和分布式账本,这也是区块链技术的特点。

区块链的概念

下面从应用层面来定义区块链。现在很多最初的创业合作伙伴，要么是同学，要么是朋友、同事或者同乡。如新东方创始人之间是同学关系。全世界的家族企业更是数不胜数，沃尔玛、强生、宝洁等都是家族企业。这其中离不开信任的因素，只有信任对方，相信对方能够与自己合伙创业是能持续合作的最根本原因。

传统社会建立信任，主要靠的是"熟人信任"。如血缘关系、同学关系、朋友关系。但是熟人信任存在着一些问题。一是，血缘是先天性的，后天难以获得，同学和朋友关系，需要长时间情感的投入才可以获得；二是，熟人信任的范围有限，没人能够与所有人接触、交往，获得信任；三是，熟人信任比较脆弱，会受到环境、情绪等的影响。

现在社会上也经常会出现熟人合作开始时很好，一段时间后分道扬镳甚至成为仇人的例子。因此，人们需要依靠更可靠更稳定的信任。

现代社会主要是依托第三方构建的中介信任。如购买房产，需要到房管局登记；企业上市，需要通过证券交易所；再如消费者通过淘宝、京东等平台网上购物；商家通过第三方背书的手段获取消费者的信任。这里的背书可不是小时候背课文。"背书"一词来源于银行的票据业务。票据转让时，原持有人在票据背面加盖自己的印鉴或者签名，以证明该票据真实有效，如果有问题就找原持有人。为某人背书，就是替某人做担保的意思。

消费者购买商品时，商家通过背书的方式获取消费者的信任。如，权威专家、权威媒体的宣传，产品质量的 3C 认证，明星代言，用户评价，三包承诺，等等。通过第三方手段，给予消费者安全感，获取消费者的信任。

第三方的中介信任无处不在，但是存在两个问题：第一，构建成本依然高昂，要构建一个可信任的中介品牌，就需要中介进行长期、持续的投入与品牌积累。第二，第三方信任，仍然存在着一定的风险，如淘宝交易要采用支付宝交易来降低风险，买家确认收货后，钱才会给卖家。当今社会互联网的普及，对第三方信任及平台和品牌的信任更为依赖。

因此，区块链的定义可以从技术和应用不同的层面来理解。

从技术层面来看，区块链是一种去中心化的分布式账本数据库，具有去中心化、不可篡改的特点。从应用层面来看，区块链是一种依赖机器与算法的新型信任构建模式，可以重构原来依赖于人的诸多社会活动关系，未来的智能社会需要智能的社会关系信任设施。

三、区块链的起源与发展

（一）区块链的历史起源

区块链是近几年的新名词，但其实它的历史可以追溯到四十多年前。在这一阶段，主要出现了密码朋克、密码学支付系统 Ecash，哈希现金以及时间戳等。

1. 密码朋克

1976 年，密码学大师贝利和马丁发表论文《密码学的新方向》，奠定了迄今为止整个密码学的发展方向，也对区块链的技术和比特币的诞生起到决定性作用。1992年，英特尔的高级科学家蒂姆·梅在自己家中和朋友聚会，讨论互联网应该如何更好地保护人们的隐私，他们成立了一个叫"密码朋克"的小组。1993 年，埃里克·休斯写了一本书,叫《密码朋克宣言》,正式提出"密码朋克"(cypherpunk)的概念。"密码朋克"认为保护个人隐私是自由社会的重要基石,反对政府和公司对个人隐私的侵害,以代码和密码学为武器,与当局进行长期的周旋,对密码学技术的扩散和民用发挥了至关重要的作用。加密数字货币是密码朋克长期努力的目标。

2. Ecash

1982 年,大卫·乔姆发明了密码学匿名现金支付系统 Ecash。大卫·乔姆认为分布式的、真正的数字现金系统应该为人们的隐私加密,因此他的系统里的加密使用了数字编码。支付时付款方是匿名的,收款方是非匿名的。按照他的设想,每个人都随身携带着装有匿名现金的可充值智能卡,这种智能卡可以和来自家里、公司或者政府的电子现金流畅往来。从这个设想可以看出,当时就有了云存储的雏形。但是乔姆提出的这种理念太超前了,并且当时人类社会并没有该技术大范围实施的基础条件,所以 1998 年 Ecash 宣布倒闭。

3. 哈希现金

1997 年英国密码学家亚当·贝克发明了哈希现金(Hash Cash),用到了工作量证明系统(POW),工作量证明系统也是比特币的核心理念之一。其实亚当·贝克最初发明这个系统是想解决垃圾邮件的问题,即为了避免其他人发送包含有相同信息的邮件。他的工作量证明系统解决了数字货币的一大难题,即如何保证数字货币不被交易过很多次,这就要求计算机在获得信息之前,需要做一定的工作量计算来避免重复交易。

4. 时间戳

哈伯和斯托尼塔在 1997 年提出了一个用时间戳的方法保证数字文件安全的协议。简单来说就是,用时间戳的方式表达文件创建的先后顺序,协议要求在文件创建后不能改动时间戳,这就使文件被篡改的可能性降到零。这个协议也成为比特币区块链协议的原型之一。时间戳可以保证数字货币的安全问题,也可以保证文件的先后顺序。在区块链系统中,每一个新区块生成时都会被打上时间戳,最终依照区块生成时间的先后顺序相连成区块链。

经过前面一些技术的发展,2004 年,一位密码朋克成员哈尔·芬尼提出了电子货币和加密现金的概念。其中采用了可重复使用的工作量证明机制(RPOW)。很多人认为这是中本聪发明比特币的创意来源。哈尔·芬尼是第一笔比特币转账的接受者,也是除了中本聪以外的第一个比特币矿工,在比特币发展的早期与中本聪有大量互动与交流,主要是哈尔·芬尼向中本聪报告故障,然后把它们排除。

区块链中的重要概念都是由密码朋克的成员提出来的。

(二) 区块链的数字货币阶段

区块链起源阶段,主要经历了密码朋克、密码学现金支付系统 Ecash,哈希现金以及时间戳等阶段。区块链数字货币阶段如下。

2008 年比特币诞生,进入区块链数字货币时代。

2008 年 11 月,中本聪发表了著名的论文《比特币:点对点的电子现金系统》,描述一个点对点电子现金系统,能在不具信任的基础之上,建立一套去中心化的电子交易体系。

2009 年 1 月,紧接着第一版的软件挖掘出了创始区块,像打开了潘多拉魔盒一样

☞ **事件提醒:**
　终于在 2008 年比特币诞生了,进入区块链的数字货币时代。

开启了魔咒一般的比特币时代。

虚拟货币先驱尝试的失败主要是因为他们大都是中心化的组织结构,跟政府发行的货币体系没有什么两样,一旦为虚拟货币背书的公司倒闭,或保管总账的中央服务器被黑客攻破,这个虚拟货币就会面临崩溃的风险。中本聪对大卫·乔姆的 Ecash 进行了优化,结合了时间戳、工作量证明机制、非对称加密技术以及 UTXO 等技术,最终发明了比特币。

比特币刚开始诞生的时候,人们用大写的 B 开头的 Bitcoin 指比特币这个网络系统或者网络协议,用小写的 b 开头的 bitcoin 指在这个网络上运行的数字货币。从大写和小写的不同,可以看到,早期的密码学圈子对比特币的底层技术还是非常重视的,这种重视程度远远大于比特币本身。

（三）区块链的现在与未来

现在区块链技术进入 3.0 阶段,区块链的应用已经延伸到各个领域,也就是如何将区块链运用到各行业(如金融、互联网、医疗)具体的场景中去。

☞ 特别提示:
当区块链的应用场景足够丰富之后,它的发展才能全部放置于阳光之下,人人皆可监督,区块链的商业化才能真正变得合理与合法。

区块链未来会如何发展呢?目前对区块链这个新兴技术,出现了两种不同的观点。有些人认为区块链是一个骗局;而有些人认为区块链是万能的,甚至觉得区块链是企业经济,乃至整个人类的救星。这些观点的存在,一定程度上是因为区块链还是一门比较尖端的技术,许多人对区块链并不是特别了解。

首先,区块链确实处于茁壮的发展中,在许多行业已经出现了利用区块链技术的落地应用,但同样要清楚地认识到区块链技术还处于发展萌芽期,距离成熟还有很长的路要走,大规模的商用还需要一定的时间。

其次,区块链作为一种保护交易安全的技术,即去中心化、数字不可篡改的特征,与众多行业的诉求相吻合,这并不代表区块链技术适用于所有行业,也并不意味着区块链技术毫无缺陷,它的发展还有很长的路要走。

由于区块链近来发展过于迅速,尤其是 2017 年底到 2018 年初的 ICO 乱象,让很多人对区块链留下了不好的印象。

ICO(initial coin offering),首次币发行,是区块链项目首次发行代币,募集比特币、以太坊等通用数字货币的行为。ICO 是一种基于区块链项目的众筹方式,通过发行自己的虚拟币,来融市场上的比特币或者以太坊。ICO 由于没有专业的投资机构来评审项目本身,而很多的个人投资者并不具有专业的项目分析能力,这样就导致 ICO 市场骗子横行,很多 ICO 项目融到钱以后,就直接关停跑路。

☞ 事件提醒:
2017 年 9 月,国家明确禁止 ICO 行为。

国家虽然禁止 ICO 却大力支持区块链技术的发展,可见区块链技术还是有很大的价值和应用前景的,我们确实看到已经有许多公司,通过将传统数据库和区块链技术相结合的方式,实现了互信交易的可能,在金融、医疗、供应链管理等传统行业进行应用,确确实实地为行业发展带来了利好。

区块链也需要加强治理,现在区块链正处于发展的关键节点,国家也出台了相关的文件和政策,加强区块链的治理,专注技术落地,服务实体经济。这也越来越成为业内人士的共识。我们可以看出区块链产业的发展已经越来越正规化。当然,区块链技术要切实实现在政府工作、身份验证等方面的应用,就必须有一个自上而下的推行过程,是一个涉及整个社会的改革,而这种改变趋势,并非一日之功,因此需要多给这些技术一些时间。

任务二　认识区块链的特点

一、去中心化

从前有个封闭的山村，村民的主要工作是挖玉石，村里的财富也是以玉石来计算的。大家挖到的玉石堆放到一起，由村长清点记账。张三、李四、王五各自的财富，都记录在村长的账本上，他们可以依此去换取其他生活用品。

这种方式就是目前的中央记账式金融体系。银行、券商、支付宝等金融机构就是"村长"。我们的流动资产几乎都在他们的账本里。

去中心化

但村长是个凡人，会有自己的小心思，会出现各种小毛病。记账时，看到自己的亲戚，多记两笔；遇到刺头，则少记一笔。然后账本保管，也经常出问题，有的地方受潮模糊，有的地方被老鼠啃掉。更过分的是，村长还起了贪念，想私吞公共财产，账本也被他涂改了。

于是村民决定将不干活、白吃饭、常揩油、老出错的村长废除掉。

那谁来记账呢？

村民想了一个办法：每个人都带一本账本，谁挖到玉石时，自己记录的同时通知所有人，大家都在各自的本子写下同样的内容，账本都分别由村民们保管，每个人都是村长，谁也剥夺不了谁的财富。

以后村民之间的物品换取、交换玉石，也通过这个方式记账。这样既节省了一个记账的劳力，还避免了账本受潮等问题。即使马九涂改了张三的账本，但大家拿李四、王五、孙七的账本出来对比，就能马上发现问题并更正。并且只要村民数量足够多，即使有人动了歪念头，也无法篡改半数人以上的账本。这就是去中心化的分布式记账。

实际上所有在整个区块链网络里面跑的节点，都可以进行记账，都有一个记账权，这个就完全规避了操作中心化的弊端。区块链技术不依赖额外的第三方管理机构或硬件设施，没有中心管制，除了自成一体的区块链本身，通过分布式核算和存储，各个节点实现了信息自我验证、传递和管理。

从技术角度上来说，区块链就是一个去中心化的分布式账本数据库，其中去中心化和传统的中心化方式不一样，这里没有一个实际的中心，但其实每一个点又都是中心，这就是区块链最大的特点——去中心化。

二、开放性

假设小明把一个信息告诉他的父母、他的朋友，以及所有他认识的人，所有人都成为小明的见证人，如果这个信息发生错误，那么小明就要一个个地去解释。这就是开放性。同样在区块链中，基础技术是开放的，除了交易各方的私有信息被加密外，区块链的数据对所有人开放，任何人都可以通过公开的接口查询区块链数据和开发相关应用，因此整个系统信息高度透明，具有开放性。当然，这是针对区块链中的公有链来讲的。区块链我们可以分为公有链和私有链，私有链更加私密，而公有链的信

📖 **特别提示：**
从理解上来看，分布式的账本在概念上就是一种记载方式。不只是将账本数据存储在每个节点上，每个节点还会同步共享数据来达到复制整个"账本"的目的。

息任何人都可以进去读也可以进去写,只要是整个网络体系的节点,有记账权的节点,都可以进行数据源的访问。

三、不可篡改性

如果所有人都可以进去读写,万一有人想篡改信息怎么办呢? 这里就体现了区块链的另一个特点不可篡改性。比如,两个人竞猜,猜一个瓷器属于哪个朝代,猜注为 50 元。一个人猜是清朝,另一个人猜是宋朝。那就会有三种方式来完成交易:

(1) 两人之间信任彼此。不论结果是清朝,还是宋朝,输家要给赢家 50 元。如果两人是朋友,这可能会是一个好的交易方式。然而,即便是朋友,也有可能会赖皮不认输而不愿付钱。

(2) 两人之间可以制定合约。如果有任何一方不愿付钱,赢家可以告输家。但要花钱、花时间打官司,只为了讨回 50 元,实在得不偿失。

(3) 两人找一个中立的第三者。每人分别先给他 50 元,结果揭晓后,他再把所有的 100 元给赢家。无奈的是,这个第三者有可能卷款潜逃。

因此,人们不太信任陌生人,觉得打官司也劳神伤财。人们只须写几行程序代码,让它在区块链网络上执行交易就可以。以刚才竞猜瓷器朝代为例,这个程序会确保 100 元的安全,并且确认瓷器的朝代,结果揭晓后,也会自动将 100 元汇到赢家的账户上。在区块链网络上的交易,是无法被篡改或终止的。

万一有人篡改信息怎么办? 实际上,任何人要改变区块链里面的信息,必须要攻击网络里面至少 51% 的节点才能把数据更改掉,这个难度是非常非常大的。要知道一旦数据进入了区块链,任何的信息都无法更改,去中心化又可以实现点对点交易,这样就无须第三方的批准。区块链的不可篡改性保证了不受任何人的实体控制,数据可以在多台电脑上进行完整复制传播,数据的安全性会更加有所保障,这样能打消人们对信息安全的顾虑。

区块链是一种方便快捷又能保障信息安全的技术。

当前人们在享受互联网时代便利的同时,常常会慨叹这是一个没有隐私的年代。网络爬虫等手段,将人们的生活置于各种放大镜之下;各种促销或骚扰电话让人不胜其烦;因信息泄露遭遇经济诈骗的报道也屡见不鲜。如何保护个人隐私成为公众最为关注的话题之一。

四、匿名性

区块链一向以数据公开透明而闻名。同时区块链也可以保护个人隐私。

区块链上的每一笔交易数据都是公开透明的,但神奇的是,其他人无法知道这一笔交易是谁来进行的。举个例子,人们通过账本可以知道,张三向李四支付了六枚比特币,但是并不知道张三和李四究竟是谁,这种匿名性在一定程度上保护了人们的隐私。类似于非实名的社交网站,区块链上的每一个组织或个人都有一个不同的代号,这个代号通常是一串无意义的数字。通过该数字的表面信息,无法对应到某一个具体对象的真实身份。

其实,区块链想要做到完全实名或者完全匿名,从技术上而言是很困难的事情。

☞ 特别提示:
区块链技术的匿名性特征也是一把双刃剑,一方面能有效保护隐私,另一方面又为网络空间恶意行为甚至网络犯罪提供了面具和保护伞。

因为任何人的任何交易在互联网上都是可以被追溯的。

五、可追溯性

可追溯性是指人们日常生活中产生的任何数据信息都会被区块链所记录,这些数据信息都具有准确性和唯一性,且不可进行篡改。这也意味着,人们产生的数据信息都能够被追溯查询,方便政府机关更好地管理。

区块链的可追溯性特点,在以下两个方面能够体现:

(一)对产品进行实时监管,防止假冒伪劣产品出现

自买卖市场出现以来,假货问题就一直存在。为此,如何杜绝假冒伪劣产品的出现,成为人们共同探讨的问题。区块链的可追溯性恰巧能提供解决方法。如果将区块链技术运用到市场当中,任何的数据信息都能够被记录,并且这个数据信息是可以追溯查询的。所以,任何的假冒伪劣产品出现在市场上后,区块链的可追溯性能够帮助找到产品造假的源头,方便监管部门切断源头,防止假货产品流向市场。对于已经流向市场的假冒伪劣产品,区块链的可追溯性也能够查询到其准确的流向位置,方便监管部门将其召回,给消费者创造了更好的购物环境。

(二)追根溯源,对税务进行实时监督

对税务监管部门来说,如何防止偷税、漏税情况的出现,一直都是最为关心的话题。在当下的市场环境下,即便税务部门在各个流程上进行监督,总会有些企业通过做假账来实现偷税、漏税。如果将区块链技术运用到税务管理系统当中,区块链的可追溯性能够对发放的每一张发票信息进行追溯查询,这就意味着企业登记的每一笔财务信息都能被区块链数据系统查询到。这就使税务机关能够实时地进行监管,防止偷税、漏税等情况出现。

任务三 认识区块链的核心技术

一、去中心化技术

区块链的特征之一就是去中心化,那它是如何实现去中心化的呢?

区块链的传播机制是 P2P 网络,P2P 网络是区块链实现去中心化的基础,它解决了节点与节点之间数据传输的问题。去中心化不是不要中心,而是由节点来自由选择中心、自由决定中心。简单地说,中心化的意思,是中心决定节点。节点必须依赖中心,节点离开了中心就无法生存。在去中心化系统中,任何人都是一个节点,任何人也都可以成为一个中心。

如果小明想在网上购买一个物品,首先要付款,但是又不能确保商家能否给他发货,所以小明会怎么办呢?小明先把钱转给第三方支付平台(如支付宝),第三方收到钱后通知商家,商家就会发货,当小明确认收货后,第三方才会把钱转给商家。这样,基于对第三方机构的信任,小明收到了物品,商家收到了钱,这就是一个典型中心化的例子,如图 1-3-1 所示,第三方机构就是一个中心化机构。

去中心化技术

☞ 特别提示：

根据网络中不同节点之间如何建立连接通道，P2P存在四种不同的模式，不同的区块链应用可能采用不同的模式，具体分为：集中式、纯分布式、混合式、结构化模式。

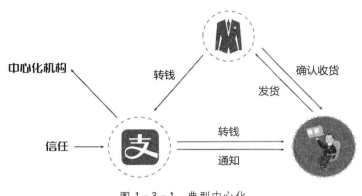

图 1-3-1 典型中心化

在 P2P 网络中，不存在中央服务器这样的中心化节点，每个节点都是对等的，节点之间可以直接进行数据传输。P2P 网络（peer-to-peer networking）又称对等网络，是一种在对等者（peer）之间分配任务和工作负载的分布式应用架构。

二、共识机制

共识机制的概念

区块链的去中心化，举个例子，现实社会中所有交易数据的记账都是依靠银行记账的，账户余额剩多少，发生了几笔交易等信息都是由银行记账的。在区块链上是没有中心的，也就没有了银行，那么谁来负责记账呢，只能是人们自己，区块链上的每一个节点，小明可以记他自己的，但是他凭什么记其他人的呢？所以这就出现了没有了中心谁来记账的问题。这就涉及共识机制。

什么是共识机制？在日常生活中如果遇到和朋友意见不统一的时候，我们可能会和朋友猜拳。猜拳其实就是一种共识机制，人们在猜拳之前就达成了一个谁赢就采取谁的意见的共识，这就是一种现实中简单的共识机制。在面对网络中成千上万的参与者时，区块链应该采用什么样的共识机制呢？

拜占庭是东罗马帝国的首都，拜占庭帝国想要进攻一个强大的敌人，为此派出了10 支军队去包围这个敌人。这个敌人虽不敌拜占庭帝国，但也足以抵御 5 支常规拜占庭军队的同时袭击。基于一些原因，这 10 支军队不能集合在一起单点突破，必须在分开的包围状态下同时攻击。他们任何一支军队单独进攻都毫无胜算，除非有至少 6 支军队同时袭击才能攻下敌国，他们分散在敌国的四周，依靠通信兵相互通信来协商进攻意向及进攻时间。困扰这些将军的问题是，他们不确定他们中是否有叛徒，叛徒可能擅自变更进攻意向或者进攻时间。在这种状态下，拜占庭将军们能否找到一种分布式的协议来让他们能够远程协商，从而赢取战斗？这就是著名的拜占庭将军问题。

这个故事和区块链核心技术又有什么关系呢？

对标到分布式存储系统，各营地驻扎的军队就是各个节点，节点之间要对某一信息达成共识，需要向其他节点传送自己记录的信息，达到半数以上认可的信息即可作为统一的储存信息。但在此过程中，可能存在恶意破坏一致性的节点。例如，某个节点，向网络中一半节点发送"A"信息的同时，向另一半节点发送"B"信息，使得尽管只有一个恶意节点，系统也无法形成统一的数据库。因此，需要一种机制以保证即使存在恶意节点，其他节点依然能够达成一致结果。

目前，主流区块链的共识机制主要有三种，分别为工作量证明机制、权益证明机制和拜占庭容错机制。

三种主流共识机制

（一）工作量证明机制

工作量证明（proof of work，POW）是共识机制的一种，可简单理解为一份证明，证明你做过一定量的工作，即通过查看工作结果就能知道你完成了指定量的工作。比特币挖矿采用的就是工作量证明机制。

工作量证明机制看似很神秘，其实在社会中的应用非常广泛。例如，毕业证、学位证等证书，就是工作量证明，拥有证书即表明在过去投入了学习与工作。

工作量证明机制有两个优点：① 去中心化，区块的记账权所有节点都是公平竞争，多劳多得并不是由一个人主导的，即使拥有极大算力，也有一定的概率失去记账权，每个区块由谁记账是不确定的，很好地符合了区块链去中心化的特征；② 安全性高。

但工作量证明机制并非完美。它有以下三个缺点：① 挖矿造成大量的资源浪费；② 共识达成的周期较长；③ POW算力集中化。

（二）权益证明机制

权益证明机制（proof of stake，POS）也称股权证明机制，它是工作量证明机制的一种升级共识机制，类似于把资产存在银行，银行通过数字资产的数量和时间来分配相应的收益。

权益证明机制通过评估代币的数量和时长来决定获得记账权的概率。这类似于股票的分红制度，持有股权相对多的人能够获得更多的分红。

权益证明机制的优点如下：① 在一定程度上缩短了共识达成的时间，因为不需要依靠算力碰撞答案了。② POS不会造成过多的电力浪费，因为POS不需要靠比拼算力挖矿。③ 防作弊。

（三）实用拜占庭容错机制

实用拜占庭容错共识机制（practical byzantine fault tolerance，PBFT）的主要理念是少数服从多数，根据信息在分布式网络中节点间相互交换后，各节点列出所有得到的信息，一个节点代表一票。选择大多数的结果作为解决办法。

与最传统的POW共识机制相比，PBFT有以下优势：① 效率高；② 吞吐量高；③ 节能。

所谓有得必有失，相对而言，PBFT又有以下劣势：① 可扩展性及去中心化程度较弱；② 容错性较低。

三、信息加密技术

信息加密技术

在P2P网络系统中，节点之间数据传输采用广播的形式，例如A节点向B节点传输信息，A节点首先向相邻节点扩散信息，以此类推，直到信息传送至B。但在此过程中存在两个问题：① 当节点A向节点B发送信息时，由于数字信息可以轻易复制，用户身份容易被冒充或伪造，节点B如何验证信息发送人的身份是否是A；② 信息在传输过程中可能被恶意篡改，那如何保证信息在传输过程中没有被篡改。

　　所以,区块链中使用了很多加密学算法,包括哈希算法、非对称加密技术等。

　　首先哈希算法是一种常见的单向加密算法,它将一串数据加密生成一串二进制,但不能由二进制还原为原来的数据。这个可以简单理解为把一个文件转化成一个压缩文件格式然后发送给别人,或者可以理解为把一段文字通过二维码压缩软件合成一个二维码。例如二维码生成器,就可以把自己想要表达的文字合成为二维码。这个转化的过程可以理解为哈希算法,当然哈希算法要比这个复杂得多。哈希算法如图 1 - 3 - 2 所示。

$$79054025 \\ 255fb1a2 \\ 6e4bc422 \\ aef54eb4$$

图 1 - 3 - 2　哈希算法

　　非对称加密技术可以用于身份验证。非对称加密又称公钥加密。非对称加密技术是相对于对称加密技术存在的。对称加密技术指的是,在对称加密技术中使用相同的密钥加密和解密数据,为了让对方能够解密,需要同时将密文和密钥发给对方。如果有人在传输过程中截取了密文和密钥,就一样能解密出明文,这就导致了安全性问题,如图 1 - 3 - 3 所示。

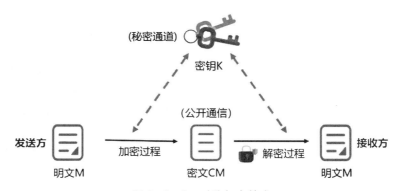

图 1 - 3 - 3　对称加密技术

　　与对称加密只有一个密钥(该密钥可以加密也可以解密)相比,非对称加密具有两个密钥:公开密钥和私有密钥。公钥和私钥是一对,如果用公钥加密,只有对应的私钥才能解密。公钥是公开的,可以表示节点的身份,发送者在发送信息时用公钥将信息加密,接收者收到信息后,用私钥进行解密,即可确认发送者的身份,如图 1 - 3 - 4 所示。

　　哈希函数的性质可以验证信息是否被篡改,具体流程如下:首先,发送者将信息

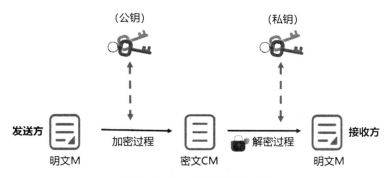

图 1-3-4 非对称加密技术

输入哈希函数,得到一个哈希值,并将哈希值用私钥加密。其次,发送者将原始信息、加密的哈希值以及公钥一起发送给接收者;最后,接收者收到后用公钥将哈希值解密,并将原始信息输入哈希函数,将得到的哈希值与收到的哈希值对比,即可验证原始信息是否在传输过程中遭到过篡改。

四、生成公钥私钥

(一)公钥的概念

公钥不少人认为是一把所有人都能使用的钥匙,事实并非如此,公钥不是钥匙而是一种密码体制。这种密码体制在加密学中又叫做非对称加密体制,是一种对对称加密(使用用户名与密码)提高的方式。公钥最早被用于数据的加密和解密,现在广泛用于虚拟货币的存储和交易。公钥是由私钥生成的,但是无法通过公钥倒推得到私钥,公钥的作用是跟签名配合用来证明"我就是私钥的主人"。公钥和私钥一起组成一个密钥对,保存在钱包中,同时公钥又能够通过一系列算法运算得到钱包的地址。公钥一般由本人公开,以便被他人获取。一般有以下两种情形,一是使用公钥对数据进行加密,那么就只能用与之对应的私钥进行解密;二是使用私钥对数据加密,那么就只能用它生成的公钥进行解密。

公钥、私钥的概念

假如小王有一个秘密需要告诉小明,但又不想被他人知道,那么小王只需要用小明的公钥对这个秘密进行加密,这样小明在收到后,用他的私钥解密就能知道秘密是什么了,如果小刚中途截获了这个秘密,但因为没有小明的私钥,是不可能解开秘密内容的。

(二)私钥的概念

一般私钥的使用有以下两种情况,一是使用公钥对数据进行加密,那么只能用生成它的私钥进行解密;二是用私钥对数据进行加密,那么只能用与之对应的公钥进行解密。换句话说,私钥和公钥是成对出现的,并且能够互相解密。

假如小王有 100 元想转给小明,首先小王要获得小明的公钥,使用他的公钥对这笔钱进行一次加密,接着小王再用自己的私钥对这笔钱进行二次加密,将钱转出去。小明在收到这笔钱后,针对一次加密,他会先用自己的私钥进行解密查看交易明细,确定金额是 100 元;接着使用小王的公钥对二次加密进行解密,确认这笔钱是小王转给他的。在这个过程中,一次加密保证了交易过程不被他人篡改,二次加密则保证了

☞ **特别提示：**
　私钥是数字资产所有权和控制权的象征。

转账人是小王而不是他人冒名顶替的。

在虚拟货币交易时，无论是谁，只要拥有私钥就能使用相应钱包中的数字资产，所以私钥必须保存好，一旦泄露或者丢失，就会失去私钥保护下的所有数字资产。私钥本身是很安全的，由于它的随机性，基本上没有人能够用其他手段找到某个特定的私钥。

（三）生成公钥和私钥

1. 公钥和私钥的生成过程

首先使用随机数发生器生成一个私钥，私钥对于个人来说的作用非常重要，可以用来证明用户的身份，也可以签发交易事务。然后私钥经过特定算法处理生成了公钥，这个特定算法是一种特定的椭圆曲线算法，需要注意的是，通过算法可以从私钥生成公钥，但是却无法反向从公钥生成私钥，这也是公钥为什么可以公开的原因。

2. 公钥和私钥的作用

公钥和私钥是成对生成的用于非对称加密算法，主要有两个用途：

公钥与私钥
的联系

（1）私钥加密，公钥解密。这种方式用于数字签名具有不可抵赖性。因为密钥在你手里，用 B 密钥签名的数据而用 A 公钥是解不开的。反之，只要是用 A 公钥解开的数据，就说明数据为 A 私钥所签名。

（2）公钥加密，私钥解密。就是说把公钥公布，每个人都可以用该公钥加密后的文件发送给你，即使数据在途中被截获，没有私钥是破解不了的。

3. 公钥和私钥的区别

☞ **特别提示：**
　　私钥密码体制的核心思想是加密和解密采用不同的密钥。这是公钥密码体制和传统的对称密码体制最大的区别。

对于传统对称密码而言，密文的安全性完全依赖于密钥的保密性，一旦密钥泄露，将毫无保密性可言。但是公钥密码体制彻底改变了这一状况。在公钥密码体制中，公钥是公开的，只有私钥是需要保密的，想用公钥和密码算法推测出私钥在计算上是不可能的。这样，只要私钥是安全的，那么加密就是可信的。显然，对称密码和公钥密码都需要保证密钥的安全，不同之处在于密钥的管理和分发上面。在对称密码中，必须要有一种可靠的手段将加密密钥（同时也是解密密钥）告诉给解密方；而在公钥密码体制中，这是不需要的。解密方只需要保证自己的私钥的保密性即可，公钥无论是对加密方而言还是对密码分析者而言都是公开的，故无须考虑采用可靠的通道进行密码分发。这使得密钥管理和密钥分发的难度大大降低了。

在现代密码体制中加密和解密采用不同（非对称）的密钥密码系统，每个通信方均需要两个密钥，即公钥和私钥，这两把密钥可以互为加解密。公钥是公开的，不需要保密，而私钥是由个人自己持有，并且必须妥善保管和注意保密。

4. 公钥和私钥的原则

（1）一个公钥对应一个私钥。

（2）密钥对中，所有人都知道的是公钥，别人不知道只有自己知道的是私钥。

（3）如果用其中一个密钥加密数据，则只有对应的那个密钥才可以解密。

（4）如果用其中一个密钥进行解密数据，则该数据必然是对应的那个密钥进行的加密。非对称密钥密码的主要应用是公钥加密和公钥认证，而公钥加密的过程和公钥认证的过程是不一样的。

实训一　建　　链

进入区块链金融创新实训平台（可凭书后软件授权提货单申请免费体验），单击区块链应用演练章节的【进入课程】按钮，则可以进入本次实操模拟的任务界面，如图 1-4-1 所示。

图 1-4-1　区块链金融创新实训平台任务界面

一、创建节点目录

（1）展开【建链模拟操作】菜单，单击【创建节点目录】—【实境演练】，系统显示创建节点目录的步骤演示，如图 1-4-2 所示。

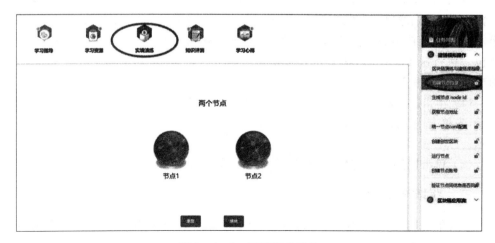

图 1-4-2　创建节点目录

（2）单击演示动画中的【继续】按钮，观看创建节点目录详细步骤的可视化演示，如图1-4-3所示。

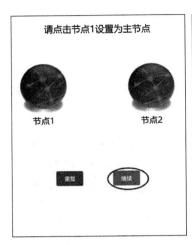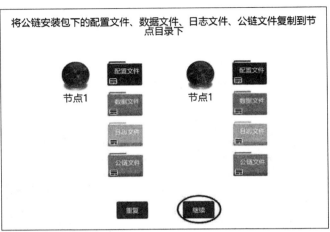

图1-4-3　设置主节点与同步节点目录

图1-4-3中，节点是指一台电脑或其他设备与一个独立地址和具有传送或接收数据功能的网络连接。节点可以是工作站、客户、网络用户或个人计算机，也可以是服务器、打印机和其他网络连接设备。在区块链中有众多节点，但主节点只能有一个，用来生成区块链；其他节点被称为从节点，从节点会同步主节点的区块。

本次可视化演示中的节点1就是主节点。把节点1设置为主节点后可以查看主节点下的四类文件：配置类文件（主节点是在这里进行配置的）；数据类文件（节点间的数据存放在这些文件中）；日志文件（操作结果保存的地方）；公链文件（区块链安装包文件）。将这四类文件拷贝到其他节点下面，则完成节点目录的创建。

二、生成节点 Node Id

节点 Node Id 也叫节点编号、节点标识，是标识节点的唯一号。每个节点都有一个独一无二的节点号，在表现形式上节点 Node Id 就是一串字母和数字组合的字符串。每个节点在生成节点 Node Id 之前，必须先执行节点目录中"公链文件"下的安装包。执行这个文件后，就会在数据文件中生成一个 Node Id 文件，然后可以看到当前节点的 Node Id。

（1）单击【生成节点 Node Id】—【实境演练】，系统显示生成节点 Node Id 的可视化演示，先单击主节点或节点二中的【点击执行】按钮，再点击【继续】按钮，如图1-4-4所示。

（2）单击【打开文件】按钮，系统显示每个节点的 Node Id，如图1-4-5所示。

三、获取节点地址

（1）单击【获取节点地址】—【实境演练】，系统显示获取节点地址的可视化演示，如图1-4-6所示。

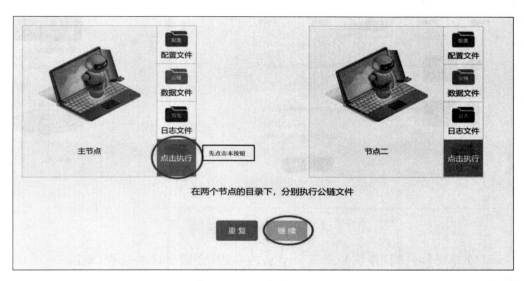

图 1 - 4 - 4 节点 Node Id

图 1 - 4 - 5 打开节点文件以及节点 Id

图 1-4-6 获取节点地址

（2）单击【继续】，系统显示每个节点的私钥、公钥生成的过程，如图 1-4-7 所示。

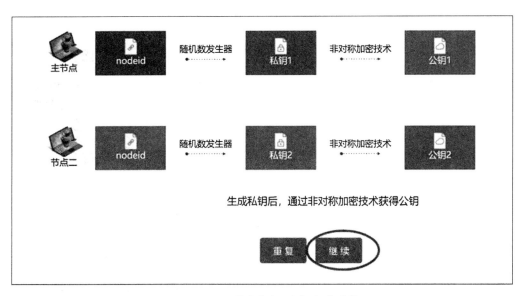

图 1-4-7 节点私钥、公钥生成过程

图中，节点 Node Id 通过随机数发生器生成私钥，每个私钥是唯一的，作为节点账户的钥匙，相当于银行卡的密码。私钥生成后，通过非对称加密技术生成公钥，这样就形成了公私钥对，私钥是用户自己保存的，公钥是公开的，任何人都能够看到。

（3）单击【继续】，系统显示区块链地址生成的可视化过程与最终生成的主节点、节点二的区块链地址。区块链地址是每个区块链节点在区块链上的标识，类似于银行卡的卡号，区块链地址通过哈希加密算法生成，其表现形式是数字和字符组成的字符串，如图 1-4-8、1-4-9 所示。

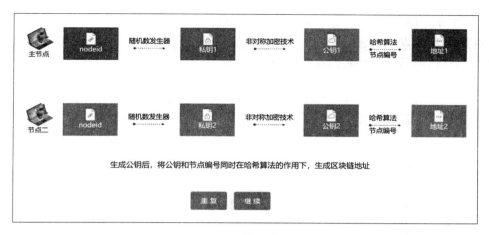

图 1-4-8　区块链地址的生成

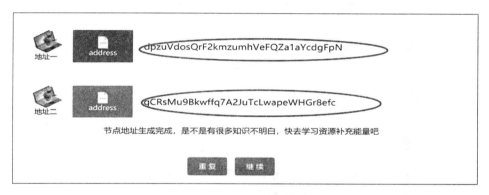

图 1-4-9　区块链地址

四、统一节点 Conf 配置

（1）单击【统一节点 Conf 配置】—【实境演练】，系统显示统一节点 Conf 配置的可视化演示，如图 1-4-10 所示。

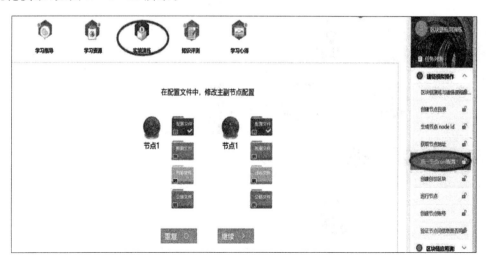

图 1-4-10　统一节点 Conf 配置

（2）单击【继续】，系统显示统一节点 Conf 配置每一步骤的可视化演示：确定主节点并配置节点端口号，如图 1-4-11、图 1-4-12 所示。加入 P2P 网络，如图 1-4-13 所示。选择共识机制，如图 1-4-14 所示。

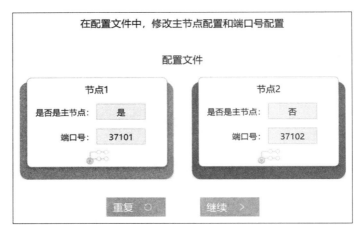

图 1-4-11 确定主节点

图 1-4-12 配置节点端口号

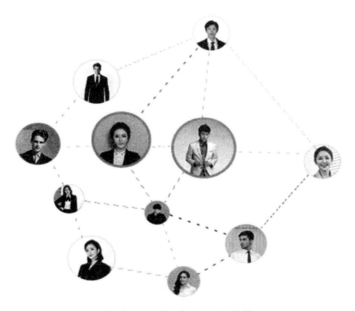

图 1-4-13 加入 P2P 网络

图 1-4-14 选择共识机制

在进行节点配置时,首先需要确定一个主节点,然后配置每个节点的端口号,对端口号进行设置时,节点之间的端口号不能相同,否则将导致端口号冲突,不能形成区块链。

图 1-4-14 中,POW 工作量证明机制、POS 权益证明机制、DPOS 委托权益证明机制是目前区块链中最常用的三种共识机制。

五、创建创世区块

(1)单击【创建创世区块】—【实境演练】,系统显示创建创世区块的可视化演示,如图 1-4-15 所示。

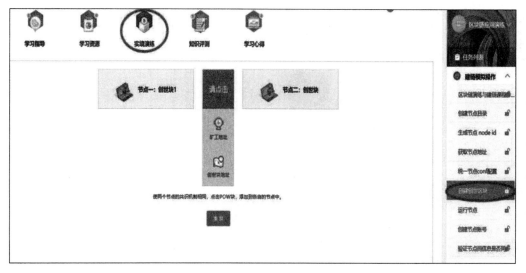

图 1-4-15 创建创世区块

(2)依次点击创建创世区块所需要的配置内容,系统逐步显示创世区块中包含的所有元素,如图 1-4-16 所示。

创世区块是区块链中第一个被创造出来的区块,创世区块创建时一般需要同时创建的元素包括:共识机制、创造本区块的矿工地址(打包该区块的节点地址)、创世区块地址、区块大小、区块产生的时间间隔、每个区块被记录时给予矿工的奖励。

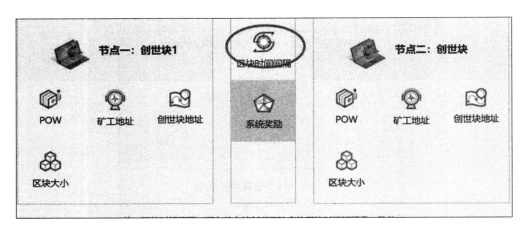

图 1 - 4 - 16 配置创世区块

六、运行节点

（1）单击【运行节点】—【实境演练】，系统显示运行节点的可视化演示，如图 1 - 4 - 17 所示。

图 1 - 4 - 17 运行节点

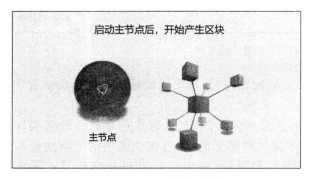

图 1 - 4 - 18 启动主节点

以上运行节点的目的是同步主链的区块，激活新搭建的区块链。

（2）单击【继续】，系统将显示运行节点后节点开始产生区块的可视化演示，如图 1 - 4 - 18 所示。

在运行节点的时候需要优先启动主节点，然后再启动其他节点（从节点），主节点启动后同步主链上的区块,从节点启动后同步主节点的区块。

七、创建节点账户

（1）单击【创建节点账户】—【实境演练】,系统显示创建节点账户的可视化演示,如图 1 - 4 - 19 所示。

图 1 - 4 - 19　创建节点账户

创建节点账号就是创建节点目录,图 1 - 4 - 19 是在主节点的目录下创建一个新的节点目录,目的是使用一个新的节点,验证该主节点创建成功。

（2）这里我们以"Bob 创建一个账户和一个查询账户余额的目录"为例进行可视化演示,单击【继续】,系统将显示可视化演示的过程与最终 Bob 的账户地址,如图 1 - 4 - 20,图 1 - 4 - 21 所示。

图 1 - 4 - 20　创建账号

图 1 - 4 - 21　创建目录

八、验证节点间信息是否同步

本演示通过使用主节点给 Bob 的地址发送一笔虚拟币的方式，来验证主节点是否创建成功。

（1）单击【验证节点间信息是否同步】—【实境演练】，系统显示验证节点间信息是否同步的可视化演示，如图 1-4-22 所示。

图 1-4-22　验证节点间信息是否同步

（2）单击【继续】，系统显示主节点向 Bob 账户发送虚拟币的可视化步骤：获取 Bob 的地址与公钥，如图 1-4-23 所示。向 Bob 的地址转账如图 1-4-24 所示。Bob 使用私钥解密虚拟货币，如图 1-4-25 所示。

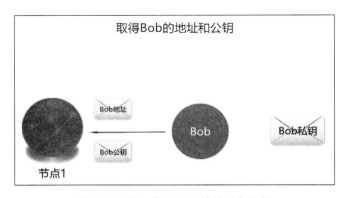

图 1-4-23　获取 Bob 的地址与公钥

主节点拿到 Bob 的地址是为了给 Bob 进行转账，拿到 Bob 的公钥是为了把转账的这笔虚拟货币贴上 Bob 的公钥，作为标签，目的是证明这笔交易是 Bob 进行的，因为只有 Bob 的私钥能进行解密。

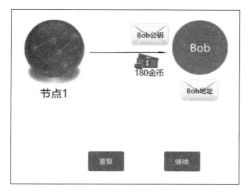

图 1-4-24　向 Bob 的地址转账

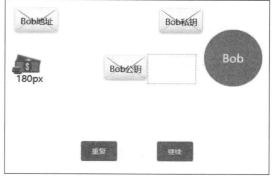

图 1-4-25　使用私钥解锁虚拟货币

　　Bob 收到这笔虚拟货币之后,使用自己的私钥与虚拟货币上的公钥配对,配对成功才能将虚拟货币提取出来放到自己的账户里。

　　本次搭建区块链是以百度超级链为主链搭建测试链的过程。通过搭建测试链,巩固公钥、私钥、哈希加密算法、非对称加密算法、P2P 网络结构等区块链知识点。

实训二　搭建区块链钱包

一、区块链钱包定义

　　区块链钱包是存放区块链资产的工具。在区块链的世界任何人都可以生成大量的私钥、公钥、地址,我们不可能自己用纸笔计算出来,那么如何生成这些数据呢?

　　区块链钱包就是这样一个工具,来帮助我们生成私钥、公钥以及符合某些公链规范的地址。

二、新建钱包

　　(1)进入区块链金融创新实训平台,单击数字经济章节的【进入课程】按钮,则进入本次实操模拟的任务界面,如图 1-5-1 所示。

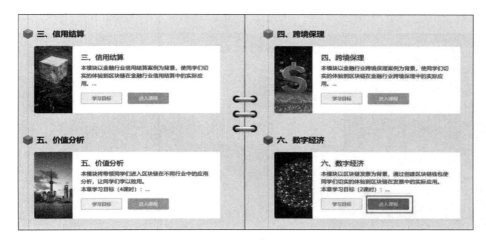

图 1-5-1　进入课程

（2）单击展开【搭建区块链钱包】菜单，单击【新建钱包】—【实境演练】，系统显示新建钱包界面，如图 1-5-2 所示。

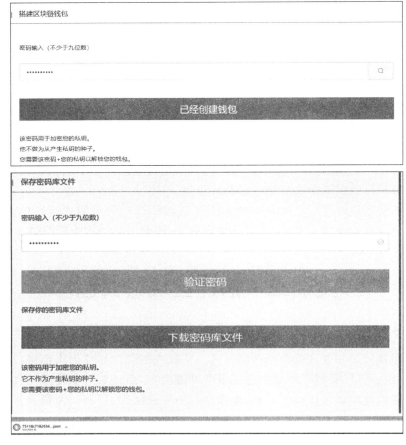

图 1-5-2　新建钱包

（3）在"密码输入"的输入框中输入用于创建钱包的密码，点击【新建钱包】，如图 1-5-3 所示。

图 1-5-3　创建钱包成功

在现实世界中,一张银行卡只对应一个密码,对密码修改后,原密码就失去作用。但是,在区块链钱包中,钱包密码有其自己的特征:一个钱包在不同手机上可以用不同的密码,彼此相互独立,互不影响。例如,在 A 手机钱包中设置了一个密码,在 B 手机导入这个钱包并设置一个新密码,并不影响 A 手机钱包的密码使用。

三、保存密码文件

(1)单击进入【保存密码文件】任务的【实境演练】界面中。

(2)在密码输入框中输入上一步设置成功的密码,点击"验证密码"按钮。

(3)密码验证成功后,点击"下载密码库文件"按钮,系统将下载到本地一个拓展名为 Json 的文件中,如图 1-5-4 所示。

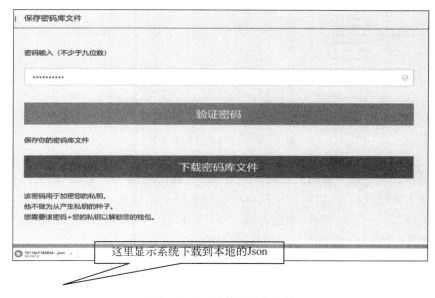

图 1-5-4 下载密码库文件

图 1-5-4 中,下载出来的 Json 文件又称为密码库文件,与密码库文件相关的几个公式如下:

(1)密码库文件+密码=银行卡号+银行卡密码。密码库文件和密码配合能解锁账户里面的数据,就相当于银行卡号与银行卡密码配合解锁银行卡的数据。

(2)密码库文件≠银行卡号。密码库文件包含了两部分内容,区块链地址和私钥。但是银行卡号只是用户地址,所以二者是不一样的。

(3)密码库文件=加密私钥。从这个等式可以看出,密码库文件就是经过加密后的私钥。那么在解锁钱包数据或者支付时,必须输入密码,目的是解密私钥,再导入密码库文件,用于和密码配对。

(4)密码库文件+密码=私钥。密码库文件和密码配合来解锁钱包的数据,那私钥也可以解锁钱包数据。

四、解锁钱包

（1）单击进入【解锁钱包】任务的【实境演练】界面中。

（2）单击"请选择你的钱包文件"按钮，系统弹出本地文件预览框，选择上一步我们生成的文件，如图 1-5-5 所示。

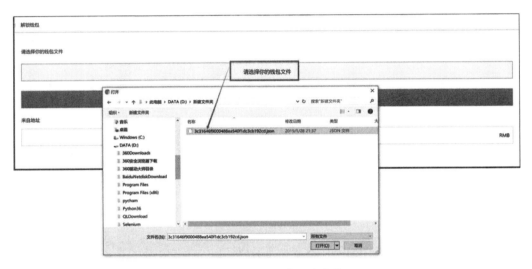

图 1-5-5　导入密码库文件

使用谷歌浏览器下载的文件将默认存储在"我的电脑"—"下载"的文件夹中，如果找不到文件存放位置，可以在浏览器中查询文件下载位置。以谷歌浏览器为例，点击右上角的"三个点"的图标，就能看到"下载内容"这一项，再点击进去就能看到我们下载的文件。

（3）密码库文件读取成功后，在"密码输入框"输入自己的密码，点击"解锁"按钮，解锁成功后，系统将显示当前区块的地址和账户余额。如图 1-5-6 所示。

图 1-5-6　结算钱包查看钱包余额

由于区块链钱包的初始状态为加密状态,需要用设置的加密机制将钱包解锁,同解锁银行卡里面的资产是一样的,需要拿到银行卡和密码,才能解锁里面的数据资产。每一个密码库文件都对应一个密码,密码库文件相当于一张银行卡,但是钱包里可以有多张银行卡,也就是说一个区块链钱包里可以存在多个密码库文件。

五、部署智能合约

(1)单击进入【部署智能合约】任务的【实境演练】界面中。

(2)单击"请选择钱包文件"按钮,系统弹出本地文件预览框,选择上一步我们生成的钱包文件,如图 1-5-7 所示。

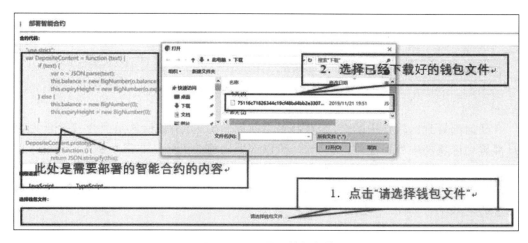

图 1-5-7 导入钱包文件

如图 1-5-7,系统在当前钱包中预置了一段合约代码,这个合约代码是基于星云链编写的,不同链上的智能合约代码规则是不一样的,在这里我们只需要明白这段代码代表了合约的规则,规定了交易执行的规则即可。智能合约的编写语言系统中提供了两种类型:JavaScript 和 TypeScript,当前显示的语言是 JavaScript。

(3)在密码框中输入设置过的密码,点击"解锁"按钮,可以查看到当前钱包内的余额。如图 1-5-8 所示。

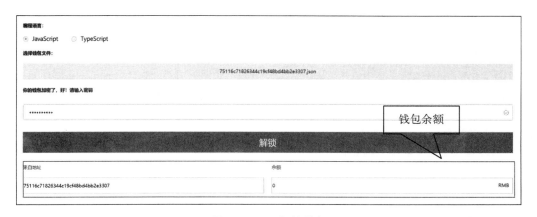

图 1-5-8 解锁钱包

（4）点击"测试"按钮，当测试结果中出现"True"字样时，证明本条智能合约部署成功。如图 1-5-9 所示。

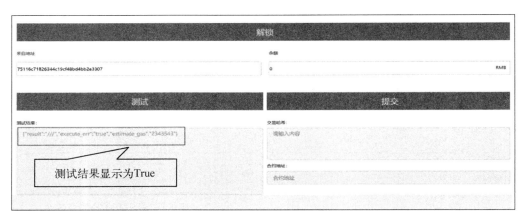

图 1-5-9　测试合约部署

任何部署到区块链中的合约，在部署之前都需要进行测试，这是因为智能合约一旦部署到区块链中就不能够进行修改，所以部署之前的测试是非常必要的。

（5）点击"提交"按钮，将智能合约部署到区块链上，部署成功后将能够在链上查看本条智能合约的交易哈希值与地址，后续通过调用智能合约地址便能达到执行智能合约的效果。如图 1-5-10 所示。

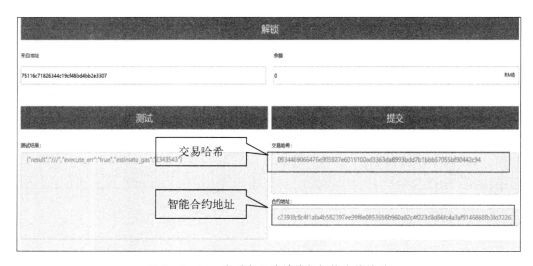

图 1-5-10　查看交易哈希值与智能合约地址

六、测试钱包生成交易

（1）单击进入【测试钱包生成交易】任务的【实境演练】界面中。

（2）导入钱包文件，输入密码后点击"解锁"按钮，进行对钱包余额的查看，填写目的地址与需要发送的金额，点击"生成交易"按钮。如图 1-5-11 所示。

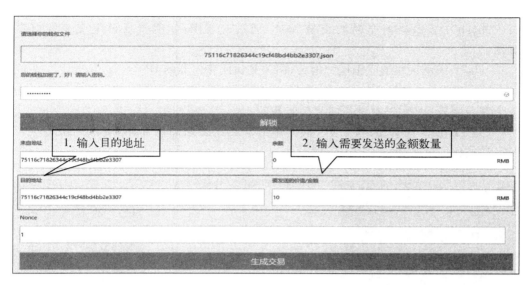

图 1-5-11 发送交易

图 1-5-11 中"目的地址"是交易方的区块链地址,即其他进行本操作人员的地址中的字符。

（3）生成交易成功后,系统显示原始交易内容与签名交易内容。如图 1-5-12 所示。

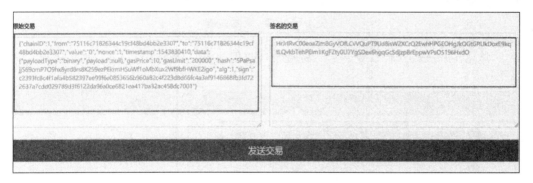

图 1-5-12 原始交易内容与签名交易内容

图 1-5-12 中的原始交易内容详解如下:

"chainID":表示当前交易被打包区块的高度。

"from":表示发送方的区块链地址。

"to":表示接收方的区块链地址。

"value":表示交易的属性,0 代表交易正常。

"nonce":表示当前交易的笔数。

"timestamp":表示当前交易的时间,以时间戳的形式展示。

"data":表示交易时附加的数据(可以不用关注)。

"gasPrice":表示转账的金额数量。

"gasLimit"：表示转账金额的上限。

"hash"：表示当前交易的交易 hash，通过交易 hash 能查找该笔交易的信息详情。

"alg"：表示区块链应用层的网关，网关是访问路由器的 IP。

"sign"：表示该笔交易的交易签名，签名是对所有权的验证。

签名交易：显示的就是当前交易的签名。

（4）点击"发送交易"按钮后，系统弹出发送交易的确认界面，确认无误后点击"确定"按钮即可。如图 1-5-13 所示。

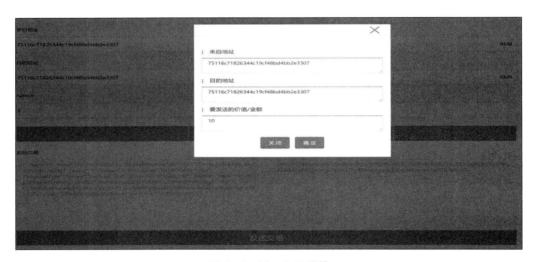

图 1-5-13　交易详情

（5）点击"确定"后系统显示交易哈希与收据内容。如图 1-5-14 所示。

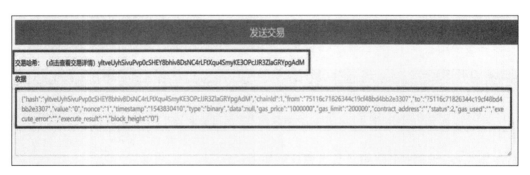

图 1-5-14　交易哈希与收据内容

这里产生的交易哈希需要记录下来，在后续任务查看交易状态的时候需要使用。

七、查看钱包

（1）单击进入【查看钱包】任务的【实境演练】界面中。

（2）导入钱包文件，输入密码后点击"解锁"按钮，系统将显示当前钱包中的余额。

八、查看交易状态

（1）单击进入【查看交易状态】任务的【实境演练】界面中。

（2）在交易状态输入框中输入需要查看的交易 Hash，单击"交易状态"按钮，系统则显示当前交易的详细内容。如图 1-5-15 所示。

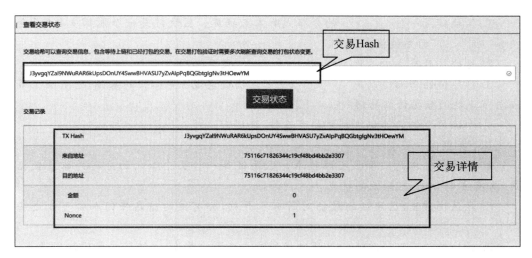

图 1-5-15　查看交易详情

图 1-5-15 中的交易 Hash 即"测试钱包生成交易"任务中生成的交易 Hash。

九、查看交易 Hash 记录

（1）单击进入【交易 Hash 记录】任务的【实境演练】界面中。

（2）当前任务则显示之前操作的所有交易记录。如图 1-5-16 所示。

交易Hash	交易时间	交易来源	交易去向	交易金额
yItveUyhSivuPvp0cSHEY8bhivBDsNC4r...	11-22 10:27:47	75116c71826344c19cf48bd4bb2e3307	75116c71826344c19cf48bd4bb2e3307	0
J3yvgqYZal9NWuRAR6kUpsDOnUY4S...	11-22 10:44:02	75116c71826344c19cf48bd4bb2e3307	75116c71826344c19cf48bd4bb2e3307	0

‹ **1** ›

图 1-5-16　交易记录列表

其中，交易记录中包括交易 Hash、交易时间、交易来源、交易去向、交易金额。每发生一笔交易就会在这里产生一个交易 Hash 记录。交易时间即发生该笔交易的时间。

交易来源即交易发送方的区块链地址。交易去向则是交易接收方的区块链地址。

练习题

一、填空题

1.区块链是一种＿＿＿＿＿＿的分布式账本数据库。区块链是一个能够支撑"社会关系＿＿＿＿＿＿"的关键技术。

2.区块链具有去中心化、开放性、＿＿＿＿＿＿、匿名性和＿＿＿＿＿＿的特点。

3.区块链的传播机制是＿＿＿＿＿＿,它是区块链实现去中心化的基础,它解决了节点与节点之间数据传输的问题。

4.主流区块链的共识机制主要有三种,分别为＿＿＿＿＿＿、＿＿＿＿＿＿、＿＿＿＿＿＿。

二、判断题

1.区块链技术是一种数据库技术。区块链是一种去中心化的分布式账本数据库,具有去中心化、可篡改的特点。　　　　　　　　　　　　（　　）

2.在区块链里,区块链的数据对所有人开放,公有链的信息任何人都可以进去读写。　　　　　　　　　　　　　　　　　　　　　　（　　）

3.区块链的不可篡改性能够帮助找到产品造假的源头,方便监管部门切断源头,防止假货产品流向市场。　　　　　　　　　　　　　（　　）

三、名词解释

1.区块链

2.P2P

3.权益证明机制

项目二
区块链在传统银行业务中的应用

 **案例导入**

区块链技术在传统银行业务中的应用

要把区块链作为核心技术自主创新的重要突破口,加快推动区块链技术和产业创新发展。银行业作为经营信用的行业,研究并布局区块链技术,对巩固和培育竞争优势,具有重要意义。

截至 2019 年 12 月,我国国家层面共出台 40 余部区块链相关指导政策,我国银行业种类多元、业务模式存在差异性,各银行在其自身战略发展的基础上,加大对区块链技术的研究开发力度,拓展区块链的可能应用场景,并实现部分应用的落地使用。

2019 年,银行业区块链专利数大幅增加,全年共 15 家银行申请了区块链技术相关专利,申请数量达 433 件,是 2018 年数量的 4 倍之余。其中,申请数量最多的 3 家银行分别是微众银行(229 件)、中国工商银行(50 件)和中国银行(40 件)。从业务角度来看,数字资产、信贷业务和供应链金融是专利数量最多的业务领域。相对其他行业,我国商业银行对区块链技术的态度转向积极了解与探索阶段。一方面,国际银行业的探索塑造了行业整体发展趋势,对商业银行的业务应用产生影响;另一方面,科技巨头对消费者的支付及消费行为产生深刻影响,银行需要转型以应对客户需求。

同国际银行业相似,我国商业银行对区块链的应用探索也以资产业务和中间业务为主。区块链的研发成本相对较高,目前国有大型商业银行和具有互联网基因的民营银行走在前列,实现了诸多业务的落地应用。股份制银行及互联网银行在负债业务中推出针对中小企业及供应链融资的应用,尝试增强其在中小企业融资领域的业务能力。城商行规模及成本受限,目前应用多体现在中间收入部分,在支付、结算、交易等平台提升效率。

目前,我国各银行在哪些方面运用到了区块链技术? 面对金融科技对传统金融业务的冲击与重塑,有哪些需要注意的地方?

学习目标

1. 了解商业银行信贷管理,理解信贷风险产生的原因。
2. 掌握区块链应用于商业银行信贷管理中的优势及其可能产生的新风险。
3. 认识我国征信业发展现状,了解传统征信业存在的问题。
4. 了解资产管理的含义以及发展现状。
5. 学习区块链技术应用在资产管理业务中的案例。

 素养目标

1. 了解区块链在商业银行信贷管理中的应用方式。
2. 理解基于区块链的征信模式。
3. 学习区块链在资产管理中的应用。

章节脉络

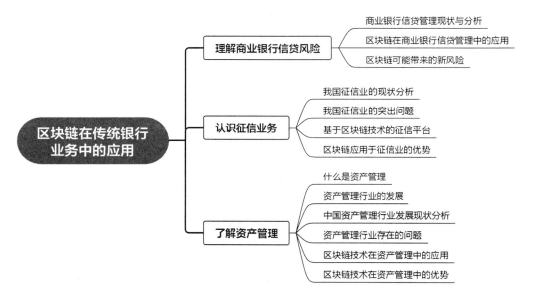

任务一　理解商业银行信贷风险

一、商业银行信贷管理现状与分析

(一)商业银行信贷管理现状

综观国际银行业发展史,风险管理是商业银行经营成败的关键因素。国内外商业银行的发展进程中,因风险管理不当、资产质量低下而导致倒闭、被政府接管的不乏其例。

由于商业银行将主要的资金用于贷款,贷款业务的收入构成了银行的主要利润,信贷风险则也相应成为商业银行需要主动规避与预防的风险类别。

信贷业务是银行的主要营利手段，银行以发放贷款，最终贷款到期收回本金和利息的方式获得营业收入，其中去除掉放贷成本而获得银行利润，故银行自身的发展将很大程度地受信贷业务发展状况的影响。

由于提供贷款是商业银行最主要的业务活动，贷款质量与银行的损益情况和生存能力直接相关，因此，甄别和控制信用风险、提高贷款质量是银行信贷管理的核心环节。

所以可以说，信用风险是商业银行最主要的风险来源。信用风险主要是指受信方（债务人）未能按照与商业银行（债权人）所签订的合同偿还所欠债务时，给信用提供方造成损失的风险。

银行贷款业务的基本流程如下。首先，客户提出贷款申请，并提供个人有效信息；然后，银行通过中央征信系统获取客户信用信息，对客户进行信用评级和风险评价；之后，商业银行进行实地调查、贷款审批、签订合同、发放贷款；最后，进行贷款回收管理。总结而言，商业银行的信贷业务流程包括贷款前的营销管理、受理与调查，贷款中的风险评价与审批、协议与发放、支付管理，以及贷款后的贷后管理。

因此针对信贷业务流程，商业银行信贷管理可以分为贷前调查、贷中审查、贷后管理三部分。在贷前管理阶段，商业银行根据搜集的有关信息资料对贷款者进行信用评级和风险评价，来作出贷不贷款的决定，事前控制不良贷款的源头。在贷中管理阶段，银行采用溢价抵押物策略来降低风险，即不动产抵押或有价证券质押。同时根据贷款成本、违约风险、预期利润等指标进行贷款定价，保证贷款的安全。在贷后管理阶段，商业银行也需要跟踪客户财务信息和非财务信息，以此判断客户贷款的安全性。由此可见，真实、可靠、及时、全面的客户信息是贷款三个环节管理的关键。

银行在开展贷款业务时，借款者的按时还款是该业务实现盈利的基础，这就要求银行具备较高的风险管控能力。从实际操作层面来看，商业银行信贷管理可以分为贷前调查、贷中审查、贷后管理三部分，对具体的贷款业务实施规范严格的操作流程，以提升风险管控能力。

（二）传统商业银行信贷管理的局限性

传统信贷过程中由于信息不对称导致的逆向选择和道德风险问题，使得商业银行在信贷管理中面临诸多困难。对于传统的商业银行信贷管理所存在的局限性，将从不良贷款、信贷结构、信贷规模以及信贷风险管理这四个方面来进行讲解。

1. 不良贷款问题

客户信息数据的获取、甄别、分析和使用贯穿整个信贷管理流程，而信息不对称使得商业银行面临巨大风险。如何解决银企间信息不对称问题，从而降低不良贷款率是各个银行长期关注的话题，构建征信体系可以在一定程度上缓解上述问题。传统中心化征信系统下，若干权威征信机构搜集、处理和发布个人和企业的信用信息，尽管在一定程度上降低了贷款风险。然而当前的信用评级要想准确地、真实地、前瞻性地反映客户的信用风险，仍然存在一定难度：一是传统的政府征信数据来源有限，且以反映信贷关系为主，不仅不能全面衡量信息主体的信用水平，也无法覆盖没有与正规金融机构发生借贷关系的企业和个人。二是传统信用评级模型以线性回归为主，对变量往往进行简单化处理，容易造成风险信号失真。三是评级结果更新较慢，

☞ **特别提示：**
　　商业银行面临的风险问题也随业务范围扩大而相应变化，大致可以划分为信贷风险、流动性风险与操作风险三大类。

商业银行信贷管理现状

时效性不强。

2. 信贷结构问题

合理的贷款结构能够满足经济增长对资金的需求,从而促进经济发展。然而,我国商业银行信贷主要集中在信用等级高的大中型企业,而对中小企业信贷投入不足,贷款结构严重失衡。相对于大企业,中小企业信息透明度较低、社会公信度不够、缺乏足够的抵押品,这使得许多高质量、低风险的中小企业无法全面展示他们的信用质量。

3. 信贷规模问题

伴随金融科技的蓬勃发展,网络融资平台层出不穷,这加剧了金融市场的竞争、缩小了商业银行的信贷规模。与传统商业银行贷款相比,这些网络融资平台具有低门槛、低成本、快捷方便、个性化等优点。此外,网络融资平台还拥有基于大数据和云计算技术的信用评估体系,从而能有效地解决贷款中的信息不对称,降低分析和交易成本。

4. 信贷风险管理问题

商业银行通过贷前调查、贷中审查、贷后管理来甄别和控制信用风险、提高贷款质量、保证贷款安全,然而当前的信贷管理手段仍存在诸多不足。在贷前调查阶段,客户提供的相关数据信息的真实性得不到保障;在贷中审查阶段,信息真实性和准确性信息验证成本高,中央征信系统数据存在不准确和可追溯性差等问题;贷后管理中,风险预警机制不够及时,财务信号获取存在时间滞后。

传统信贷过程中由于信息不对称导致的逆向选择和道德风险问题,使得商业银行在信贷管理中面临诸多困难。主要在于:第一,客户信息数据获取的不对称性导致银行长期存在不良贷款的问题;第二,由于中小企业无法全面展示自身的信用质量,对中小企业信贷投入少,导致我国目前信贷结构不太合理;第三,伴随金融科技的蓬勃发展,商业银行的信贷规模在变小;第四,信贷风险管理在所需要获取的客户信息数据真实性、可靠性、及时性等方面还存在问题。

二、区块链在商业银行信贷管理中的应用

(一)利用区块链技术形成新的信用机制

目前,商业银行主要依托以中国人民银行征信为中心的征信模式。但是,中央征信系统上的数据大多是商业银行提供的二手数据,每个商业银行提供数据的时间也不一致、数据的传输环节繁杂,且这些数据仅限于与银行产生过业务的个人或机构。这就导致征信系统数据存在不准确、可追溯性差、具有时滞性、不安全、更新慢、覆盖面不广等缺点。

而基于区块链的新信用机制可以为有效解决上述问题提供新思路。区块链形成的新信用机制有四个特点:

(1)基于区块链去中心化、信息不可篡改、可追溯性的特点构建信用机制。这能有效解决传统征信系统存在的问题,从而降低信息获取成本、提高银行信贷管理效率。通过使用区块链的个人或企业的资产,资金等的交易可以准确地记录在块上,既保证了数据的真实性和实时性,也防止了贷前调查阶段客户提供虚假资料等问题。此外,区块链数据的上传、处理到查询这一过程,与传统商业银行征信系统相比,缩短了征信业务链条,减少信息生成的时滞问题,使得贷后管理中信息获取不及时的问题

利用区块链技术形成新的信用机制

得到改善。

（2）基于区块链的信用机制可以打破传统征信模式的信息"孤岛"现象。商业银行可以加密形式存储和共享该组织中客户的信用信息。当客户申请贷款时，贷款机构在获得授权后可以通过直接检索区块链上的相应信息数据来获取信用信息，而不是向中央银行查询信用信息。因此，每一笔交易记录都可由参与节点查询到，打破了传统征信模式的信息"孤岛"现象。

（3）基于区块链的信用机制可以实现即时、动态的信息储存和更新。商业银行可以基于区块链技术的特点建立动态信用评级，随时掌握借款人的动态变化，同时还可以追踪贷款去向，查看贷款资金是否用于申请时所诉用途，一旦发现企业或个人不遵守贷款合约，将资金用于高风险高收益投资，则及时控制，有效降低道德风险。基于区块链的信息共享基础上，一旦企业或个人违反合约，该违约信息将传送并发布给所有访问区块链的银行和企业，通过增加客户违约成本，激励客户还款，以降低商业银行不良贷款率。

（4）区块链技术的使用可以提高信用系统的安全性。传统的银行信用系统基本都是以央行为中心的网络系统，只要一个节点被恶意攻击即可破坏整个系统。而在一个去中心化的区块链系统中，需要掌握控制超过51%的节点才有权修改和控制其他节点。因此，去中心化可防止黑客的入侵和恶意篡改，维护了系统安全又降低了维护系统中心服务器的成本。

（二）区块链在信贷管理三个阶段的作用

区块链技术在商业银行信贷管理的三个阶段中都能发挥作用，它可以降低相关的运营成本和信贷风险。

贷前调查环节，商业银行利用基于区块链的征信系统，在客户授权情况下，查询客户以往的记录；企业可查询其真实可信的交易记录、资金来往记录、财务信息数据以及同业竞争等数据；个人可查询其水、电、税缴纳记录、购物浏览、网络交易记录，甚至是其社交软件数据等，以此来分析客户的信用状况。

贷中审查环节，利用区块链技术公开、透明和分布式记账存储的特征，使得链上的企业数据更加充分、真实、公开和透明，银行工作人员通过对链上企业信息的审查，可以完成对贷款主体真实性以及主体合法性的审查，提高了审查的效率，并且减少差错。另外利用链上的企业信息可以良好辨别查证客户担保物的真伪，完成对抵/质押物的评估，以及是否存在多头贷款问题，并且实时监控抵押品的转移。

贷后管理环节，利用区块链数据结构来验证与存储数据、利用分布式节点共识算法来生成和更新数据，能保证数据的实时性。因此，利用区块链可以实时地检查借款人的贷款使用情况、履行借款合同的情况以及抵/质押物的现状及价值变化情况。

区块链技术
在优化信贷
管理流程方
面的应用

区块链可以记录、传递及核实在信贷业务贷前调查、贷中审查、贷后检查全流程中发生的真实信息，区块链技术让这些信息透明、可溯源。这样不仅可以避免受主观因素影响造成的结果偏差，减少了信息流的重复验证工作，提高了业务处理的效率，有效地防止了过程中可能出现的各种操作风险和道德风险。

在传统信贷体系中，商业银行出于控制风险目的，不愿意贷款给信息不充分的中小企业，这就造成一些优质中小企业贷款面临融资难困境。在区块链征信系统下，中小企业的任何数据都被加密存储，企业的资产、盈利状况和投资状况在不同时间以块记录。利用区块技术的透明公开化特点,商业银行可以在授权情况下共享其数据,了解中小企业资产、规模状况。因此,即使在中小企业在没有抵押品的情况下,商业银行也可以实时跟踪企业所有情况,利用区块链技术可以缓解传统信贷市场的信息不对称。

区块链技术可以全面赋能信贷业务风险体系,缓解传统信贷市场的信息不对称性,重构信用机制,强化数据信息的可靠性。从技术底层有效缓解"贷前调查不够客观、贷中审查不够准确、贷后检查不够有效"等问题,保证和强化银行客户数据的可靠性,而且可以控制欺诈、人工操作失误以及违约风险。

（三）智能合约

智能合约是区块链被称为"去中心化的"的重要原因,它允许我们在不需要第三方的情况下,执行可追溯、不可逆转和安全的交易。

基于区块链的智能合约能够为商业银行在信贷业务的模式创新中提供可能。具体来说,相较于新兴网络融资平台,商业银行具有长期积累的信用优势,当人们把智能合约嵌入贷款业务中,不仅可以解决新兴网络融资平台信息不对称的问题,还能解决由于信用评级体系缺乏导致的信用风险、挪用中间账户导致的操作风险以及担保缺失产生的流动性风险,并且可以提高自动化交易水平,降低商业银行贷款人工成本,抵抗互联网金融冲击。

现在先来了解基于区块链的全电子化线上智能贷款原理。据上文介绍智能合约特点可知,利用智能合约可以明确借款条件、数额、期限、逾期罚款、终止合同等内容,当预先设定好合约代码,在条件满足的情况下就可以触发机制执行。

以个人贷款为例,客户在网上填写贷款申请,商业银行借助"区块链＋大数据"进行审贷,根据数据的深入挖掘分析,判断借款者资产、信用状况,若符合贷款条件,则触发智能合约,进入信用评级、风险定价阶段;反之,告知借款者,并规定其在一定期限内不能再借款。在信用评级、风险定价阶段,利用区块链征信系统,引入客户各方面数据指标,如理财数据、网上购物交易、在各银行的存款数据等,通过客户的综合大数据,按评级模型进行自动评级和风险定价,根据评级结果确定贷款金额。然后通过智能合约自动执行链上支付,线上支付通过电子钱包即可实现。

贷后管理中,由于贷款的流向和用途被记录在区块上,可以实时监控,一旦借款者违约,把贷款用于其他用途或逾期不还,那么智能合约将被触发,终止借贷,并把客户负面信息记录在区块链上,自动加入黑名单系统,这样可以保证资金安全,减少违约风险。智能合约中,交易双方无须信任,全自动化执行,不需要担保方和人工操作,有效降低了信贷业务中的成本,提高了交易效率。

区块链技术中的智能合约,使链上的各参与方执行合约层的指定命令,当达到设立的一系列触发条件后,区块链参与方将自动执行指定合约操作。比如,借款者可以停止贷款资金的发放或提前清收;根据客户还款资金的筹集情况,可以分析客户经营状况;帮助银行识别高风险客户,避免高负债的用户继续申请贷款等。智能合约没有人为因素干扰,可以降低人工操作风险,降低借款者的违约风险,大幅提升效率。

三、区块链可能带来的新风险

（一）技术性风险

利用区块链能够改善银行的信贷管理,能够缓解信息不对称带来的逆向选择和道德风险问题,从而可以降低商业银行的不良贷款率。还有就是将智能合约嵌入智能贷款中,能够提高商业银行的业务办理效率、降低信息获取和人工成本。但区块链还处于初级发展阶段,同时还带来了一些新的风险。这里主要介绍技术性风险。

区块链技术也是一种IT技术,随着商业银行对IT系统的依赖越来越深,技术性风险也日益凸显,主要体现在数据安全及可修正性差还有冗余存储这两个方面。

区块链可能带来的新风险——技术性风险

具体来说,区块链技术所创造的信用机制是建立在数学和密码学基础上,是以技术背书而非第三方信用机构来完成全新的信用创造。而数学、密码学以及技术一直处于动态的发展中,这决定了其所创造的信用机制是不稳定的,表现为交易所加密的信息在随后的不长时间内有被解密的风险。这一致命缺陷让区块链技术的安全性堪忧。目前所采用的加密技术,还不能保证在学科不断发展和技术改进的情况下不被解密,而一旦被解密,区块链技术在商业银行所塑造的信任机制就会轰然倒塌,这将会给经济和金融系统带来毁灭性的灾难。并且区块链上的数据一旦被确认便不可更改,这使得错误数据无法得到修正。

另外,区块链是块链结构,其储存的记录具有不可篡改、可追溯性等特征,随着时间的推进,这些块链结构会与日俱增,冗余存储问题越来越严重,这意味着后来的即时查询需要占据的存储量日益庞杂,而且必须不断有能源维持运转并适时维护,带来资源浪费和高昂的人力成本,同时块链结构过长势必会影响数据更新与查看时间。最终结果是得不偿失。况且在实际中不是所有的节点都对所记录账本有需求,也不是所有记录内容都是后来所需要的,银行或监管真正需要的数据或许只是很小一部分。所以在数据存储、查询、及时清洗等数据管理与维护能力方面需要提出新的要求。

特别提示:
随着时间的推进,区块链结构造成的冗余存储问题会越来越严重,影响数据的更新与查询。

(二)系统稳健性风险及其他风险

下面叙述区块链技术的安全问题所引发的对经济金融系统稳健性的顾虑。

第一点,公众对区块链技术在商业银行的应用态度很大程度上会影响商业银行在区块链上的战略布局考虑,而这种态度又与区块链技术本身的发展情况密切相关。截至目前,比特币交易终端和比特币交易所被攻击、数字货币被盗和丢失情况时有发生。

如2013年,澳大利亚、上海先后发生用户自营比特币被盗事件,损失分别达110万美元和5万元人民币;2014年,比特币交易所运营商Mt.Gox交易平台上85万个比特币被盗;2016年,香港地区比特币交易所Bitfinex遭黑客攻击,价值7 000多万美元的119 756个比特币被盗。

特别提示:
2020年12月26日,人民银行、银保监会、证监会、外汇局等金融管理部门联合约谈了蚂蚁集团,此次约谈的背景为党中央高度重视金融科技和平台企业的规范健康发展。

区块链可能带来的新风险——系统稳健性风险及其他风险

这一系列事件极大地挫伤了公众参与比特币交易的积极性,让数字货币及与之相关的区块链在公众心中产生了不好的印象;同时,区块链做到了去中心,但是怎么构建区块链、区块链技术架构仍是中心化的问题,也就是少数人的意志决定了整个游戏的格局,这种垄断的实质与其民主的初衷相违背,容易引发公众的安全担忧。这些内外因素加剧了区块链技术发展的不确定性,阻碍了区块链技术在商业银行的应用。

第二点,区块链技术应用标准还不统一。目前,区块链技术在商业银行应用缺乏统一的标准,并且商业银行的传统系统与区块链系统的有效融合是一大难题。因此,需要加强银行间区块链应用的沟通协调,以加入联盟链的方式共同制定行业标准。考虑区块链技术与大数据相结合应用,进行应用实验,使传统系统逐步过渡到区块链系统,并实现两者的融合。

第三点,监管风险。新技术的应用和推广必然存在风险问题,而区块链技术还处于初级阶段,监管部门对区块链技术的认知尚有不足,相关法律与制度存在滞后。对此,监管部门应当实时跟踪了解区块链技术的应用发展状况,制定符合其健康发展的法律法规。同时商业银行也要积极配合,主动加强与监管部门的沟通协调,在满足金融监管的前提下进行应用开发。

任务二 认识征信业务

一、我国征信业的现状分析

(一)征信的含义

征信是指依法收集、整理、保存、加工自然人、法人及其他组织的信用信息,并对外提供信用报告、信用评估、信用信息咨询等服务,帮助客户判断、控制信用风险,进行信用管理的活动。

自改革开放以来,我国征信业发展已初具规模,初步形成了以中国人民银行征信中心运营的国家金融信用信息基础数据库为基础、以有政府背景的征信机构为主导、各种商业征信机构共同发展的多元化格局。随着中国与世界经贸关系日益紧密,少数征信机构走出国门,开始向海外市场提供征信服务。我国的征信服务基本涵盖债券市场、信贷市场、个人消费信用市场、商业信用市场等。

征信产业链如图 2-2-1 所示。

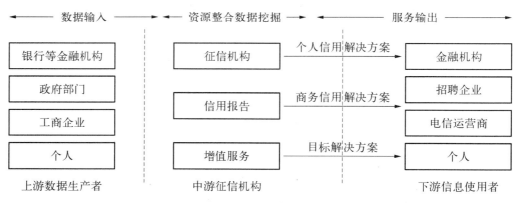

图 2-2-1 征信产业链

(二)我国征信业的现状

1. 征信从业机构数量多

根据相关媒体报道,我国营业执照经营范围标注"征信服务"的机构有 2 000 多家,完成中国人民银行备案的有 100 多家。目前我国仍有超过 50% 的自然人由于未与银行发生过借贷关系,在中国人民银行征信中心没有其信用记录。

由于中国人民银行并未放开个人征信牌照,现在将芝麻信用、前海征信、腾讯征信、拉卡拉征信、中智诚征信、中诚信征信、鹏元征信、华道征信作为个人征信试点机构,目的是培育市场征信机构来为中国人民银行征信中心没有覆盖到的人群提供征信服务,形成错位发展,功能互补。2018 年 1 月,8 家个人征信试点机构参股中国互联网金融协会发起设立的百行征信。至此,个人征信持牌机构也不过区区 9 家。

一些大数据、电商、互联网金融等非持牌机构利用自身拥有的数据、技术等优势,也切入征信业,提供数据采集、数据供给、技术开发、征信评估等征信服务。

2. 数据源成为差异化优势

数据是征信的基础,征信机构根据需求收集、整合多方数据源后,才能建模和提供针对性征信服务,因此数据源成为征信机构的差异化优势。例如,芝麻信用数据源来自大股东阿里巴巴体系,包括淘宝天猫电商数据、支付宝支付数据、余额宝投资交易数据、美团生活服务数据等,涵盖了用户网购、网络行为、生活信息等多维度数据。芝麻信用分应用场景已涵盖金融、住宿、出行、购物、社交、民生等众多领域。

另外,征信机构也会按需采集、购买、置换工商、税务、中国人民银行征信中心等其他数据源,不过外部获取的数据大多具有同质化问题。

3. 征信产品各有侧重

在产品上,既有贷前评估,例如芝麻信用;也有覆盖贷前、贷中、贷后全链条和营销、信用、风控预警等综合服务,例如前海征信。企业征信机构主要面向机构客户,8 家个人征信试点机构同时面向机构和个人服务。

二、我国征信业的突出问题

随着消费金融的快速崛起,大家对征信方面的需求比之前增强了许多,这也导致征信市场不断扩大。不过从目前的情况来看,征信行业存在诸多问题,其中最突出的问题有两个:严重的信息孤岛、困难的数据隐私保护。所以,下面将对这两个突出的问题进行详细说明。

(一)信息孤岛严重

信息孤岛指的是交易各方之间不进行信息的共享,也不进行功能的联动贯通。在这种情况下,就会出现信息、业务流程、应用三者互相脱节的现象。现在信息技术产业的飞速发展,企业的 IT 应用伴随技术的发展而前进,导致与企业其他应用不配套。因此,从产业发展的角度来看,信息孤岛的产生有着一定的必然性。

我国征信业的突出问题——信息孤岛

征信行业会出现这个问题主要是因为以下两个原因:

第一,我国还没有确立数据归属权。在数据归属权还没有确立的背景下,为了保护隐私,各征信机构宁可画地为牢,也不愿意把自己手中的数据分享出去。这样就导致了信息孤岛的产生。第二,是技术架构方面存在问题。在征信行业中,由于技术架构不同的缘故,数据很难在各个机构和各个行业之间共享,久而久之就产生了信息孤岛。

目前,各个行业逐渐向数据化靠拢,其中最具代表性的是医疗、金融、零售等行业。对于任何一个互联网金融相关方而言,征信都是最基础的必备配置,而且在风险管控当中,征信体系也是极为重要的核心内容。征信行业的良好发展对金融行业也产生了深刻影响,最值得注意的就是金融行业的客户监测达到了动态风控的目的。由于互联网技术的数据化特征已经越来越明显,传统的评估、交易形态也发生了很大变化,在这种情况下,所有的信用都要以数据为基础。可以预见,在未来很长一段时

☞ **特别提示:**
　　在互联网时代,最重要的任务应该是让大数据征信变成互联网金融的强大推动力,对信用体系进行重新构建,通过新技术解决之前无法解决的难题。

间内，数据对信用的作用依然不会减弱。与此同时，能被数据化的事物都可以成为信用，信用也可以成为企业的宝贵财富。

在经济下行的影响下，互联网金融行业的坏账率比之前高了很多。对于互联网金融平台而言，企业征信已经变成了必不可少的需求，然而外部需求的不断增加也使企业征信机构难以获得良好发展。所以可以说，信息孤岛是征信行业存在的一个突出问题，需要尽快解决。

综上，因为我国还没有确立数据归属权以及技术架构方面的问题，导致征信行业存在严重的信息孤岛问题。然而所有的信用都要以数据为基础，并且随着现在经济的发展，征信已经变成企业和个人必不可少的需求，但是外部数据的获取限制也导致征信机构难以获得良好的发展，急需解决信息孤岛这个问题。

（二）数据隐私保护问题突出

随着互联网技术不断发展，个人信息安全问题也变得越来越突出。从目前的情况来看，很多行业都涉及个人信息处理问题，其中征信行业最具代表性。

早在2015年1月，中国人民银行就下发了《关于做好个人征信业务准备工作的通知》，要求相关征信机构做好个人征信业务的准备工作。对此，芝麻信用曾表示，征信行业与个人信息安全及隐私保护有着非常密切的关系，同时还说道："和信用相关的数据信息如同淡水，和每个人息息相关，不可或缺。数据信息流将像物流、资金流一样流动起来，成为社会高效运营的基础，也将成为未来社会最重要的'清洁能源'。个人数据信息的广泛使用，如同治水，要让数据信息在合规的河流、渠道里流动，发挥效用；任何滥用用户个人信息的行为，如同洪水泛滥，会给用户、机构和社会带来严重的损害。当然，也不能将个人信息保护得如同一潭死水，让用户无法享受技术进步带来的社会便利。"这充分阐明了信息数据的重要性，以及滥用信息数据的危害性。大数据时代不仅对征信行业的隐私保护及数据安全提出了更高层次的要求，中国人民银行也提高了下发个人征信牌照的谨慎性，这也在一定程度上表示，关于正式放开个人征信领域，中国监管机构还存有很多顾虑。中国人民银行面临的主要还是个人信用评价标准不统一、数据隐私保护难等问题。除此之外，"暗网"中的个人信息交易灰色产业链具有以下三个特点：隐蔽性、多样性和复杂性。

在上述三个特点的影响下，监管部门要想查处"暗网"中的个人信息交易灰色产业链就会变得十分困难。针对这一情况，中国人民银行征信管理局向各大征信机构下发了《征信业务管理办法（征求意见稿）》（以下简称"管理办法"）。"管理办法"更加注重保护个人隐私权，同时还指出，征信机构采集个人信息应当经信息主体本人同意，并明确告知信息主体采集信息的目的、信息来源和信息范围，以及不同意采集信息可能产生的影响等事项。

然而，传统征信系统技术架构并没有使用户对个人隐私引起足够的关注，也没有从技术底层为用户的数据主权提供保障，因此，征信行业要想达到数据隐私保护的要求就不会那么容易。

随着互联网技术的发展，信息数据安全问题越来越突出，滥用信息数据会对社会和用户产生恶劣的影响。以前技术架构关于数据隐私保护方面的法律法规不健全，而在技术不断飞速发展的情况下，数据隐私保护问题变得越发重要。

三、基于区块链技术的征信平台

区块链具有去中心化、不信任机制、不可篡改、可溯源的本质特征。因此，从技术层面来看，区块链不仅能够为相关数据隐私提供有力保障，而且可以使信用数据的共享和验证变得更加容易管控。

基于区块链技术的征信平台主要有两种模式：一是"从线下到线上"的数据交换平台模式，即从当前线下已有数据库出发，利用区块链技术将数据库进行连接，实现数据资源共享，解决"数据孤岛"问题。二是"从线上到线下"的共建共享平台模式，即建立一个以区块链技术为底层架构的新型开放式数据库，并以此创建一种新的信用生态，实现信息共建共享。平台的节点成员包括征信机构、用户、使用机构（互联网金融企业、银行、保险、政府部门等）。

（一）数据交换平台

数据交换平台是在传统征信模式上的改良模式，如图 2-2-2 所示，在这种模式下，征信机构各方参与者是主要参与节点，既作为数据查询使用方，也作为数据提供方，征信机构原始数据均保存在各自的中心数据库中。

基于区块链技术的征信平台——数据交换平台

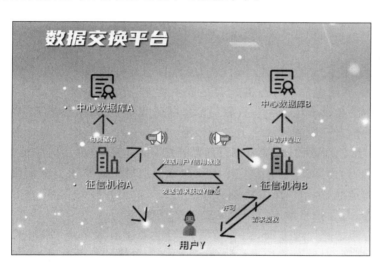

图 2-2-2　数据交换平台运行流程

第一步：征信机构 A 和 B 分别从各自中心数据库提取少量摘要，通过区块链进行广播，保存在链中。

第二步：征信机构 A 需要查询用户 Y 的信用数据时，先查询自己所在节点中的摘要，再匹配到征信机构 B，通过区块链转发请求获得用户 Y 数据。

第三步：征信机构 B 向用户 Y 请求授权，待得到授权许可后，B 向 B 中心数据库申请并提取用户 Y 的信用数据。

第四步：征信机构 B 向征信机构 A 发送用户 Y 的信用数据。

第五步：征信机构 A 向征信机构 Z 付费后，将用户 Y 的信用数据存储到 A 中心数据库。

上述行为都会被记录保存到区块链中，由监管部门检验这些行为的合法性。

值得注意的是,各参与方自主维护原始数据库,仅提取少量摘要信息利用区块链技术保存到链中,既可查询外部海量数据,又不泄露自身核心商业数据,进而打破现有技术框架下无法解决信息孤岛问题的僵局。

数据交换平台模式的优点在于紧密结合了现有技术与传统征信业的数据,成本较低且平台构建起来较为方便,但是一些传统征信业的痛点并不能得到有效解决:一方面,征信数据采集难的问题没有得到有效解决,这是因为数据交换平台并不能直接获取新的信用数据,各参与方依然需要采取传统方法来获取数据,采集数据依然很困难;另一方面,信息的真实性仍然得不到保证。数据交换平台模式仅仅在信息索引中采用区块链技术,数据库仍沿用传统技术及内容,原始数据的真实性无法得到有效保障。

（二）共建共享平台

共建共享数据平台模式不同于数据交换平台模式,共建共享式数据平台上所有的信息主体、信息需求方、信息提供方、征信机构及相关监管部门都可注册成为区块链上的节点,下面将从四个方面介绍这个平台模式。

（1）在信息加密方面,针对不同的信息主体,企业或者个人都有不同的业务规则。相比于企业信息,对个人信息的保护更严格,除法律法规要求必须公开的信息外,所有生成的信息都会被加密,只有得到相应的主体授权密钥后才能解密获取。

（2）在信用记录方面,智能合约技术可以自动地把信用记录发布到区块链上永久保存。例如,网络融资平台与借款者签署了智能合约,如果借款者按时还清贷款,则在区块链中会自动产生一个包含履约信息的区块;但是如果借款者违约,则会自动产生一条违约信息记录到区块链上公开传播。

（3）在信息处理方面,可能需求方所需要的信用记录来自不同的征信机构,信息需求方可能会因为时间差拥有不完整的信息从而造成一定不便。征信机构在得到信息主体授权的情况下,可以结合自身从其他相关渠道所采集的信息,对分散的记录进行整合加工处理,并最终形成信用产品提供给需求方。

基于区块链技术的征信平台——共建共享平台

（4）在信息监督管理方面,由于监管部门也会注册成节点,加入区块链参与制定、审核平台规则,对整个流程进行监督,受理信息主体的投诉并且处罚违规者,因此可确保区块链征信系统在得到有效监管的前提下实现稳健运行。

共享共建式数据平台益处颇多,但是建造维护这个平台的成本是非常大的。共享共建式数据平台是基于区块链技术的全新的征信系统,建造维护这个平台不仅需要征信行业的努力,还需要银行、计算机等行业的协力合作。

总结一下这个知识点的内容。第二种基于区块链技术的征信平台模式——共建共享平台,它不同于数据交换平台,它是建立一个以区块链技术为底层架构的新型开放式数据库,并以此创建一种新的信用生态,实现信息共建共享。信息主体、信息需求方、信息提供方、征信机构及相关监管部门都可注册成为区块链上的节点,所以它的优点在于:① 对信用数据的保护更加严密;② 所有信用数据都会上链;③ 信息交换更快速便捷;④ 能够实现有效的监管。

同时,因为该系统需要多行业联合建设,系统也比较复杂,所以建设维护成本比较大。两种模式分别如图 2-2-3、图 2-2-4 所示:

图2-2-3　区块链技术数据交换的转变

图2-2-4　区块链技术下的共建共享模式

四、区块链应用于征信业的优势

区块链具有去中心化、时间戳、非对称加密和智能合约等特征,可以在有效保护数据隐私的基础上实现可管控的信用数据共享和验证,征信结果更客观、可信,有利于打破征信业数据孤岛和数据隐私保护的问题。同时,区块链平台中的数据在一定程度上时效性、相关性较高,这些数据可以追溯源头,严格关联到相应的用户。

下面是区块链应用于征信业的优势。

（一）拓展信用评估覆盖范围、扩大客户群体

从社会认可度方面看,目前社会征信机构数据获取不多的原因之一在于社会认可度相对较低,社会对征信机构的数据采集抱有防范意识。而区块链技术的去信任、不可篡改等特性则使得公众的数据安全有技术上的保障,征信机构加入区块链平台后其社会认可度也会逐步提升。

从参与机构的角度看,目前中国人民银行征信中心所采集的信息以银行等金融机构为主,以保险、证券业机构等为辅,信息采集并不全面。基于区块链技术的征信可以通过其本身的优势引入更多机构的参与,为其提供更直接、准确、及时的信息获取渠道。

（二）数据具有溯源性

区块链正如其名,是按照时间把一个个盖有时间戳的区块连接而成的链条,每个

区块链技术
应用于征信
业的优势

☞ 特别提示：
　在区块链与征信的潮流下,越来越多的机构参与到征信系统建设中来。

区块中都包含某一时刻内完成的交易信息,并且包含上一区块的地址。基于时间戳及每个区块均包含上一区块的地址,任何一笔交易或记录都可以进行追溯,从而可以核实每一笔数据的来源,确保数据的真实性和有效性,对改善数据质量有很大的帮助。

（三）提升数据隐私的保障

大数据征信业务之所以备受质疑,主要是源于信息主体对信息安全的担忧,而区块链技术在涉及数据信息的隐私上,基于非对称加密算法和公私钥的机制在理论上被破解的可能性为零。如果有机构或个人想对相关信息进行查询或者使用,必须得到数据信息所有者提供的相应的密钥后才能访问,这大大保障了用户对自己信息的主权。

（四）改善征信成本

在前期客户信用评估方面,区块链技术可无限地使用与分享新入数据,这些数据会被各个部门审查监督,从而可排除海量虚假数据,提高数据使用效率,智能合约的应用可以大幅降低客户征信数据处理成本。在后期信用产品管理方面,智能合约可以使整个流程（信用评估、定价、交易、合约执行）自动化运行,从而降低相应的人力成本,继而可以大幅提升银行的征信业务规模。

因为区块链具有去中心化、时间戳和智能合约等特征,所以区块链应用于征信业存在如下几点优势:① 能提供更直接、准确、及时的信息获取渠道,引入更多机构的参与,拓展信用评估覆盖范围;② 基于时间戳技术,能有效实现对链上数据的追溯,改善数据质量;③ 因为非对称加密算法被破解的可能性为零,可以有效提升数据隐私的保障;④ 智能合约的应用可以有效改善客户征信数据处理成本。

任务三　了解资产管理

一、什么是资产管理

（一）资产管理的概念

资产管理业务是指资产管理人根据资产管理合同约定的方式、条件、要求及限制,对客户资产进行经营运作,为客户提供证券、基金及其他金融产品,并收取费用的行为。由受托人为委托人提供理财服务的行为。

（二）管理种类

（1）为单一客户办理定向资产管理服务。

（2）为多个客户办理集合资产管理业务。

（3）为客户特定目的办理专项资产管理业务。

（三）参与主体

能够从事资产管理业务的公司一般为证券公司、基金公司、信托公司,从某种意义说,第三方理财公司在资产管理市场上的拓展和定位有些类似于现在的私募基金,将专家理财和灵活的合作条款捆绑嫁接作为打开资产管理市场的突破口。

什么是资产
管理

（四）资产管理的特征

（1）从参与方来看,资产管理包括委托方和受托方,委托方为投资者,受托方为资产管理人。

（2）从受托资产来看,主要为货币等金融资产一般不包括固定资产等实物资产。

（3）从管理方式来看,资产管理主要通过对受托方的银行存款、证券、期货、基金、保险或实体企业股权等资产方面进行投资,实现增值。

（五）资产管理行业界定

（1）资产管理广泛涉及银行、证券、保险、基金、信托、期货等行业,但是具体范围并无明确界定。

（2）从公司层面来看,资产管理机构包括银行、保险公司和专业资产管理公司三类。

（六）我国资产管理行业的状况

（1）我国传统的资产管理行业主要是基金管理公司和信托公司。

（2）近年银行、证券、保险等各类金融机构纷纷开展资产管理业务。

（3）各类机构广泛参与、各类资产管理业务交叉融合、分处不同监管体系所形成的既相似又不同的混业局面,是我国目前大资产管理的现状。

（4）基金业协会从我国金融业实际出发,根据资金来源、投资范围、管理方式和权利义务四方面特点,将我国资产管理行业的范围进行了界定。

二、资产管理行业的发展

（一）第一阶段:2007年之前,公募基金为主导

截至2017年底,股票型基金与偏股混合型基金规模之和约为2.59万亿元,占基金行业总体规模比为79.29%。2007年之前,资产管理行业主要以公募基金为主导,其业务本质依然是"受人之托,代客理财",投资标的以标准化的权益市场和债券市场为主,产品类型以股票型基金和偏股混合型基金为主。图2-3-1展示了权益市场对资产行业的影响。

资产管理行业的发展现状

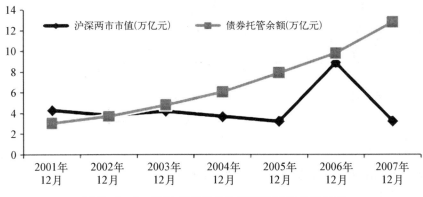

图2-3-1　2007年前权益市场对资产行业的影响

资料来源:根据网上公开资料整理。

由于债券市场规模有限,基金行业主要受权益市场影响,2006—2007年权益牛市带动以基金为主的资产管理行业迅速发展,甚至出现产品供不应求的现象。图2-3-2展示了2001—2006年基金行业产品分布。

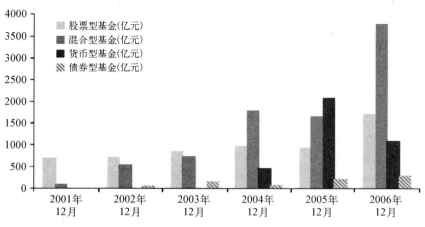

图 2-3-2 2001—2006 年基金行业产品分布

资料来源：根据网上公开资料整理。

（二）第二阶段：2008—2012 年，信托推动资管外延拓展

事件提醒：2010 年初中国人民银行采取"差别准备金率"和"限贷令"对前期扩张过快的银行表内业务进行限制，特别是政府融资平台和地产项目，此后银行借助信托通道，绕道表外"非标"进行信贷扩张，银信合作迅速兴起，银行理财和信托规模同步上涨。图 2-3-3 展示了 2010—2014 年信托业规模状况。

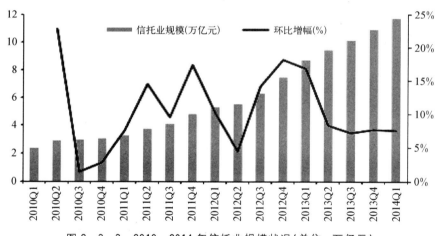

图 2-3-3 2010—2014 年信托业规模状况（单位：万亿元）

资料来源：根据网上公开资料整理。

此外，居民财富增长保险规模不断扩大；IPO 的财富效应吸引大量 PE 基金进入拟上市公司市场。

在此阶段，资产管理行业外延逐步延伸，从传统意义上的"资产管理"向具有"通道"性质的产品延伸，资产管理行业在企业融资端形成对传统信贷业务的功能替代，信托机构牌照优势明显。

（三）第三阶段：2013—2016 年，资管行业快速扩张

2012 年下半年开始，资产管理行业监管进入新一轮放松大潮，行业门槛解除、牌

照资源逐步放开,各类资管子行业之间的竞合关系更加充分,行业创新不断。不同类型的资产管理机构蓬勃发展,机构数量也大大增加。截至 2015 年底,资产管理行业总规模已接近百万亿元(含通道和重复计算)。从产品结构来看,不同类型、不同策略、不同标的、不同风险偏好特征的资管产品多样化发展,资管产业链上游的产品供给从数量到质量均有显著提升,如图 2-3-4 和图 2-3-5 所示。

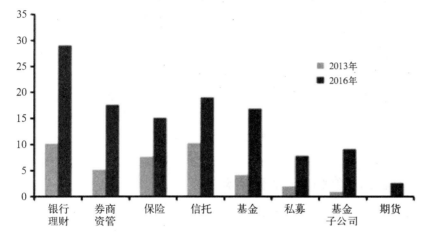

图 2-3-4 2013—2016 年资产管理子行业规模分布(单位:万亿元)

资料来源:根据网上公开资料整理。

图 2-3-5 行业规范性文件

在此阶段银行理财凭借明显的渠道优势迅速发展,资产管理行业负债端扩张对银行的依赖程度不断提高,形成理财一家独大的市场格局。

(四) 第四阶段:2017 年至今,金融去杠杆下的行业规范

资产管理行业的快速发展一方面积累了诸多成果,有助于金融体系的繁荣稳定,在国民经济和金融市场扮演着极其重要的角色,另一方面高速发展的背后也积累了一些结构上的问题,如图 2-3-6 所示,例如分业监管规则和高度交叉的业务发展模式不匹配,行业同质化发展倾向有增无减,产品存在大量期限错配、"刚兑"的情况,违规运用杠杆放大风险的现象层出不穷,资本节约型的表外业务风险积累。本轮监管正是针对这些潜在的问题进行疏导,从而

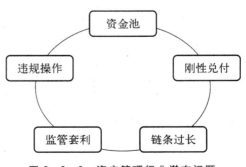

图 2-3-6 资产管理行业潜在问题

防范风险扩大后发生系统性风险。

本轮监管的强化，从表象上看是针对银行同业过快发展的问题，但实际上是针对以商业银行为核心的整体资产管理行业，自上而下对行业规则进行全面梳理和重新制定，图 2-3-7 展示了宏观审慎监管的升级。

图 2-3-7　宏观审慎监管升级

三、中国资产管理行业发展现状分析

近几年来，监管体制重大改革纷纷落地，重塑资管行业产业链。金融业对外开放重重加码，内资资管外部强敌环伺，大资管时代即将终结吗？

答案恰恰相反。大资管的"大"，绝不是仅指规模大，更多样的产品、更多元的参与者才是名副其实的大资管。大时代的"大"，绝不是金融系统空转的自繁荣，而必须回归资管本质、服务实体经济。大资管时代并未结束，而是破而后立，返璞归真。

（一）监管体制重大改革，重塑资管产业链

1. 行业规模平稳维持 124 万亿元

《关于规范金融机构资产管理业务的指导意见》（以下简称"资管新规"）作为首部由多部门联合起草、对大资管行业进行统一监管的纲领性文件，它的推出拉开了统一监管的大幕。随后，一系列配套文件接连出台。

由于市场预期充分，资管规模保持稳定。据前瞻产业研究院发布的《中国资产管理行业市场前瞻与投资战略规划分析报告》的统计数据显示，截至 2018 年底，中国资产管理行业总规模约 124.03 万亿元（银行理财规模截至 2018 年 5 月，其他截至 2018 年 6 月），较 2017 年底仅略有回落。截至 2020 年，我国高净值人群与一般家庭的可投资资产总额分别达到 97 万亿元与 102 万亿元，也就是说每年有 1.5 万亿元的增量。

通道、刚兑、资金池等业务较多的机构规模持续下降，如信托计划、券商资管、基金专户、期货资管，而主动管理业务较多的保险资管、公募、私募基金规模仍保持增长，银行理财规模整体稳健回升。

2. 新时代新格局，全产业链重塑

（1）资产端：非标受限，标准化资产迎来长期发展机遇。资管新规下，未来机构将增加主动管理业务，减少通道业务，从非标资产向债券、股票等标准化资产转化将成为长期趋势，对股票和非上市股权投资的长期需求也会逐渐增加，回表过程也将带来贷款的增加。

同时，将非标转成标准化资产也是大势所趋，无论表内外非标都有转换成标准化资产的需求,公募 ABS、信贷资产流转迎来发展机遇。

(2) 资产管理机构:明确产业链战略定位,打造核心竞争力。资管牌照红利退去,以预期收益率为主的机构,要思考如何做净值型产品;以非标为主要业务的机构要思考非标严格受限之后的新方向;而业务本身不受冲击的机构,也要思考如何面对更严酷的竞争环境。所有思考都是资管机构回归商业本质之后,对自身战略定位的再审视。

从海外成熟经验来看,"大而全"的行业巨头通常是早期具备资金端优势的银行系资管(如摩根大通、高盛、瑞银等),或资产端优势的大型基金公司(如贝莱德等),"小而美"的精品型机构则更为多元,涉及的资产类别或者策略相对单一,多在特定领域维持高业绩并收取高管理费和业绩分红(如桥水、德明信、KKR 等)。也就是说,资管机构根据不同的战略定位,打造专有核心竞争力等。

(3) 资管产品:消除中间冗杂的套利链条,严控风险。市场环境的变迁无一例外会直接反映到资管产品上。未来资管产品的设计须将围绕着服务实体经济、严控风险的基本原则,消除中间冗杂的套利链条,减少期限错配、流动性错配、信用错配,严控杠杆率等。

(4) 资金端:资金端需求剧烈分化。打破刚性兑付之后,客户需要承担资产本身的风险,对产品未来走势的预期、流动性预期、风险预期、财富规划等均将纳入为决策要素,资金端将开始更加剧烈的需求分化。资管机构需要密切关注,跟进产品结构调整。已开始募集的养老目标基金,实际正是公募基金应对资金需求分化的率先布局。

(二) 金融业对外开放提速,资管正式入局国际竞争

1. 改革开放 40 周年,金融业对外开放再加码

2018 年 4 月 11 日,中央银行在博鳌亚洲论坛上宣布进一步扩大金融业对外开放的具体措施和时间表,金融业对外开放正式进入快车道。

2. 市场以改革促开放,以开放促成熟

(1) 金融市场对外开放:优化投资者结构,提升市场配置效率。

2018 年 A 股市场 QFII 和 RQFII 松绑、互联互通南北向单日额度扩大 4 倍、时隔三年重启新增 QDII 额度、QDLP 额度、RQDII 业务、CDR 发行制度、放开外国个人投资 A 股限制等,乃至沪伦通、入富时指数等,外资参与的灵活度和额度均在不断提高。

目前外资持股比例大约在 3%,比例不高,但是增速很快,在 A 股市场情绪极度低迷的行情下,外资的不断流入也在一定程度上起到稳定市场的作用。

债券市场也是一样,可参与的投资范围也日益丰富,银行间债市已经基本全面向境外机构投资者开放,交易所债券市场除信用债质押式回购之外,国债、公司债、资产支持证券等均已全面放开。

对外开放对金融市场中投资者结构带来的优化,重塑了市场估值体系,进而提升市场配置效率。

(2) 资管市场对外开放:更多元的参与者,更激烈的竞争。

中国发展的潜力和开放的决心,吸引了许多国际知名投资机构入场布局。

据基金业协会备案显示,截至 2018 年 7 月底,已有桥水、元盛、安中、富达、瑞银、富敦、英仕曼、惠理、景顺纵横、路博迈、安本、贝莱德、施罗德、毕盛 14 家全球知名外资机构获得私募证券投资基金管理人牌照,共发行产品 18 只,相信未来还会引入更

多国际知名机构。

除私募以外,据基金业协会备案显示,截至 2018 年 7 月底,工银安盛资管获批,成为第一家合资保险资管公司,已有 3 家外资机构(瑞士银行、野村证券、摩根大通)向证监会递交了控股券商的申请,法兴银行也计划成立持股 51% 的合资券商。

外资机构入场,将促进资管市场结构多层次发展,丰富资管产品线,给投资者带来更多的选择,提升市场活力。但要撼动内资龙头的地位并不容易,内资机构与国际巨头之间的学习实际是相互的。

(三)变革之年,迎接真正的大资管时代

目前我国资管机构的渗透率偏低。以工商银行为例,中国高净值家庭所拥有的财富占总体个人财富 43%,而工行私行客户资产规模占整体零售客户资产规模比例仅 10%,还有较大的提升空间。

过去,资管行业内存在着大量的"伪"资管产品,事实上形成了"劣币驱逐良币"的不公平竞争环境,也积累了极大的金融风险。

资产管理行业经过多年的发展,正在迎来新的挑战和机遇。过去,部分资产管理机构依赖简单的通道类业务快速扩张规模,依靠低水平的制度套利或者行业保护赖以生存和发展,而非以重点培养自身长期竞争优势来吸引新的资金进入,其主动管理能力明显弱化。未来一段时间,发掘机构的核心竞争优势、建设差异化竞争能力,将成为我国资产管理行业亟待解决的核心问题之一。

四、资产管理行业存在的问题

资产管理行业存在的问题

近年来,中国的资产管理行业发展迅猛,已经成为发展最快的金融细分领域之一,但资管行业在蓬勃发展的同时也存在一些风险隐患。2018 年《关于规范金融机构资产管理业务的指导意见》(以下简称资管新规)的正式出台是中国资产管理行业的一个分水岭:首先,资管新规统一按照募集方式和资金投向分类,统一监管标准,大大压缩通道型机构的监管套利空间;其次,资管新规明确提出要打破刚性兑付,并且确定四类刚兑行为,若发生刚兑行为,会区分存款类金融机构和非存款类持牌金融机构加以不同的严惩;最后,资管新规明确要求去通道化,禁止开展规避投资范围、杠杆约束等监管要求的通道业务,消除多重嵌套。同时,资管新规还对投资者、金融机构等市场主体提出了相对严格的要求。资管新规的提出表明监管者亟须改善资产管理行业,但是资产新规的实施并不能立刻起到作用,资产管理行业仍旧存在以下难题。

(一)资管机构亟须准确把控风险,提升产品定价能力

资管新规出台之前,中国金融机构的资管产品主要是预期收益型产品,与银行表内负债实质上并无差别。金融机构出于对自身声誉和提高机构竞争力等方面的考虑,倾向于维持刚性兑付。对投资者而言,此类资管产品有固定期限和固定收益率,收益稳定且高于一般的存款,因此成为投资者的一条重要投资渠道。正因为有着"类存款"的性质,各个金融机构所提供的资管产品本质上并无太大区别,产品的收益率几乎成为各机构竞争的唯一标准。金融机构无须根据所投资的资产、面临的风险暴露等状况对资管产品定价,只需要根据市场上其他同质产品相应提高自身产品收益率即可提高自身竞争力、吸引投资者。在资管新规出台之前,资管产品的盈利模式是

投资者享有固定的预期收益,超额的部分由金融机构留存。

在资管新规要求打破刚性兑付之后,投资者将不能仅仅通过考察资管产品的"期限"和"收益率"来选择投资的资管产品,而是需要通过比较产品的净值来做出抉择。

因此如何能够更好地为资管产品定价成为金融机构新的竞争点,而金融机构目前的业务模式仍基于旧的监管制度,落后于新的监管形势,相应的人才培养、产品设计、管理理念等方面还存在明显不足,限制了资管行业的进一步发展。

（二）资管产品嵌套层数过多,真实信用风险难以识别

为了在市场上吸引更多的投资者、应对刚性兑付所带来的压力及满足自身的盈利需求,各金融机构不得不选择配置高收益的资产,但是市场上优质的高收益资产并不能满足所有金融机构的投资需求,因此势必有一部分资金流向了期限较长或者风险较大的资产领域。但是在监管规则的制约下,出于对流动性指标、杠杆率指标、投资范围限制、投资者限制等因素的考虑,许多金融机构的资管产品不可以直接投向一些非标资产,因此就出现了银证信、银基信等众多合作交易的模式,包括证券公司、基金子公司在内的金融机构成为资管产品新的通道。经过多层嵌套,底层资产很难穿透,风险难以辨别,不仅给监管机构增加了管理难度,也使得资金在金融机构里空转,风险逐渐累积、蔓延到相关金融机构中。多层嵌套的业务模式将多个金融机构的资产端和负债端联系起来,因此对其进行监管要综合分析考量,对此资管新规中指出:监管要实现向下穿透到底层资产,向上穿透到投资者。穿透监管的监管方式要求监管机构对资金从负债端流向资产端的整个过程加以把握,打击资产管理机构的违法违规行为。随着资管新规的逐步落地,资管行业普遍存在的多层嵌套现象难以为继,通道业务规模将会大大缩水,要求监管机构提高自身识别风险的能力,肃清监管行业原有模式的弊端。

（三）资管行业内存在期限错配、增加杠杆和资金池运作等乱象,流动性风险凸显

资管机构采用的资金池运作模式,有滚动发行、集合运作、分离定价的特点,助长了金融机构的"发短投长",期限错配现象严重,使产品资金的来源和资金的流向不明,流动性风险加大。由于资管产品普遍存在刚性兑付的特点,市场上一旦出现流动性不足的情况,金融机构承压增加,为满足流动性需要,风险迅速传递到表内,进而引发金融风险。资管新规中指出,资管机构需要针对每只产品单独建账、单独管理、单独核算,确保资产期限与资金期限相匹配。面对新的监管要求,金融机构需要提高资金的稳定性,寻找更多的长期资金。在资管新规之前资管机构募集到的资金期限较短,多集中在一年以下,甚至有一部分资金的期限在三个月以下,与资产端的久期明显不匹配,为了降低流动性,风险资管机构需要延长负债久期或者缩短资产久期,未来资管机构想要投资非标资产就要挖掘更多长期资金并且培育良好的风险控制能力,以顺应市场资金流向有更高风险管理能力这一大势。

（四）既有的通道业务使交易结构繁复,拉高交易成本的同时增加了操作风险

为了规避监管,金融机构为资管产品设置了种种通道,除了上文提到的银证信、银基信合作交易模式之外,还存在其他种种模式规避监管,如银证委托贷款模式,即某银行委托证券公司成立定向计划之后再委托另一银行向融资方发放贷款,证券公司可从中赚取通道费、风险较小且可以获取收益,因此通道业务的规模逐渐扩大。银行出于信贷额度约束、风险管理指标等因素的考虑,很难通过表内信贷满足一部分缺

☞ **特别提示:**
　　刚性兑付实质上将投资人本应承受的所投资项目的风险转移到了金融机构,违背了资管行业"受人之托、代人理财"的目的。

☞ **特别提示:**
　　中国原有的监管模式是"机构监管",由于监管机构之间的掣肘会出现同质产品未能统一监管标准的现象,金融机构监管套利现象频发。

乏有效抵押物的企业和个人的融资需求,而资管产品可以为其融资开辟一条新的通道,使得金融机构的资管业务成为部分企业和个人获取融资的重要途径。

对于融资方来说,层层通道的设计提高了交易成本,融资成本上升,但由于自身对资管产品的高度依赖,以及对资管产品有刚性需求,不得不以一个较高的成本实现融资的目的。而资管新规的逐步落实限制了金融机构设置层层通道实现监管套利的行为,原有的通道业务被大大限制,规模大大缩水。整体来看,未来金融机构仅仅通过提供通道赚取通道费的模式生存空间变得狭窄,这要求资管机构转变发展模式,提升主动管理能力;为挖掘自身的竞争优势和匹配合格投资者,未来的资管产品将会呈现出个性化、定制化的特点,各类资管产品将会专注于不同的细分领域。资管机构的专业化程度会大大提高

（五）资管产品关联性较强,系统性风险较高

据统计,各资管产品在资产配置上有很强的同质性,资管产品通过层层通的违规设计流向了房地产、地方融资平台、"两高一剩"等限制性行业和领域。一方面,资管机构出于收益率方面的考虑倾向于配置高收益的资产,而地方融资平台等存在隐性的政府担保,从而加大了资管机构监管套利的激励,随着政府提出取缔对地方融资平台等的隐性担保,资管机构的风险敞口大大增加;另一方面,提供通道业务的金融机构未掌握业务的完整信息,同时也缺乏主动进行风险管理的积极性,整个链条上的风险管理严重缺位。一旦所投资产出现风险,不仅会波及提供通道业务的证券公司、基金子公司等金融机构,还会使配置相同资产的其他资管机构出现流动性危机,系统性危机通过交易链蔓延至整个金融行业。随着监管环境的变化,资管机构的资金流向会逐步纳入监管框架之中,资金大量流向限制性行业和领域的现象很难再次出现,为满足资产管理的需要,资管机构需要提高自身的风险管理能力,在技术创新的基础上引导资金流向高效领域和产业中去,提升资源优化配置的能力。

（六）同业理财在银行理财资金来源中比重较高,流动性风险急剧膨胀

当银行维持刚性兑付有困难、面临流动性压力时,发行同业理财可以在一定程度上缓解银行的流动性压力,激励了银行继续发行资管产品吸纳市场资金,因此银行越来越依赖同业,使同业理财成为银行理财负债端的重要资金来源。

同业理财客观上打破了银行理财资产端和负债端的界限,银行从社会上获取大量资金后将资金投向金融市场获取收益,一旦流动性收紧,银行从同业处难以获取资金,将迫使银行抛售资产,加大流动性风险。针对流动性风险,资管新规明确了针对开放式公募产品要明确流动性风险管理要求并进行流动性风险压力测试,对资管机构自我管理的框架设计提出了更高的要求。

五、区块链技术在资产管理中的运用

区块链技术在资产管理中的运用

区块链作为一种不可篡改、透明安全、多中心化、分布式数据储存技术,兼有海量数据处理、溯源、灵活高效分析等优势,天然适合打造一体化资产管理化产品交易体系。其分布式账本能重新设计底层系统,给参与各方提供资产质量、交易信息等共同记录,实时更新各参与机构资金交易信息,摒弃过去耗费多余资源的清算环节。

例如,交通银行2018年12月上线依托区块链技术打造的ABS系统——链交融,将原始权益人、信托、券商投资人、评级、会计、律师监管等参与方组成联盟链,有

效连接资金端与资产端,实现 ABS 业务体系信用穿透和项目运作全过程信息上链。

再如,百度 ABS 联盟链通过区块链技术将参与方信息实时上链,各参与方通过分布式账本实现信息共享,且信息无法被篡改,从而实现对底层资产信息全生命周期监控,产品定价更精准,解决了资产管理化信息不透明、披露不充分的问题。同时,联盟链核心企业百度公司在互联网运营中积累了大数据处理、反欺诈、网络安全等软硬件条件和技术能力,赋能到该联盟链,可以提高交易效率,降低交易成本。

对于中介机构而言,资产管理化产品尽职调查的可信度明显提升,调查效率得到提高。对投资者而言,所投资产透明度显著增强,二级交易估值和定价也有据可依。对监管机构而言,满足其穿透式审核和监管要求。

目前,百度完成 AaaS 系统、BaaS 系统两个区块链开放平台搭建,AaaS 系统实现对所有 PRE-ABS、ABS 项目创建区块链通用功能,BaaS 系统完成区块链开放平台 BaaS、客户端 DAPP、区块链功能集群搭建。百度资产管理化联盟链业务模式如图 2-3-8 所示。

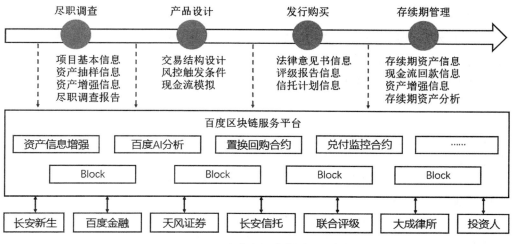

图 2-3-8　百度资产证券化联盟业务模式

区块链赋能资产管理化将有望改善传统模式若干瓶颈,具体如下。

（一）资产穿透

将资产信息、现金流信息、业务流信息实时上链,项目参与各方可以共享链上数据。利用区块链数据库(分布式账本)翔实记录的数据,直接按指标生成客观的信用评价,有助于改善传统评级机构的主观性偏颇。

从风控角度,在智能合约编入预警参数与相应违规处置、合约终止等止损操作设置,设置业务时间、资金阈值,触发条件后自动执行投资或担保措施,可从根源上预防 SPV 管理人等拥有信息不对称优势参与方的违约行为,保障投资人利益。由于采取分布式账本(数据结构),监管机构只须加入成为其中一个节点,便可实时监管,对违规操作溯源,从而防范系统性风险。

（二）提升效率

传统资产管理化业务交易链条长,资产信息与资金须层层流转,效率较低。区块链技术可自动根据资产数据与产品特征进行匹配,高效筛选出符合特定投资者的标准底层资产,缩短 Pre-ABS 准备时间。智能合约可以实现资产管理化产品发行方与投资者直接签约、自动执行,在交易过程中减少操作成本。

（三）提高市场活跃度

传统模式造成资产管理化在二级市场流动性不足,大多投资者更倾向于将资产管理化产品持有到期。区块链技术解决了信息不对称不透明、定价可信度低等影响二级市场交易的关键问题,可以帮助二级市场投资者更好地完成质优价低资产的发现,提升投资者信心,可以促进资产管理化产品在二级市场的流动。

（四）改善网络安全

区块链技术有助于提升资产管理化交易系统的安全性。过去需要投入大量资源来提升中心化服务器的安全性能,随着分布式数据库的部署,黑客需要破坏 51% 以上的节点数据才能达到目的,系统安全性随着参与节点的增加而提升。即使部分节点出现问题或者瘫痪,其他节点仍能正常运作,为问题节点加快恢复提供了时间,系统容错性增强。

六、区块链技术在资产管理中的优势

区块链技术
在资产管理
中的优势

（一）运用区块链技术可以提高透明度,有效通过中介交换价值而产生的信息不对称的问题,缓解投资者担忧的信用风险

运用区块链技术可以提高透明度,有效解决通过中介交换价值而产生的信息不对称的问题,缓解投资者担忧的信用风险。链式结构与时间戳使得每一笔交易可追本溯源,万一出现遗漏,可及时弥补损失。非对称加密机制加强了交易的安全保障,防范系统受黑客攻击导致的个人信息泄露。P2P 网络使金融机构可注册成为区块链上的节点,众多参与主体看透底层资产,共享公开透明的信息。一方面,每一笔交易公开透明减少了信息不对称,时间戳带来的追本溯源及智能合约的事后保障,使市场主体面临的信用风险减少,会增加市场主体交易的倾向。另一方面,区块链技术支持端对端实时支付,无须中间支付清算系统,结算效率大大提高,且省去中介费用,缩减交易成本,给市场主体带来了较大的便利,有利于增加交易数量。反过来,交易数的增多有利于改善数据源,进一步加强增值客户服务,如分析和实时报告,进一步减小市场主体担忧的信用风险,鼓励更多市场主体交易,形成一个良性循环。

（二）区块链的去中心化和智能合约有利于减少成本及操作风险

一方面,借助智能合约功能可以实现款项自动划拨、收益自动分配及违约自动赔偿等功能,从而有效降低操作风险和出错率,同时显著提升管理效率。另一方面,从多个方面减少成本。人力成本方面,无须或较少需要人工介入。监管成本方面,监管机构可实时获取信息,实现穿透式监管。征信成本方面,由于区块链技术具有自动账本同步的功能,参与方无须花费大量时间、精力做繁重的对账工作,大大降低征信成本。

（三）区块链技术有效把控金融杠杆,防范系统风险

由于区块链的分布式结构及平等公开的特性,市场主体可注册为区块链上的节点,当然也包括金融监管机构。因此金融监管机构可以挖掘市场上被有意隐藏的信息,实时获得更全面的信息,真正实现穿透式监管,从而有效地限制金融机构使用金融杠杆及开展一些违法违规的业务,有效防范系统性风险。

七、应用案例——中国光大银行泛资管阳光链

区块链技术在资产管理业务中的应用案例

在中国,区块链应用于资产管理行业的一般形式是技术公司负责底层构架的开发,与银行、基金等资管机构的系统打通、上链,实现资产管理与资金清算结算(简称清结算)的链上同步。其中,为了革新资管托管流程,降低投资者成本,中国光大银行联合其他公司共同发起建设了基于区块链技术的泛资管阳光链,组建泛资管合作联盟,多方共同搭建业务场景,推进项目落地。

(一)中国银行类资管行业的难点

目前,银行类资产管理行业,投资路径多样,参与方众多且互相之间信用往来频繁,一般来说包含下列难点:一是资金投前与投后参与方众多,各方记账难保持一致性;二是资金划取流程复杂,责任人和执行人之间缺乏互信关系;三是中小机构众多,导致分散后管理风险骤增。

通过区块链技术对数据进行改造后,力图能从事前风控、事中检查、事后归因等方面出发,提供基础结构化数据,从而为金融科技在行业内的展开做好准备工作。

(二)中国光大银行泛资管阳光链

1. 泛资管阳光链建设背景和简介

银行的资产托管业务是将银行作为第三方机构,进行托管资产的保管,并对管理人的投资运作进行监督,以确保委托人利益的中间业务。托管业务的参与方包括了资产委托方、资产管理方、资产托管方、投资顾问和审计机构等多个金融机构。虽然托管业务涉及多家机构,但目前来看,各参与方都有自己的信息系统,还未出现一个多方信任的信息系统以完成资产托管业务,参与方之间通过电话、传真和邮件等方式进行信用验证。再加之业务中单笔交易金额大,进行信用校验往往耗费大量的时间和精力,图2-3-9展示了泛资管阳光链的技术原理。

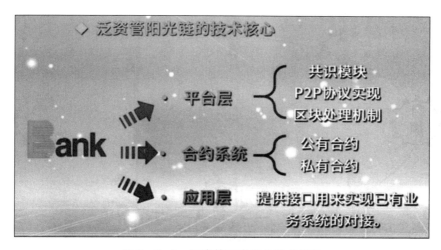

图 2-3-9 泛资管阳光链的技术原理

根据中国银行业协会 2018 年 7 月 31 日发布的《中国资产托管行业发展报告(2018)》,截至 2017 年末,中国银行业资产托管规模已达 141.5 万亿元,较上年增长了16.06%,而与前两年 39%、62% 的同比增速相比,中国银行业的资产托管规模增速呈

☞ **特别提示:**
这些难点往往也是整个资产管理行业中重点关注的问题,为了解决上述困难,同时比对现有业务结构,资产管理行业适合引入区块链技术。

现了较大幅度的下降,显示出在强监管的背景下,资管行业须着力回归本源,实现转型升级。

2017 年 8 月 10 日,中国首个基于区块链技术的泛资管阳光链正式在中国光大银行上线。这是中国光大银行和英大基金公司、赢时胜、泰达宏利基金公司共同建设的首个直连业务区块链试点创新项目,该项目以区块链技术为支撑,搭建管理人和托管人系统直通式处理的业务承载链网,实现管理人与托管人之间业务的直接对接、信息共享,还可以提高审计、监督及监管的效率,有效降低管理人系统建设成本,泛资管阳光链解决方案主要分为两个阶段建设:初期以建设一种托管业务基础设施为核心目标,搭建以管理人和托管人系统直通式处理的基于区块链技术的业务承载通道:后期会增加更多的应用场景,扩展至更多的资产管理托管相关人,建设成全生态业务链。

2.泛资管阳光链的技术核心

泛资管阳光链包括区块链平台层和应用层。平台层包含共识模块、P2P 协议实现、区块处理机制,以解决区块链数据交易出块、扩散和共识达成。合约系统包含公有合约和私有合约,利用公有合约对节点部署、管理等进行自动化处理,私有合约处理业务数据则确保数据的隐私和安全。应用层则提供接口用来实现已有业务系统的对接。

图 2-3-10 所示为泛资管阳光链的运作流程,泛资管阳光链引入了共识机制,交易行为需要各交易方的认可,确保业务数据的准确性,去中心化存储,将资管流程中的各个主体都放到链上,资产委托人、资产托管人、资产管理人、审计机构、结算机构等多方参与到资管业务中,实现托管人、管理人等各的信息共享,业务也可以覆盖多机构之间的往来合约(包括合同、交易、支付等环节),还可实时审计、监督及监管,保证信息自动安全同步,提升客户体验。

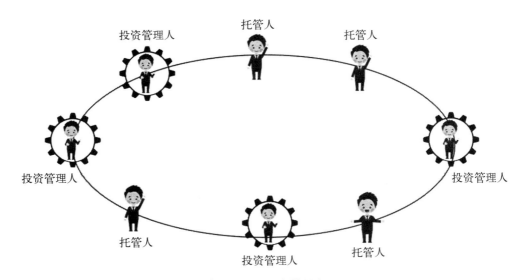

图 2-3-10　泛资管阳光链

泛资管阳光链统一了服务接口,既节约了交易成本,也减少了人工参与环节,有效降低了风险,同时还保证了交易安全,最终提升服务品质。

3. 泛资管阳光链的主要应用场景

（1）分布式账本可实现信息互通。该链目前主要应用在日常划款指令业务。由于在资产管理业务中，资金委托方将资金的管理委托给管理人，并将资金托管在托管行，管理人做出资金使用的决策，发送指令给托管行，托管行进行资金的划拨，在所投资的资产到期后将回收的资金入账，因此每日有大量资金划拨指令在管理人和托管人之间往来。目前业界主流的沟通方式还是邮件、传真、电话等，其特点是耗时、耗力，时效性较差。基于区块链技术的泛资管阳光链，化解了这一困境，其将管理人和托管人业务与区块链系统对接，在划款指令入链后，可以实时接收，实时获取状态、进度，各方在智能合约中所规定的投资计划的合规要求和判断规则都将准确真实地记录在互联的分布式账本中，每笔交易在达成共识的基础上完成，账本上的信息无法篡改。通过区块链的 P2P 网络技术，信息的真实性有了保障，有利于跨机构、跨部门的业务信任流转，促进了交易流程的进行。此外，还有助于使审计方和监管方获取相关信息，助力监管方实现穿透式监管，以便提前进行管控和指导，可以为资管新规的实施提供良好的条件，提升行业内的风险管理水平。

（2）智能合约可进行风险监管。通过将满足投资合规校验要求和判断规则封装到智能合约，平台上的每笔交易都可以完全符合监管要求和交易方共识，实现了对投资指令的自动判断和监管，便于相关业务人员及时监管和审计投资信息，从而保护投资人利益，促进资产管理行业的持续健康发展。

（3）隐私保护机制保护信息安全。泛资管阳光链所使用的密码学——密钥验证机制，可以对用户的身份进行认证且对其权限进行设置，保证了去中心化账本上的信息和流程事件在权限内可见，保护用户信息的安全。而一旦确定用户处于权限范围内，平台将会向其提供相关信息以实现交易的可验证性，保证交易参与方之间可快速共享必要信息。

泛资管阳光链基于区块链的托管系统，将主要的功能如电子对账、电子指令、账户查询、流程管理等架设在链上，底层是 P2P 组网及分布式存储，有效解决了托管业务基础设施建设问题，帮助银行解决特定业务场景中出现的问题，增强互信，提高业务处理效率，增进服务品质；也可以保护数据安全，便于审计和监管方提前管控，提升银行的风险管理水平。而对整个资产托管业务而言，在具体的区块链应用落地的过程中，应该考虑是否允许某个具体的业务板块实现去中心化、对既有系统的投入改造程度等问题，根据该机构的特点作出决策。

实训一　传统贷款业务

一、申请企业贷款卡

（1）单击打开【申请企业贷款卡】任务的【实境演练】界面。

（2）参考【学习资源】中的"企业贷款卡"课件，填写"申请企业贷款卡"如图 2-4-1 所示。

（3）填写完成后，单击【申请】按钮，系统显示贷款卡即表示申请成功，如图 2-4-2 所示。

申请企业贷款卡

序号	提交资料名称	提供方式
1		
2		
3		
4		
5		
6		
7		
8		
9		

提供当时包括：出示、副本、复印件、原件

申请

图 2-4-1　填写申请企业贷款卡

图 2-4-2　贷款卡

二、提交授信申请书

（1）单击打开【提交授信申请书】任务的【实境演练】界面。

（2）参考【学习资源】中的"授信申请"课件，填写"对公授信业务申请书"

（3）填写完成后，单击下方【申请】按钮，系统提示申请成功即表示本任务已完成。

三、提交营业执照

（1）单击打开【提交营业执照】任务的【实境演练】界面。

（2）参考【学习资源】中的"营业执照"课件，填写"营业执照"，如图 2-4-3 所示。

图 2 - 4 - 3　营业执照

　　(3) 填写完成后,单击下方【申请】按钮,系统提示申请成功,即表示本任务已完成。上图中,经营范围的填写需要与当前任务学习资源中"营业执照"课件中给出的经营范围保持一致。

四、提交公司章程

　　(1) 单击打开【提交公司章程】任务的【实境演练】界面。

　　(2) 参考【学习资源】中的"公司章程"课件,填写"北京科技有限公司章程",如图 2 - 4 - 4 所示。

　　(3) 填写完成后,单击下方【提交】按钮,系统提示提交成功,即表示本任务已完成。

五、提交法人身份证及证明

　　(1) 单击打开【提交法人身份证及证明】任务的【实境演练】界面。

　　(2) 填写"法定代表人/负责人证明",如图 2 - 4 - 5 所示。

　　(3) 填写完成后,单击下方【提交】按钮,系统提示提交成功,即表示本任务已完成。

北京科技有限公司章程

第一章　总　则

第一条　依据《中华人民共和国公司法》(以下简称《公司法》)及有关法律、法规的规定,由 _____ 设立 _____ ,(以下简称公司)特制定本章程。

第二条　本章程中的各项条款与法律、法规、规章不符的,以法律、法规、规章的规定为准。

第二章　公司名称和住所

第三条　公司名称: _____

第四条　住所: _____

第三章　公司经营范围

第五条　公司经营范围: _____

第四章　公司注册资本及股东的姓名 名称、出资方式、出资额、出资时间

第六条　公司注册资本: 1000 万元人民币

第七条　股东的姓名(名称)、认缴的出资额、出资期限、出资方式如下:

股东姓名或名称	认缴情况		
	认缴出资数额(万元)	出资期限	出资方式
			货币
			货币
合计			货币

法定代表人签字并盖公司公章:

_____ 年 ___ 月 ___ 日

图 2-4-4　北京科技有限公司章程

法定代表人/负责人证明

中国科技银行

_____ (身份证号码: _____)现担任我单位 _____ 职务 为我单位法定代表人 /负责人。除非我单位另行出具书面文件通知贵行 则本证明持续有效。

特此证明。

单位签名 _____

_____ 年 ___ 月 ___ 日

图 2-4-5　法定代表人/负责人证明

六、提交纳税申报表

（1）单击打开【提交纳税申报表】任务的【实境演练】界面。

（2）填写"增值税纳税申报表"，增值税纳税申报表中的"纳税人识别号"为【提交营业执照】任务中营业执照的社会统一信用代码，如图 2-4-6 所示。

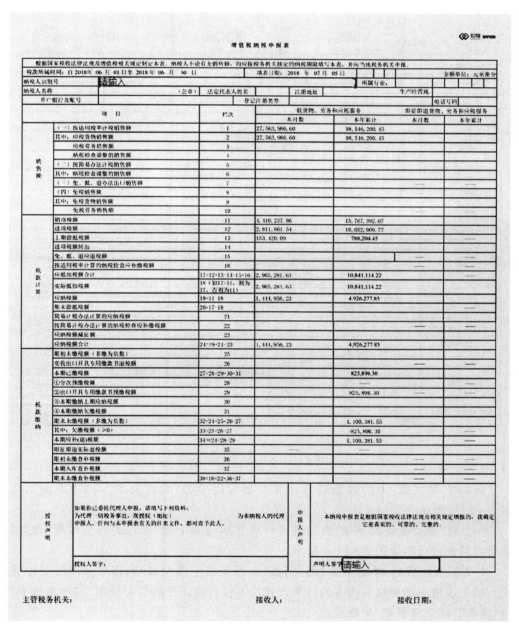

图 2-4-6 增值税纳税申报表

（3）填写完成后，单击下方【提交】按钮，系统提示提交成功，即表示本任务已完成。

七、提交审计报告

（1）单击打开【提交审计报告】任务的【实境演练】界面。

（2）对"资产负债表"中的数据进行计算并填写表中的"应收账款""应收票据"与"资产总计"，如图 2-4-7 所示。

资产负债表

会企01表

单位名称		2018年6月31日			单位：人民币元
资　产	2018年1-6月	2017年	负债和所有者权益（或	期末余额	年初余额
流动资产：			流动负债：		
货币资金	3,006,400.93	30,312,168.33	短期借款	10,500,000.00	19,670,000.00
交易性金融资产			交易性金融负债		
应收票据			应付票据	请输入	
应收账款	请输入	22,006,547.63	应付账款	7,151,010.80	20,658,654.20
预付款项	506,500.00	807,653.00	预收款项	39,678,945.65	58,877,566.67
应收利息			应付职工薪酬	4,898,000.00	8,005,678.00
应收股利			应交税费	4,926,277.85	7,983,579.28
其他应收款	3,795,400.00	3,537,800.00	应付利息		
存货	40,389,765.66	56,897,534.89	应付股利		
一年内到期的非流动			其他应付款	8,769,800.00	14,654,830.00
其他流动资产	4,203,478.55	3,726,430.55	一年内到期的非流动负		
			其他流动负债		
流动资产合计：	81,236,313.69	117,288,134.40	流动负债合计：	81,559,567.30	129,850,308.15
非流动资产：			非流动负债：		
可供出售金融资产			长期借款		
持有至到期投资			应付债券		
长期应收款			长期应付款		
长期股权投资			专项应付款	1,000,000.00	3,000,000.00
投资性房地产			预计负债		
固定资产原值	4,963,854.90	5,867,453.50	递延所得税负债		
减：累计折旧	1,240,963.50	1,466,863.37	其他非流动负债		
固定资产净值	3,722,891.40	4,400,590.13	非流动负债合计	1,000,000.00	3,000,000.00
减：固定资产减值准	256,764.00	286,754.00	负债合计：	82,559,567.30	132,850,308.15
固定资产净额	3,466,127.40	4,113,836.13			
在建工程			所有者权益：		
工程物资			实收资本	10,000,000.00	10,000,000.00
固定资产清理			资本公积	18,054,075.60	18,054,075.60
生产性生物资产			减：库存股		
无形资产	10,487,534.56	13,875,256.87	专项储备		
研发支出	1,067,453.43	895,643.25	盈余公积		
商誉			未分配利润	9,154,223.24	-19,167,853.30
长期待摊费用	138,901.91	109,656.02	所有者权益合计：	18,899,852.36	8,886,222.30
递延所得税资产	2,006,743.67	2,397,658.78			
其他非流动资产	3,056,345.00	3,056,345.00			
非流动资产合计：	20,223,105.97	24,448,396.05			
资产总计	请输入	141,736,530.45	负债和所有者权益合计	101,459,419.66	141,736,530.45

图 2-4-7　资产负债表

（3）对"利润表"中的数据进行计算并填写表中的"营收成本"与"净利润"，如图 2-4-8 所示。

（4）对"现金流量表"中的数据进行计算并填写表中的"支付的各项税费"与"借款所收到的现金"，如图 2-4-9 所示。

（5）填写完成后，单击下方【提交】按钮，系统提示提交成功，即表示本任务已完成。以上表格中需要填写内容的计算方式均可在当前任务的学习资源"资产负债表""利润表""现金流量表"中查看。

八、提交股东简况及占比

（1）单击打开【提交法人身份证及证明】任务的【实境演练】界面。

（2）填写"单位概况表"，如图 2-4-10 所示。

单位名称	2018年度	单位：人民币元
项 目	2018年1-6月	2017年
一、营业收入	98,546,200.45	143,505,670.30
减：营业成本	请输入	81,325,007.40
税金及附加	237,869.50	418,769.57
营业费用	2,567,894.37	3,982,501.00
管理费用	27,345,619.89	40,085,209.63
财务费用	436,217.00	629,842.08
资产减值损失	1,038,654.92	1,279,543.56
加：公允价值变动收益（损失以"－"号填列）		
投资收益（损失以"－"号填列）	153,219.04	218,732.89
其中：对联营企业和合营企业的投资收益		
二、营业利润（亏损以"－"号填列）	10,543,506.43	16,003,529.95
加：营业外收入		
减：营业外支出		
其中：非流动资产处置损失		
三、利润总额（亏损总额以"－"号填列）	10,543,506.43	16,003,529.95
减：所得税费用	529,876.37	854,500.20
四、净利润（净亏损以"－"号填列）	请输入	15,149,029.75
五、其他综合收益	－	－
六、综合收益总额	10,013,630.06	15,149,029.75

图 2－4－8　利润表

单位名称	2018年度	单位：人民币元
项 目	2018年1-6月	2017年
一、经营活动产生的现金流量：		
销售商品、提供劳务收到的现金	50,562,769.88	75,694,302.39
收到的税费返还		130,465.30
收到的其他与经营活动有关的现金	5,329,845.86	8,459,364.56
现金流入小计	55,892,615.74	84,284,132.25
购买商品、接受劳务支付的现金	25,585,049.89	32,762,901.60
支付给职工以及为职工支付的现金	30,975,983.93	44,673,219.40
支付的各项税费	请输入	6,569,316.90
支付的其他与经营活动有关的现金	9,658,949.88	12,486,521.70
现金流出小计	71,207,627.50	96,491,959.60
经营活动产生的现金流量净额	-15,315,011.76	-12,207,827.35
二、投资活动产生的现金流量：		
收回投资所收到的现金	18,675,432.00	30,437,521.80
取得投资收益所收到的现金		-
处置固定资产、无形资产和其他长期资产所收回的现金净额	15,650.00	-
收到的其他与投资活动有关的现金		
现金流入小计	18,691,082.00	30,437,521.80
购建固定资产、无形资产和其他长期资产所支付的现金	4,939,872.64	1,895,321.60
投资所支付的现金	20,000,000.00	18,000,000.00
支付的其他与投资活动有关的现金		-
现金流出小计	24,939,872.64	18,000,000.00
投资活动产生的现金流量净额	-6,248,790.64	12,437,521.80
三、筹资活动产生的现金流量：		
吸收投资所收到的现金		
借款所收到的现金	请输入	9,800,000.00
收到的其他与筹资活动有关的现金	1,000,000.00	7,000,000.00
现金流入小计	12,000,000.00	16,800,000.00
偿还债务所支付的现金	14,012,500.00	12,876,500.00
分配股利、利润或偿付利息所支付的现金	520,674.00	928,762.30
支付的其他与筹资活动有关的现金	3,208,791.00	2,107,643.00
现金流出小计	17,741,965.00	15,912,905.30
筹资活动产生的现金流量净额	-5,741,965.00	887,094.70
四、汇率变动对现金的影响		
五、现金及现金等价物净增加额	-27,305,767.40	1,116,789.15
加：期初现金及现金等价物余额	30,104,130.13	28,987,340.98
六：期末现金及现金等价物余额	2,798,362.73	30,104,130.13

图 2-4-9 现金流量表

单位概况表

年　月　日

单位全称		成立时间	2011年8月8日
营业期限	20年	员工人数	500人
企业类型（如为企业法人）	企业法人	注册地址	北京市海淀区
法人代表		实际控制人	
注册资本（万元）	1000	实收资本（万元）	1000
注册资本和实收	无		
经营范围	经营范围		
归属集团或上级主	无		

股东构成：

股东名称	股权比例（%）	是否为逃废债企业
		否
		否

控股股东的股东构成：

股东名称	股权比例（%）	是否为逃废债企业
		否
		否

单位基本情况简介：（公司简介、主营业务、上下游企业概况等）

单位公章：

图 2-4-10　单位概况表

（3）填写完成后，单击下方【提交】按钮，系统提示提交成功，即表示本任务已完成。

九、提交对公账户流水

（1）单击打开【提交对公账户流水】任务的【实境演练】界面。填写“客户交易明细清单”，如图 2-4-11 所示。

（2）填写完成后，单击下方【提交】按钮，系统提示提交成功，即表示本任务已完成。

（3）图 2-4-11 中，“客户交易明细清单”中的“账户/卡号”需要与【申请企业贷款卡】任务中的贷款卡卡号保持一致；“查询起日”需要是三年前的 1 月 1 日，且填写日期的格式为“××××年××月××日”。

十、提交合同订单明细

（1）单击打开【提交合同订单明细】任务的【实境演练】界面。

客户交易明细清单

*账号/卡号		*户 名	
*查询起日		*查询起日	2021年01月18日
*查询时间		*查询时间	

币 种　　　　人民币　　　　　　查询结果共 1 页,此页为第 1 页

交易日期	记账日期	交易地点	交易类型	交易金额	余额
2018 08 27	2018 08 27	网上银行	跨行汇款	200.00	2,981.00
2018 08 18	2018 08 18	网上银行	跨行汇款	500.00	81.00
2018 07 29	2018 07 29	网上银行	跨行汇款	300.00	1,000.00
2018 05 27	2018 05 27	网上银行	跨行汇款	1,400.00	9,574.00
2017 07 01	2017 07 01	网上银行	跨行汇款	100.00	2,586.00
2017 05 05	2017 05 05	网上银行	跨行汇款	600.00	777.00
2017 02 15	2017 02 15	网上银行	跨行汇款	400.00	9,812.00
2017 01 11	2017 01 11	网上银行	跨行汇款	900.00	571.00
2016 09 27	2016 09 27	网上银行	跨行汇款	100.00	11,872.00
2016 08 27	2016 08 27	网上银行	跨行汇款	700.00	588.00

图 2-4-11　客户交易明细清单

（2）填写"合同订单明细",填写合同订单明细中的内容时需要根据自己在"区块链应用演练"课程中,通过扮演制造企业或商贸企业角色时产生的交易来填写。如图 2-4-12 所示。

合同订单明细

序号	合同编号	客户名称	订单日期	合同金额	已回款金额	未回款金额	备注
1							
2							
3							
4							
5							

图 2-4-12　合同订单明细

（3）填写完成后,单击下方【提交】按钮,系统提示提交成功,即表示本任务已完成。

十一、提交上下游客户情况

（1）单击打开【提交上下游客户情况】任务的【实境演练】界面。

（2）填写"上下游客户情况表",如图 2-4-13 所示。

上下游客户情况表

序号	上游客户名称	下游客户名称
1		
2		
3		
4		
5		

注：以中心化、去中心化交易的上下游为准

图 2-4-13　上下游客户情况表

（3）填写“上下游客户情况表”中的内容时需要根据自己在“区块链应用演练”课程中，通过扮演制造企业或商贸企业角色进行交易时的交易来填写。

（4）填写完成后，单击下方【申请】按钮，系统提示提交成功，即表示本任务已完成。

十二、征询查询

（1）单击打开【征询查询】任务的【实境演练】界面。

（2）填写“查询个人征信授权书”，如图 2-4-14 所示。

查阅个人征信授权书

中国科技有限公司：

本人________（身份证号码：________）作为借款申请人的法定代表人/股东/实际控制人，因贵行授信需要，现在此不可撤销地授权贵行 有权向人民银行个人信用信息基础数据库及其他依法设立的全国或地方个人征信机构查询 本人的个人资信情况。

授权人签字：________

日期：________

图 2-4-14　查询个人征信授权书

（3）填写“查询企业征信授权书”，如图 2－4－15 所示。

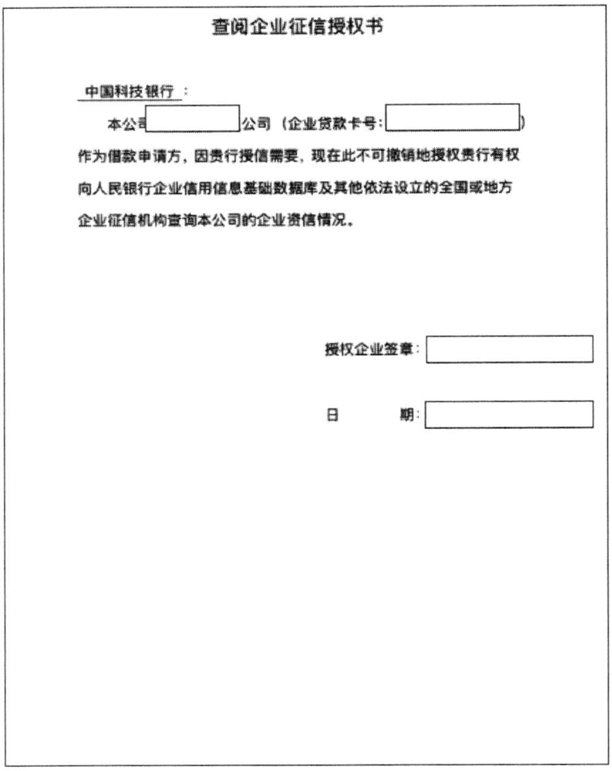

查阅企业征信授权书

中国科技银行 ：

本公司　　　　公司（企业贷款卡号:　　　　）

作为借款申请方，因贵行授信需要，现在此不可撤销地授权贵行有权向人民银行企业信用信息基础数据库及其他依法设立的全国或地方企业征信机构查询本公司的企业资信情况。

授权企业签章:

日　　期:

图 2－4－15　查阅企业征信授权书

（4）填写完成后，单击下方【提交】按钮，系统提示提交成功，即表示本任务已完成。

十三、授信调查报告

（1）单击打开【授信调查报告】任务的【实境演练】界面。

（2）填写“中小企业授信调查报告”，点击【提交】按钮，依次完成【部门经理审核】【支行行长审核】【分行评审员审核】【评审大会】任务，将每个人员的审批结论依次填入“中小企业授信调查报告”中，如图 2－4－16 所示。

（3）填写完成后，单击下方【提交】按钮，系统提示提交成功，即表示本任务已完成。上述实境演练中，授信调查报告为纸质单据，需要每人填写一份，然后以小组为单位展开线下讨论，每个组员以自己填写的授信调查报告为基础，向其他组员做报告，其他组员根据报告人的内容为报告人打分，组长最后统计得分。

十四、申请贷款加急

（1）单击打开【申请贷款加急】任务的【实境演练】界面。

（2）点击【贷款加急】按钮，系统弹出银行给出的信用评级，如图 2－4－17 所示。

（3）点击【抵押等级】按钮，系统弹出抵押房产界面，如图 2－4－18 所示。

（4）点击【抵押房产证】按钮，系统提示贷款成功，即表示本任务已完成。

中小企业

授 信 调 查 报 告

企业名称	
申报银行	
调查人员	
复核人员	
部门经理	
支行行长	
分行评审	
评审大会	

申报行（盖章）

图 2 - 4 - 16　中小企业授信调查报告

图 2 - 4 - 17　企业信用评级

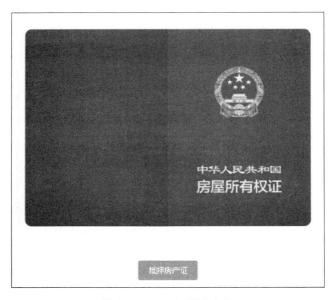

图 2-4-18 抵押房产证

十五、签订授信贷款合同

(1) 单击打开【签订授信贷款合同】任务的【实境演练】界面。

(2) 填写“贷款合同”,如图 2-4-19 所示。

贷款合同

编号:( ) ___银額贷字第__号

合同各方:

贷款人(甲方):中国科技银行

住所地: 中国北京市

法定代表人/负责人: 知链 职务: 客户经理

电话: 13121529556 邮编: 100000

借款人(乙方):

住所地:

法定代表人/负责人: 职务

营业执照号码:

电话: 邮编:

开户银行: 基本户账号

合同签订地点:

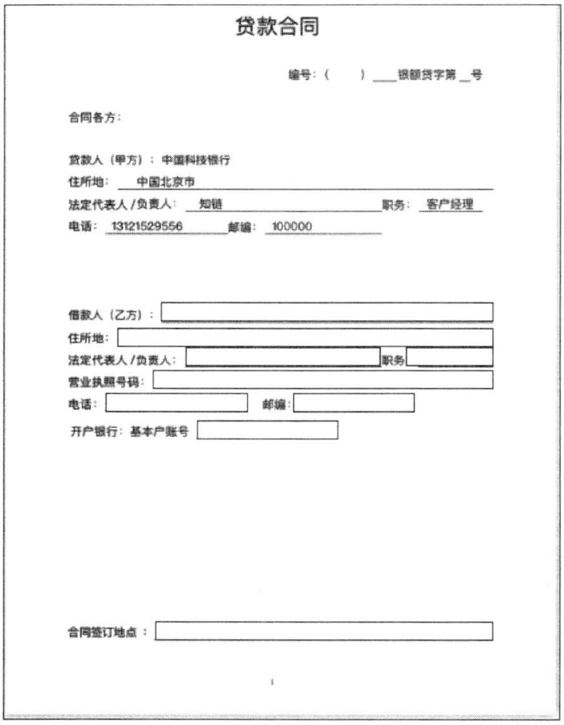

图 2-4-19 贷款合同

(3) 点击【提交】按钮，系统给出生产通知，如图 2-4-20 所示。点击【确定】按钮，则本实训到此结束。

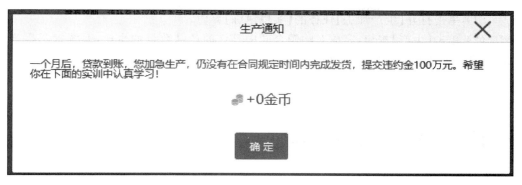

图 2-4-20　生产通知

实训二　商 票 贴 现

一、签订购销合同

(1) 单击打开【签订购销合同】任务的【实境演练】界面。
(2) 依据界面上方的文字提示，填写“购销合同”，如图 2-5-1 所示。

购销合同

合同编号：

购货单位（甲方）：北京区块链科技有限公司
销货单位（乙方）：

为了保护买卖双方的合法权益，买卖双方根据《中华人民共和国合同法》的有关规定，经友好协商，一致同意签订本合同，共同遵守。

第一条　购销明细：双方就以下产品达成购销合同。

序号	产品名称	规格型号	含税单价	数量	金额（元）	交货日期	付款日期
1							
2							
3							

合同总金额大写人民币：
第二条　交货时间与付款时间：
第三条　交货地点：中国
第四条　付款方式：商业承兑汇票
第五条　开票要求：账期6个月
第六条　付款条件（客户）：货到付款
第七条　发货条件（供应商）：收到商业承兑汇票
第八条　运输方式与运输费用：陆运　无

第九条　甲方要求乙方通过以下资质认证（选择对应选项）。
第十条　经济责任：
1、产品品种、质量不符合本合同规定时，甲方拒绝接受，乙方承担相应费用。
2、乙方未按本合同规定的产品数量交货时，发生延期交货的当期，扣除该张订单总额的10%作为违约罚款。对于未能按期交货的部分，可以在三个月之内补齐。如

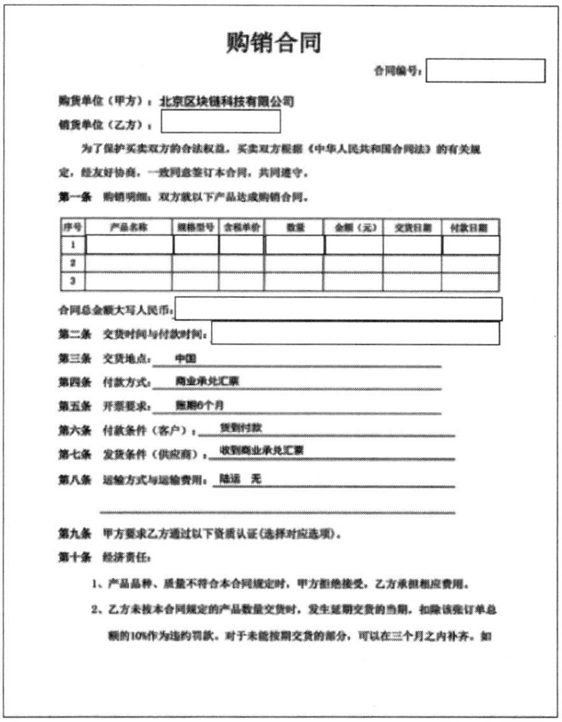

图 2-5-1　填写“购销合同”

（3）填写完成后，单击下方【确定】按钮，系统提示申请成功，即表示本任务已完成。

二、生产加工

（1）单击打开【生产加工】任务的【实境演练】界面。

（2）单击【生产】按钮，完成对购销合同中签订的产品数量的生产，系统提示生产成功，即表示本任务已完成。如图 2-5-2 所示。

图 2-5-2 生产加工

三、发货

（1）单击打开【发货】任务的【实境演练】界面。

（2）单击【发货】按钮，系统弹出发货成功界面，点击【确定】按钮，则完成本任务。如图 2-5-3 所示。

图 2-5-3 发货

四、接收汇票

（1）单击打开【接收汇票】任务的【实境演练】界面。

（2）单击【接收汇票】按钮，系统显示商业承兑汇票，则表示汇票接收成功。如图 2-5-4 所示。

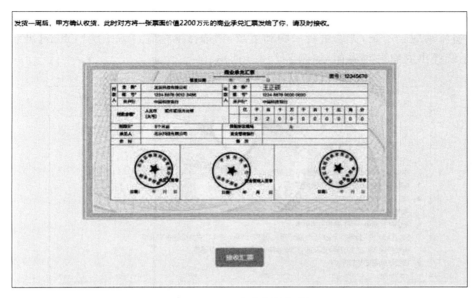

图 2-5-4　商业承兑汇票

(3) 填写完成后，单击下方【确定】按钮，系统提示申请成功，即表示本任务已完成。

五、签订采购合同

(1) 单击打开【签订采购合同】任务的【实境演练】界面。

(2) 根据文字提示，填写“购销合同”，填写完成后点击【继续】按钮。如图 2-5-5 所示。

购销合同

合同编号：

购货单位（甲方）：北京区块链科技有限公司

销货单位（乙方）：

为了保护买卖双方的合法权益，买卖双方根据《中华人民共和国合同法》的有关规定，经友好协商，一致同意签订本合同，共同遵守。

第一条　购销明细：双方就以下产品达成购销合同。

序号	产品名称	规格型号	含税单价	数量	金额(万元)	交货日期	付款日期
1							
2							
3							

合同总金额大写人民币：

第二条　交货时间与付款时间：

第三条　交货地点：中国

第四条　付款方式：商业承兑汇票

第五条　开票要求：账期6个月

第六条　付款条件（客户）：货到付款

第七条　发货条件（供应商）：收到商业承兑汇票

第八条　运输方式与运输费用：陆运　无

第九条　甲方要求乙方通过以下资质认证（选择对应选项）。

第十条　经济责任：

1. 产品品种、质量不符合本合同规定时，甲方拒绝接受，乙方承担相应费用。

2. 乙方未按本合同规定的产品数量交货时，发生延期交货的当期，扣除该张订单总额的10%作为违约罚款。对于未能按期交货的部分，可以在三个月之内补齐。

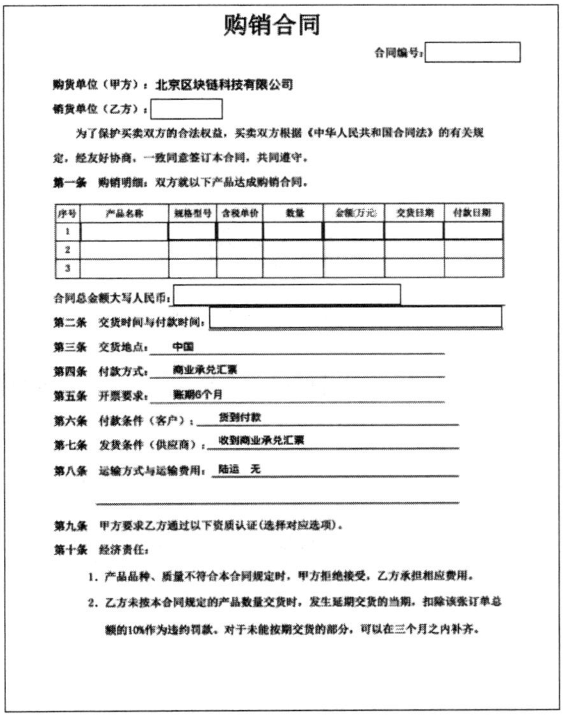

图 2-5-5　购销合同

（3）点击"继续"后，系统提示"由于上一笔合同支付的商票还未到承兑日期，目前公司流动现金不足，无法进行采购和生产，请选择继续签订或拒绝"，点击【继续】按钮，系统弹出商票贴现界面，如图 2-5-6 所示。

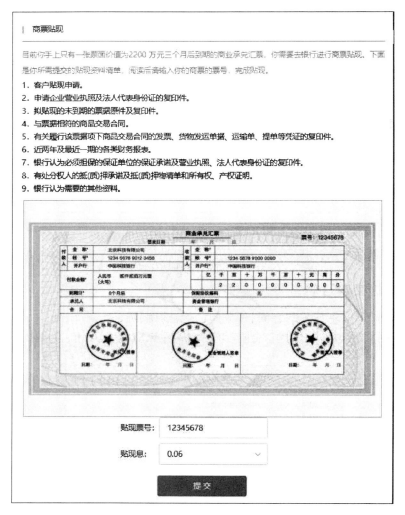

图 2-5-6　商票贴现

（4）填写"贴现票号"后点击【提交】按钮，系统给出本案例实训的结果，商票贴现模拟案例实训结束。

实训三　商票质押

一、承兑汇票

（1）单击打开【承兑汇票】任务的【实境演练】界面。

（2）查看商业承兑汇票，点击【接收】按钮，如图 2-6-1 所示。

商业承兑汇票

签发日期　　年　　月　　日　　　　不得转让　票号：12345678

付款人	全　称*	北京科技有限公司	收款人	全　称*	15861396698
	帐　号*	1234 5678 9012 3456		帐　号*	1234 5678 9000 0000
	开户行	中国科技银行		开户行*	中国科技银行

付款金额*	人民币（大写）　贰仟贰佰万元整		亿	千	百	十	万	千	百	十	元	角	分
				2	2	0	0	0	0	0	0	0	0

到期日*	6个月后	保贴协议编码	无
承兑人	北京科技有限公司	资金管理银行	
合　同		备　注	

承兑人签章　　资金管理人签章　　人签章

日期：　年　月　日　　日期：　年　月　日　　日期：　年　月　日

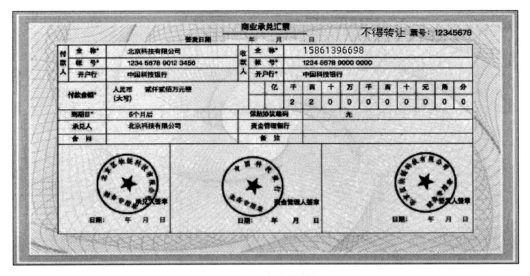

图 2-6-1　商业承兑汇票

图 2-6-1 中，商票中的“不得转让”，需要实训者自己判断是否进行消除或者保留。

二、签订购销合同

（1）单击打开【签订购销合同】任务的【实境演练】界面。

（2）根据文字提示，填写“购销合同”，填写完成后点击【继续】按钮，如图 2-6-2 所示。

购销合同

合同编号：

购货单位（甲方）：北京区块链科技有限公司

销货单位（乙方）：

为了保护买卖双方的合法权益，买卖双方根据《中华人民共和国合同法》的有关规定，经友好协商，一致同意签订本合同，共同遵守。

第一条　购销明细：双方就以下产品达成购销合同。

序号	产品名称	规格型号	含税单价	数量	金额（元）	交货日期	付款日期
1							
2							
3							

合同总金额大写人民币：

第二条　交货时间与付款时间：

第三条　交货地点：中国

第四条　付款方式：商业承兑汇票

第五条　开票要求：账期6个月

第六条　付款条件（客户）：货到付款

第七条　发货条件（供应商）：收到商业承兑汇票

第八条　运输方式与运输费用：陆运　无

第九条　甲方要求乙方通过以下资质认证(选择对应选项)。

第十条　经济责任：

1．产品品种、质量不符合本合同规定时，甲方拒绝接受，乙方承担相应费用。

2．乙方未按本合同规定的产品数量交货时，发生延期交货的当期，扣除该张订单总额的10%作为违约罚款。对于未能按期交货的部分，可以在三个月之内补齐。

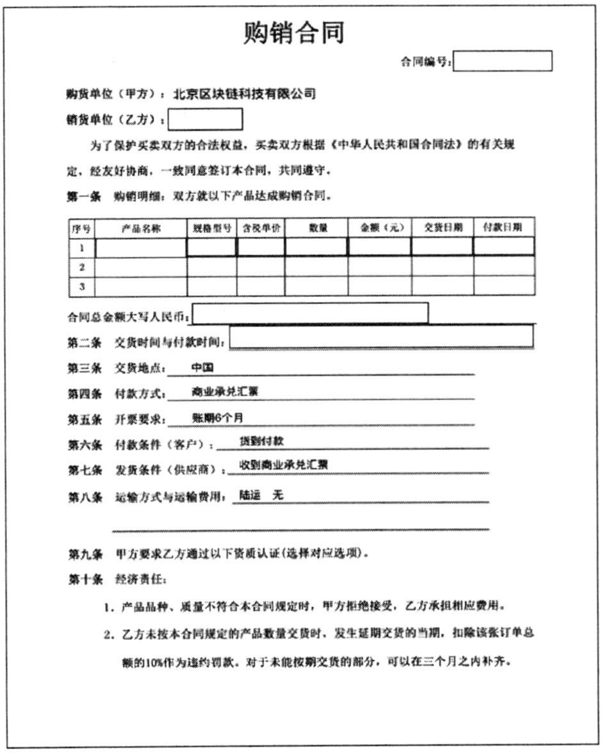

图 2-6-2　购销合同

三、办理商票质押拆分

（1）单击打开【办理商票质押拆分】任务的【实境演练】界面。

（2）查看商业承兑汇票，点击【质押】按钮，系统显示质押成功提示，点击【确定】按钮，则本任务完成，如图 2-6-3 所示。

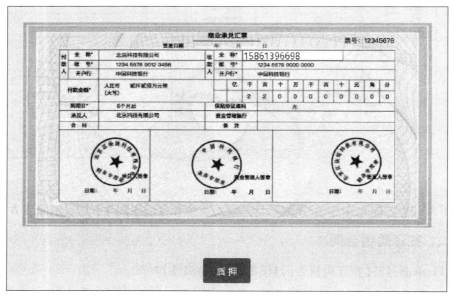

图 2-6-3　商票质押

四、购买原材料

（1）单击打开【购买原材料】任务的【实境演练】界面。

（2）输入需要采购的原材料数量，点击【采购】按钮，系统提示采购成功，如图 2-6-4 所示。

图 2-6-4　购买原材料

五、生产加工

（1）单击打开【生产加工】任务的【实境演练】界面。

（2）单击【生产】按钮，完成对购销合同中签订的产品数量的生产，系统提示生产成功，即表示本任务已完成。如图2-6-5所示。

图2-6-5　生产加工

六、发货

（1）单击打开【发货】任务的【实境演练】界面。

（2）单击【发货】按钮，系统弹出发货成功和奖励界面，点击【确定】按钮，则完成本任务。如图2-6-6所示。

图2-6-6　发货

（3）该界面中，依据【承兑汇票】任务中的实训者对"不得转让"的选择，此处给出的奖励不同。

七、行业痛点总结

（1）单击打开【行业痛点总结】任务的【实境演练】界面。

（2）实训者根据对本案例的实训过程进行痛点分析并总结，将总结的内容填写在输入框中，点击【提交】按钮即可。如图 2-6-7 所示。

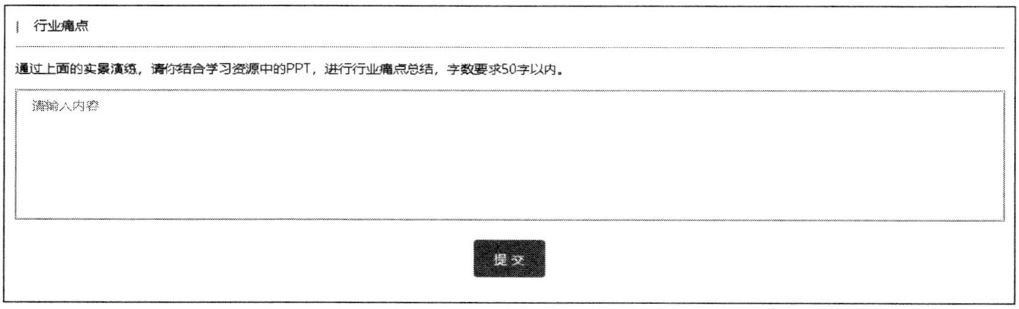

图 2-6-7　行业痛点总结

八、解决方案

实训者结合自己对实训过程的痛点总结与区块链知识，形成对痛点的解决方案，制作 PPT，在本任务中点击【上传】按钮进行成果上传。如图 2-6-8 所示。

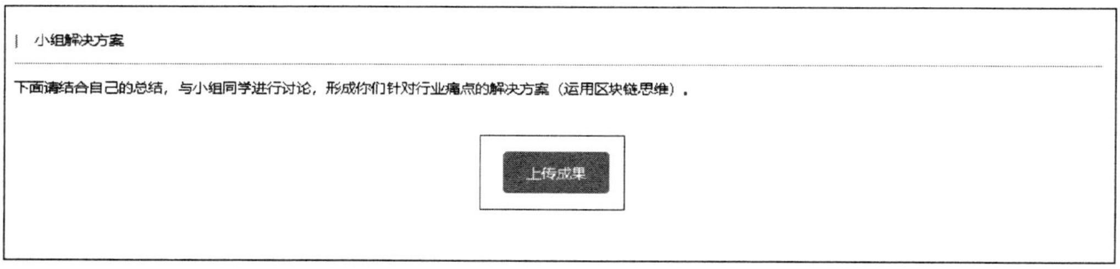

图 2-6-8　成果上传

练习题

一、填空题

1. 商业银行信贷管理可以分为＿＿＿＿、＿＿＿＿、＿＿＿＿三部分。

2. 基于区块链＿＿＿＿、＿＿＿＿、＿＿＿＿的特点构建信用机制，能有效解决传统征信系统存在的问题。

3. 基于区块链技术的征信平台模式——共建共享平台，其优点有：＿＿＿＿、＿＿＿＿、＿＿＿＿、＿＿＿＿。

4、区块链的＿＿＿＿和＿＿＿＿有利于减少成本及操作风险。

二、判断题

1. 区块链上的数据可篡改，这使得错误数据能够得到修正。　　　（　　）

2. 分布式记账技术是区块链被称为"去中心化的"重要原因。　　　（　　）

3. 利用区块链能够改善银行的信贷管理，能够缓解信息不对称带来的逆向选择和道德风险问题，从而可以降低商业银行的不良贷款率，所以区块链技术不会给传统

银行信贷管理业务带来新的风险。 （　　）

4.资产管理包括委托方和受托方,委托方为资产管理人,受托方为投资者。

（　　）

5.运用区块链技术可以提高透明度,有效解决通过中介交换价值而产生的信息不对称的问题。 （　　）

三、名词解释

1.信贷管理

2.信息不对称

3.征信

4.信息孤岛

5.资产管理

项目三
区块链在数字银行业务中的应用

 **案例导入**

区块链技术创新应用助力银行业数字化战略转型

面对金融竞争的新常态,商业银行要顺势而为、及时转型,利用新兴技术撬动金融创新,构建以客户为中心的差异化、专业化金融服务交付能力,成为集约化、智能化金融服务先驱者。商业银行应积极拥抱新兴技术,打造难以被逾越的差异化优势,同时,对新兴技术的应用也要有科学的认知,以业务适用性为原则,以解决业务痛点为切入点,推动技术和业务融合,体现新兴技术的实际价值与效用,并遵循新兴技术应用创新的客观规律。面对不确定性,商业银行要配套提升组织的灵活性和适应性,建立试错容错的文化。从试点入手,通过迭代交付,根据市场反馈逐步展开,真正发挥金融创新的价值。

近些年,区块链等新兴技术发展迅速,商业银行在新兴技术的驱动下发生了巨大的改变,从传统的金融服务模式逐渐向构建新金融生态圈转变。新兴技术将促进商业银行在业务流程、管理体制、基础设施以及文化发展等方面进行智能化升级,推动其业务模式的创新发展。

2019 年中国人民银行印发的《金融科技(FinTech)发展规划(2019—2021)》明确提出进一步增强金融业科技应用能力,实现金融与科技深度融合、协调发展,明显增强人民群众对数字化、网络化、智能化金融产品和服务的满意度,推动我国金融科技发展居于国际领先水平。因此,聚焦研究区块链技术的发展趋势,深刻体会区块链技术给整个经济和社会发展带来的变化,真正认识到区块链技术给商业银行带来的巨大变革,及时制定区块链技术在企业的应用策略及发展方向,加快推进区块链技术在业务领域的探索和实践,成为商业银行促进业务创新发展的必然选择。

学习目标

1. 学习跨境支付结算知识。
2. 了解票据业务发展困境。
3. 学习数字票据业务含义。

4. 了解供应链金融含义,了解其发展现状。

5. 认识传统供应链金融存在的问题、风险。

6. 学习区块链技术应用在供应链金融业务中的案例。

 素养目标

1. 认知数字银行业务传统业务模式发展存在的问题。

2. 认知区块链技术将成为推动数字银行业务转型升级的新引擎、金融服务实体经济的新途径、防范和化解金融风险的新利器。

 章节脉络

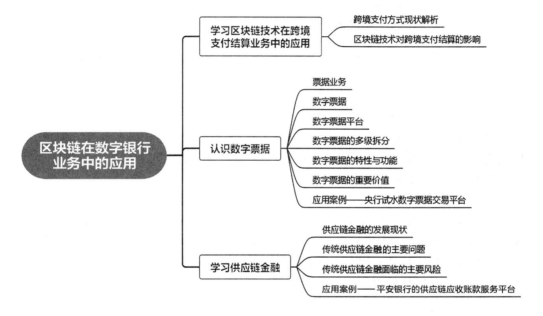

任务一 学习区块链技术在跨境支付结算业务中的应用

一、跨境支付方式现状解析

(一)目前主要的跨境支付方式

在国际贸易中,因为支付环节与结算风险密切相关,所以支付环节一直是交易双方的一个重要关注点。在现今国际贸易中,支付结算基本都通过银行进行,银行提供各种支付结算方式。本教材中主要学习其中两种支付方式:电汇和信用证。

1. 电汇

电汇即 T/T 汇款,是汇款人通过银行向收款人直接支付价款的一种方式。从其流程来说,如图 3-1-1 所示,电汇方式项下,进口方和出口方约定以电汇方式结算,

目前主要的
跨境支付方
式

然后由进口方向汇款行提交申请书,并缴纳手续费,汇出行通过电信方式向汇入行提交电汇通知书,同时将款项划拨至汇入行账户,若汇入行审核无误,再向收款人发出取款通知书,收款人凭取款通知书再到汇入行取款,由汇入行向收款人付款后,再向汇出行发出收讫通知。

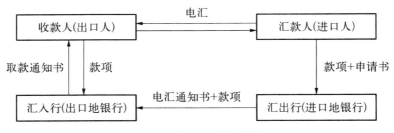

图 3-1-1　电汇业务支付流程图

国际贸易中,按照进口人主动付款的时间,电汇可以分为:预付和到付。电汇的特点如下:

(1)电汇是单纯性汇款服务,业务流程中,银行仅根据进口人的申请提供传递款项的服务,不提供任何信用。

(2)电汇是商业信用。虽然电汇是商业信用,风险有点大,但是它手续简便,费用低廉,所以它一直以来是相互信任的进出口双方交易的理想方式。此外在支付小额交易的货款、订金等费用时也通常选择电汇方式。

2. 信用证

信用证,是指由银行(开证行)依照(申请人的)要求和指示或自己主动,在符合信用证条款的条件下,凭规定单据向第三者(受益人)或其指定方进行付款的书面文件。即信用证是一种银行开立的有条件的承诺付款的书面文件。

信用证业务流程如图 3-1-2 所示。

☞ **特别提示:**
第一性付款责任制是指只要信用证是真的,银行即是第一付款人。

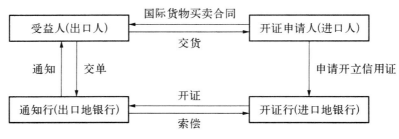

图 3-1-2　信用证业务流程

(1)买卖双方签订以信用证作为结算方式的合同。

(2)然后进口方向所在地银行提出开证申请,开证行在收到开证申请后,就必须按照开证申请书上的要求,向指定的受益人开立信用证,现在信用证一般通过电信方式通知受益人所在地的银行,请其转告受益人。

(3)通知行在核实无误后,应及时无误地把信用证通知受益人,通知行有义务核实信用证表面的真实性,如果通知行对信用证真实性有所疑问,应及时通知受益人。

（4）受益人根据买卖合同的要求核实信用证里的要求,无误后按信用证相关要求发货并签发单据,向通知行交单议付,通知行对所提交的单据应进行审核。

（5）通知行根据信用证规定将相关单据提交开证行,并发出索偿指示,请求偿付。

（6）开证行在收到单据后,按信用证要求进行核实,没有问题后,在规定时间内进行偿付。

从上面的描述里,不难看出,信用证是一种银行信用,开证行负第一性的付款责任。

电汇依靠的是商业信用,业务流程比较简单,适用于相互信任的进出口双方进行小额贸易;而信用证依靠的是银行信用,业务流程相对比较复杂,是现在主流的支付方式。

（二）传统跨境支付方式存在的主要风险

电汇按照主动付款的时间可以分为:到付和预付。同样的,在国际贸易的传统运行模式下,电汇风险通常会被划分为以下两种:

1. 在货到付款模式下,出口商可能财、物两失

如果货物出口商并没有选择一个具有高信用等级的货物进口商,一旦把货物的运输单据交付给货物进口商,那么货物出口商就会失去对货物的掌控能力。如果货物出口前期没有收到货物进口商的货款,处于货到付款的形势下,那么货物出口商就极有可能面临货物进口商收到货物却并不付款的问题。对于货物出口商而言,这是钱财与货物两方面的损失。

从货物出口商的角度来看,货到付款这种模式是基于出口商对货物进口商的信任,所以如果出现货物进口商在收到货物后无法付款或拒绝付款的情况,货物出口商承担的电汇风险就非常大。

2. 在预付货款模式下,进口商未收到货物

就承担风险而言,预付货款的模式与货到付款的模式正好相反,在预付货款模式中,货物进口商是电汇风险的主要承担者。货物进口商预先支付货款等待货物出口商发货,但是如果货物出口商没有按照承诺准时发货,那么货物进口商就要单方面承担风险,货物出口商则可能将货物进口商预先支付的货款用在其他方面。

很多国家的银行都是私有的,如同公司一样,只不过银行的信用等级比较高。所以,如果万一开证行倒闭了,而出口商货物已经到港了,那就会存在钱货两失的情况。开证行对信用证的审核时间也较长,针对信用证所填内容也常常有异议,需要出口商常去沟通解决。所以信用证这一支付方式效率较慢,资金周转周期长。电汇和信用证都存在一定的信用风险,电汇依靠的是商业信用,所以无论是出口方还是进口方,都存在一定的信用风险。而信用证虽然依靠的是银行信用,但是因为国外银行很多都是私有制,也存在一定的信用风险。

由此可见,在国际贸易的传统运行模式下,无论是电汇还是信用证,无论是货到付款还是预付货款,货物出口商和货物进口商都会有一方承担较高的风险。

所以,人们迫切需要一个有效的解决方案来避免或解决这些在传统支付方式下存在的风险问题。于是,区块链技术就被尝试引入支付领域。

☞ **特别提示:**
人无信则不立,国无信则不强,中华民族历来就有一诺千金的美德。诚乃立身之本,信为道德之基。

☞ **特别提示:**
可见传统支付方式存在的核心问题在于国际贸易双方的信任问题和资金周转问题。

传统跨境支付存在的主要问题

二、区块链技术对跨境支付结算的影响

（一）区块链优化传统跨境支付结算体系

支付结算是交易的最核心环节，在前面讲到了目前跨境支付方式存在的几个主要问题。因此，区块链技术的引入就显得尤为必要。

所以在这个部分，将带大家具体了解区块链技术对银行传统跨境支付结算业务和模式带来的影响。这里主要了解区块链对传统跨境支付清算结算体系的优化。

在跨境支付中，如果付款方银行与收款方银行没有建立业务关系，跨境支付和汇款就会涉及新的关键中介方——环球银行金融电信协会（Society for Worldwide Interbank Financial Telecommunications，SWIFT）（以下简称 SWIFT）。两家银行需要在 SWIFT 网络找到可以提供跨境服务的交易通信节点行来完成支付和汇款的清算结算。

区块链优化传统跨境支付结算体系

SWIFT 是一个国际银行间非营利性合作组织，总部设在比利时布鲁塞尔，运营跨国金融电文网络，为金融机构结算提供金融交易的电文交换业务，并提供规则统一的金融业安全报文服务和接口服务。中国是 SWIFT 会员国，中国银行、中国工商银行、中国农业银行、中国建设银行、交通银行等银行均加入了 SWIFT 组织，开通了 SWIFT 网络系统。据报道，目前 SWIFT 平均每天要为 1 万家以上的金融机构提供超过 2 400 万次交易信息服务。

由于跨境金融机构彼此之间系统不相通，直接结算成本高昂，同时跨境支付业务占比低，以及对手方存在不确定性，跨境金融机构间很难构建直接合作关系。跨境支付的成本构成，包括了支付处理、流动性损失、债权与资金运作、合规、换汇成本、网络管理与维护、间接费用这 7 个方面。加之存在代理行参与、协议沟通、交易信息反复确认等因素，这使得跨境支付结算周期需要 3～5 天，其中通过 SWIFT 进行交易确认往往需要 1～2 天。

☞ 特别提示：
在将来，银行和银行之间不再需要第三方，可以凭借区块链技术完成点对点的支付。

跨境支付应用区块链技术相当于创建了一个跨国金融机构间的点对点网络，汇出行和汇入行的交易需求可以直接得到匹配，从而大大降低了 SWIFT 体系的流动性损失、资金运作和换汇成本。区块链所具备的去中心化、不可篡改、可追溯的特性可以为跨境支付业务消除第三方这一角色，同时也可以简化繁琐的流程。

（二）区块链降低用户跨境支付成本，提升跨境支付效率

跨境人员、货物、贸易的交流带来了频繁的货币跨境汇兑业务，不过由于跨境汇款涉及境内外多家银行和支付机构、跨境法律法规、汇率波动等诸多复杂因素。传统跨境汇款业务存在如下问题：中间环节多、流程复杂、耗时长，到账时间不确定，到账通常要 10 分钟到几天不等，晚 7 点后汇款最早次日到账；去柜台办理还须留意银行网点上下班时间；中间出现状况退钱要等更久，还存在可能丢失等情况；手续费不透明，资金无法追踪；跨境汇兑人工损耗大、效率低；小额高频的换汇和汇款成本高。

☞ 特别提示：
这种"最完美的跨境支付解决方案"，其清算流程安全、高效、快速，可以大幅提升客户体验。

每年都有高额的费用因为繁琐缓慢的银行支付系统而耗费。一些国家每笔跨境转账交易的平均成本高达转账金额的 7.68％，主要包括与支付相关的服务费和汇率损失。

基于区块链技术去中心化、可溯源等特性，尤其在跨境支付清算领域的实用性和适配度上，这种去中心化的支付结算方式被誉为"最完美的跨境支付解决方案"。

例如,加密数字货币建立在分布式账本上,技术上用户能够使用加密数字货币跨境支付,并通过加密数字货币交易所、点对点交易等方式实现法币兑换,全程无须依靠传统的银行等第三方。

但根据目前情况,一些国家和地区已经开始加强对加密数字货币的监管力度,将加密数字货币作为媒介直接跨境支付结算,可能会遭遇外汇、反洗钱等严格监管。而且,分布式账本、智能合约等拥有的技术特点,使得跨境汇款参与方有了实时、可信的信息验证溯源渠道,让汇款有迹可循,更加安全,也便于相关国家的监管部门可以对跨境汇款链路进行实时、全程的监测和监管。

区块链降低跨境支付成本

对比传统的跨境支付系统,应用区块链技术跨境汇款,可以很好地提升支付的效率以及便捷性,也能降低汇款的成本,同时跨境汇款全流程、全环节的有关信息在链上可追溯、可监测。

（三）区块链技术在银行支付结算的主要应用领域

区块链是可以降低那些成本,但是这些成本的降低,往往需要先增加 IT 成本作为代价,决策缓慢的传统银行对区块链的大范围应用总体较少,目前区块链应用主要集中于银行非核心业务的方面。传统金融机构并不缺信用背书,在竞争压力还没有压垮自己的情况下,对于是否应当大幅投入区块链和放弃传统技术、业务结构,传统金融机构往往犹豫不决。

例如,银行在跨境交易中能够收取可观的交易费用和佣金,并且交易时点由银行决定。但区块链可以提供近乎瞬时的点对点的交易机会。而且降低了信用风险,优化了外汇交易效率和流动性,银行跨境交易的中间业务收入当然会受到明显的冲击。

鱼与熊掌不可兼得,银行不能因为区块链赋能对传统营收造成冲击而踟蹰不前,要清晰地认识到区块链赋能给银行带来以用户为中心的技术、运营、管理等方面的整体提升,以及主动适应中心化系统演变为共识化区块链系统带来的业务流程、监管体系的改变。银行如果继续抱残守缺,新兴金融科技公司、其他竞争对手就会抢跑先赢,构筑区块链金融生态体系,从而获得更大利益空间。

区块链技术在银行支付结算的主要应用领域

总体来看,银行支付结算业务应用区块链的主要领域如下:

1. 利用区块链提高支付结算安全性与效率

例如,中国人民银行运用区块链核心技术分布式架构建设运行支付机构网络支付清算平台（网联）,为支付机构提供统一公共的资金清算服务,提高清算效率,降低支付机构运营成本。

2016 年,瑞士银行、德意志银行、桑坦德银行、纽约梅隆银行宣布联合开发加密数字资产,作为统一支付结算工具,并力推成为全球银行业通用标准,极大提升了跨国家、跨银行、跨时区、跨语种清算效率。

2. 创新支付阶段工具

例如,2016 年,英国巴克莱银行完成区块链贸易结算,不到 4 小时完成交易,取代了通常需要 7～10 天的信用证结算方法。

3. 加密数字货币的探索应用

随着金融市场和金融科技的不断发展,金融脱媒成为必然趋势。

应对金融脱媒挑战,银行可以在支付结算环节探索加密数字货币的应用。需要注意的是,市场上不少去中心化加密数字货币并没有实际价值,区块链网络还存在性

☞ 事件提醒:
　　2016 年浙商银行推出基于区块链技术的移动数字汇票平台,为客户提供汇票签发、转让、买卖、兑付等支付结算功能。

能、安全等问题，加密数字货币还不能完全取代传统的转账结算和法定货币，使用多局限于小众。

例如，中国人民银行成立数字货币研究所，并已完成数字票据平台、数字货币系统模拟运行环境的上线部署。目前我国数字人民币研发工作遵循稳步、安全、可控、创新、实用原则，先行在深圳、苏州、成都及北京冬奥会场景进行内部封闭试点测试，以检验理论可靠性、系统稳定性、功能可用性、流程便捷性、场景适用性和风险可控性。

（四）区块链赋能跨境支付结算面临的主要风险

应用区块链技术跨境支付结算也会面临系统风险，单一的依靠区块链等金融科技赋能也不能完全解决这些系统风险。区块链赋能跨境支付结算面临的三个主要风险是：第一，支付机构运作风险；第二，监管机制不健全；第三，跨境资金流动监测困难，存在洗钱风险。

区块链跨境支付结算面临的主要风险

我们国家对无论是个人还是企业因从事国际贸易所进行的外汇收付都存在着相当严格的外汇管理规定。下面详细介绍区块链赋能跨境支付结算后面临的风险。

1. 支付机构运作风险

支付机构运作风险可细分为三个方面：

一是交易真实性审核风险。一些支付机构出于拓展市场的目的，存在对交易数据审核不严，甚至有自行编制、篡改交易数据的现象。许多交易由第三方机构代理，银行无法对境内外交易双方进行真实性审核。在私有链和联盟链部署下，因为权限约束，监管机构难以实时穿透监管，往往只有在风险爆发或者专项监管时，才能进行事后干预。

二是超范围经营风险。部分支付机构盲目发展境外商户，违规办理超过业务范围的跨境支付。

三是本外币监管套利风险。一些支付机构为规避外汇收支交易真实性的审查，采用跨境人民币渠道开展跨境支付业务，进行监管套利。

2. 监管机制不健全

我国针对支付结算组织机构的法律法规现在还不太健全，对其组织形式、准入退出标准，风控机制、所承担义务责任等均需进一步清晰界定。跨境支付涉及环节、环境较为复杂，已出台的监管制度有效落地存在一定困难。另外，对跨境支付结算应用区块链的专项监管还处于盲区。

3. 跨境资金流动监测困难，存在洗钱风险

国际金融形势纷繁复杂，大量国际资本以各种方式进出，使得"热钱流入"与"资金外流"交替存在，一些居心不良的人可能会通过虚假货物交易、借助便利服贸政策、外商投资、地下钱庄等方式导致跨境资金异常流动，给支付结算带来系统性风险。而一些监管部门的统计体系缺少针对上述情况的全方位、综合性监测预警功能，可能会导致前瞻性预判不足。

针对我们国家外汇管理的严格制度，区块链赋能跨境支付系统后，虽然可以优化原有的跨境支付系统，并且从某种程度上可以减弱原先模式的风险，但是依然会面对支付机构运作风险、监管机制不健全、洗钱风险这三个风险。

任务二　认识数字票据

一、票据业务

（一）票据业务的重要性

票据作为"商品交易的血管中流动的血液"，集支付、理财、交易、清算和信用等诸多金融属性于一身，业务场景复杂、当事人众多、市场规模大，在服务实体经济发展中具有重要作用。

狭义上，票据指依据法律按照规定形式制成的并显示有支付金钱义务的凭证，涵盖汇票、本票和支票三大类型。

（二）票据的概念

票据是指反映一定债权债务关系、具有流通性、代表一定数量货币请求权的有价证券，在其规定期限内，持票人或收款人可凭证向出票人或指定付款人无条件地支取确定金额的货币。

票据市场发展现状及困境

（三）票据业务的发展现状

近年来，受监管政策趋严、金融脱媒及互联网金融等因素的影响，互联网与票据业务进一步融合，票据业务创新持续活跃。但与此同时，大量游离于监管范围之外的违规交易滋生，加之传统票据业务存在的诸多问题，票据市场风险扩大，对商业银行合规经营和经济秩序稳定提出了较大的挑战。

一方面，票据业务发展迅速，服务实体经济的功能不断强化。

互联网金融在实际投入使用中主要分为支付和融资两大模式，而这正与票据的双重属性相吻合。服务于"小而微"企业的互联网金融，进一步发挥了票据业务在加速资金融通、缓解企业流动资金不足、寻求社会融资等服务于实体经济的功能。截至2017年，企业累计签发商业汇票17万亿元，期末商业汇票承兑余额为8.2万亿元，其中未贴现银行承兑汇票余额4.44万亿元，占社会融资规模的比例为2.5%；上海票据交易所日均交易规模突破1800亿元。

由此，票据业务已经成为银行盈利的重要来源，同时也是政府和相关金融机构进行市场调控的核心手段。首先，票据承兑业务通过服务于企业间的短期资金支付环节，为实体企业支付结算提供了便利；其次，票据贴现和背书转让业务为实体企业提供了便捷的融资渠道和低成本的资金来源；再次，票据转贴现业务加快了资金融通，是银行等金融机构的传统资产业务；最后，中国人民银行借助再贴现、回购等货币政策工具，推动票据在货币政策传导、促进信贷机构调整、引导扩大中小企业融资范围等方面发挥了重要作用。事实上，关于票据业务体量与宏观经济发展之间的关系，已经有实证研究通过对2001年后票据业务与GDP的数据分析，指出票据承兑余额、承兑量、贴现量与实体经济指标存在显著的正相关关系。

另一方面，票据业务大案频发，监管政策密集出台。

随着票据业务的发展扩大，票据案件也层出不穷。特别是自2016年以来，全国各地发生的银行票据案件，数额大，牵涉机构多，破坏了金融市场秩序和经济稳定。

除了传统纸质票据引发的案件,首例票据案件"焦作离职员工违法贴现票据案"后,电子票据也不再被视为完全牢固的安全墙。表3-2-1展示了部分票据市场风险案件。

表3-2-1 2016年以来部分票据案件

时 间	涉 案 单 位	涉案金额/亿元
2016年1月22日	中国农业银行北京市分行	39.15
2016年1月28日	中信银行兰州分行	9.69
2016年4月8日	天津银行上海分行	7.86
2016年7月7日	宁波银行	32.00
2016年8月12日	中国工商银行、恒丰银行和焦作中旅银行	13.00
2016年12月末	邮储银行甘肃武威文昌路支行	79.00
2017年1月22日	华夏银行、中国光大银行、中国银行	47.65
2017年7月29日	中国民生银行、浦发银行、中信银行、泰安交通银行	99.00

（四）传统票据业务发展困境

面对近年来不断出现的票据业务"黑天鹅"事件,尽管监管趋严,但票据大案的源头尚未得到根治,当前票据业务仍然存在诸多痛点。除了潜在的风险项,在互联网金融发展迅速、金融行业加速深化的背景下,传统票据业务模式面对现代商业时间和地域跨度不断扩大的挑战,其真实性、有效性和及时性都受到质疑。

1. 票据的真实性问题:贸易背景虚构,市场中伪造假冒票据大量存在

☞ **特别提示：**
穿透意为看透实质,具体到风控环节的语境即核准申请人和管理人的资质。

由于银行审核主要基于形式上的要件,缺乏对实际贸易背景的有效掌控,其风控的穿透存在天然的缺陷,特别在票据业务的初始环节,贸易背景虚构成为影响票据真实性的重要问题。从近年中国人民银行等部门频频发出的罚单特点来看,票据的违法违规行为主要归结于两点:一是对没有充足贸易交易条件的商业汇票进行贴现;二是签发或办理没有任何实际贸易环境的银行票据及贴现。这两点都直指票据贸易背景的真实性问题。与此同时,票据市场中仍有大量假票、克隆票、变造票等伪造假冒票据存在,这在纸质票据的流通中尤为常见。

2. 市场中的违规交易:部分交易主体和中介进行"一票多卖"等违规操作

除了企业可能通过签发虚拟贸易合同套取票据,部分银行在不良率高企和流动性的压力下,往往也会出现租借"同业户"等违规操作;加之当前票据中介良莠不齐,部分中介机构利用信息不对称进行违规经营,不透明、不规范操作和高杠杆错配等乱象丛生,甚至演变为行业"潜规则"。同时,纸质票据介质的物理性质带来的票据移交的时滞性和流动性差等问题、电子票据系统各接入点拉长了风险链条和中心化运行下相互间依赖性过强的暗藏风险,共同成为票据市场中一票多卖、短期回购、清单交

易、过桥贷规模、带行带票、出租账户等违法违规行为存在的"温床"。上述风险极高的票据流入商业银行体系,加大了有效管控和风险防范的难度,使得票据大量沦为融资套利和规避监管的工具。

3.划款的及时性问题:信用风险累积

鉴于票据自身的特性和信用背书的存在,在其贴现和承兑等环节中,往往存在信用风险暴露的问题,尤其是票据到期后承兑人不及时将相关款项划入持票人账户的现象突出。特别是商业银行承兑汇票,考虑到开票企业开具空头支票或受抵押冻结等因素,在资金融出给贴现企业的过程中,自然形成了对贴现企业的风险暴露;同时,由于承兑银行提供的信用担保,风险缓释转移,承兑银行成为最终的风险暴露端。此外,信息不对称往往导致不合理的信用等级评定,使得商业银行难以精准地把控交易目标的信用风险情况,提高了对中小企业的门槛,也影响了票据融资功能的发挥。

二、数字票据

数字票据采用区块链的分布式记账技术,账本按照时间序列和共识机制构建数据库(文件),且数据库不是存储在某单一的中间服务器上的,而是存储在全员共享的记账系统中。表3-2-2展示了纸质票据、电子票据、数字票据的主要区别。

什么是数字票据

表3-2-2 纸质票据、电子票据、数字票据的主要区别

类别	纸 质 票 据	电 子 票 据	数 字 票 据
概念	由收款人、存款人、承兑申请人签发,承兑人承兑,于到期日向收款人支付款项的票据	出票人依托电子商业汇票系统(ECDS),以数据报文形式制作,委托付款人在指定日期无条件支付确定金额给收款人或者持票人的票据	利用区块链技术,结合法定票据业务属性、市场规则、合规要求,将电子票据升级为数字票据,拥有电子票据全部功能,从技术架构上解决(电子)票据造假、违规交易、信用风险、信息安全、操作繁琐低效等问题
流通形式	必须在票据上加盖有效印章才能流通	依托中国人民银行电子商业汇票系统,需要接入银行才能办理相关业务	构建联盟链,基于不可篡改时间戳、联盟链信息公开、分布式共享账本、多中心化共识、智能合约实现数据真实完整透明、点对点、去中介化、全流程审计风控、可视化背书等特性

票据业务的金融属性和市场规模赋予了票据市场发展的重要性,而诸多痛点和巨大的风险使得其改革具有必要性,这些都形成了票据发展和业务创新的内在动力。同时,随着虚拟货币的大热,区块链技术越来越受到重视,其公开、透明、去中心化、不可篡改等特性,使得推行数字票据具备了外在条件和可行性。

(一)数字票据的概念

数字票据是基于区块链技术构建的票据,与传统的纸质票据、电子商业汇票等形式完全不同,但也并非是对传统的票据规则的完全颠覆,而是结合最新的计算机网络技术,将传统票据规则和应用模式进行融合、变通而形成全新的票据形式,进一步发挥票据在经济体系中的重要作用。

（二）数字票据与纸质票据、电子票据的主要区别

票据特点决定了票面信息和交易信息必须具备完整性和不可篡改性。与一般金融交易相比，票据金额一般较大，对安全性的要求更高。区块链通过密码学提供的安全性、完整性和不可篡改性等特性，可在一定程度上满足票据交易上述需求，有助于在技术层面上防范票据业务风险。

在隐私保护上，传统票据市场各金融机构通过信息隔离保护参与者隐私，区块链技术则是通过算法保护参与者隐私，提供了隐私保护技术操作新思路。

（三）数字票据的三大要素

1. 书面原则——完整性和不可篡改

追溯票据的概念和内涵，特别是票据法的规定，可以看到要式性是票据行为的一个重要特征，其中的书面原则贯穿了整个票据法。书面原则的实质是对票据票面信息和交易信息必须具备完整性和不可篡改性的要求。区块链技术通过计算机网络调制解调设备将搭载信息的数据电文，转化为人眼可直接感知的票面信息，然后进行后续操作。而诸如必备条款等的形式要求，如制作数字票据时未能根据系统要求填写完整所有的内容，票据就无法发出，票据行为也就无从依附。这样，通过密码学提供的安全性、完整性和不可篡改性的特性，区块链技术实现了对票据书面性的变通。

2. 电子签章——非对称式密钥加密

票据的另一个要式行为体现在签章上，传统票据理论中，票据行为主体的确认就是基于签章的确认。票据作为一种包含支付指令的有价证券，其法律意义的根本就在于可以通过签章确定承担金钱给付义务的主体，亦即经典的"无签名则无责任"的票据基本原则，在《中华人民共和国票据法》尚未针对电子票据进行概念的前提下，颁发于 2005 年的《中华人民共和国电子签名法》中提出的"可靠电子签名"为区块链技术提供了变通思路。

3. 交付方式——流动性和背书可逆性

票据的流动性是其诸多金融功能发挥作用的基础，传统纸质票据通过对有形载体的现实占有转移实现交付，进而完成票据所载权利的转让。基于区块链技术的数字票据尽管具有无形性，但考虑到其是储存在链上各个节点共同确认的账本之上的数据电文信息这一实质，通过在计算机网络环境下对数据电文信息进行传输、修改及确认，就可以实现对数字票据的虚拟化占有和交付。

☞ **特别提示：**
背书作为票据流动中的一大重要行为，相对传统流程，区块链实现了背书的可逆性。

传统纸质票据一旦交付于被背书人，背书行为的效力后果就得到承认。数字票据的特殊性在于，背书行为的交付效力在经过所有链上节点的确认和记载后方才形成，鉴于各节点规模的不同，在被背书人尚未确认回复前，背书人可撤回要约，进而赋予数字票据背书转让一定程度的可逆性。

三、数字票据平台

区块链各细分领域蓬勃发展，从硬件制造、基础设施到底层技术开发、平台建设，再到安全防护、行业应用，以及媒体社区等区块链行业服务机构，已经初步形成了一个完整的产业生态链。在平台建设方面，区块链平台建设分为底层平台、数字资产存储、跨链技术解决方案等，另外，跨链技术是区块链应用发展中需要解决的问题。

（一）底层平台

在区块链产业链中，平台级的商业机会是目前资本关注的热门。创业公司和IT产业的大型公司，都重视布局区块链底层平台，以竞争产业发展的制高点。目前区块链平台还处于早期的阶段，因此各公司对于平台的理解和实践路径并不一样。

数字票据平台

目前，区块链底层平台主要有公有链、联盟链、BaaS三种主流平台模式。

联盟链更能满足分布式商业中的多方对等合作与合规有序的发展要求。

联盟链和公有链相比，在高可用、高性能、可编程和隐私保护上更有优势。联盟链让节点数得到了精简，能够使得系统的运行效率更高、成本更低，更容易在现实场景中落地。在监管方面，联盟链相对于公有链非常重要的特点是具有节点准入控制与国家安全标准支持，确保认证准入、制定监管规则、符合监管要求，在可信安全的基础上提高交易速度。

BaaS是基于云服务的企业级区块链开放平台。

虽然公有链与其他平台采取了不同的策略和发展路径，但是所有平台依然会长期共存，甚至有些平台最后可能会殊途同归，或者通过跨链技术将分散的联盟链系统与公有链相连接，形成更大范围的价值互联网产业生态。

（二）数字资产存储

数字钱包是区块链平台中的数字资产储存方式，其安全性最重要。数字钱包的功能包括钱包地址的创建、数字加密资产的转账、钱包地址的历史交易查询等功能。

加密数字钱包的设计包括：基础安全体系（存储安全、网络安全、内存安全、安装包安全）、密钥管理安全体系、开发流程安全体系和用户行为安全体系。

随着全球范围内黑客攻击的日益增加，钱包安全性的挑战将会越来越大，需要通过对产品和技术的不断迭代更新，为用户的数字加密资产保驾护航。

（三）跨链技术

跨链技术是连接各区块链的桥梁，满足不同区块链之间的资产流转、信息互通、应用协同。随着行业发展，链与链之间的互操作越来越重要。不能跨链，意味着各区块链应用平台都是信息孤岛，从而限制整个区块链网络和生态系统的发展。

跨链技术可以应用于跨链资产转移、跨链原子交易、跨链数据共享、跨链合约执行及去中心化交易等场景，目前有以下三种技术模式。

一是公证人机制（notary schemes），即中心化或基于多重签名的见证人模式，主要特点是不关注所跨链的结构和共识特性，引入一个可信的第三方充当公证人，作为跨链操作的中介。

二是侧链/中继（sidechains rlay），侧链是一种锚定原链的链结构，但并不是原链的分叉，而是从原链的数据流上提取特定的信息，组成一种新的链结构，而中继则是跨链信息交互和传递的渠道。

三是哈希锁定（hash-locking）技术，它在不同链之间设定相互操作的触发器，通常是一个待披露明文的随机数的哈希值。

四、数字票据的多级拆分

核心企业的高信用向末端传递，需要进行多级拆分。以核心企业为根节点，供应链上游、下游结构为典型的分叉树结构。需要依据分叉结构进行分析，从而将信用经

☞ **特别提示：**

以应收账款融资为资产，以债权凭证（区块链数字票据）为载体，实现全链企业都能因交易关系而获得可信的票据拆分，从而实现盘活应收账款、降低融资成本的目标。

过多级拆分后传递到末端企业。

交易上链,特别是供应链是以交易链为底层的协作结构,需要将连续的交易链完整地构架在数字化系统中。核心企业采用 ERP 系统,必须采用开放式的系统架构,使得供应链中众多的企业通过与核心企业的 ERP 系统连接,真实、完整地记录和反映供应链全链的交易情况。ERP 系统是一体化的信息系统,打通了以核心企业为中心的物流、资金流和信息流。由此可见,供应链整体的信息化水平,直接决定了金融创新的可行性。

供应链中,数字票据作为债权凭证的拆分原理如图 3-2-1 所示。

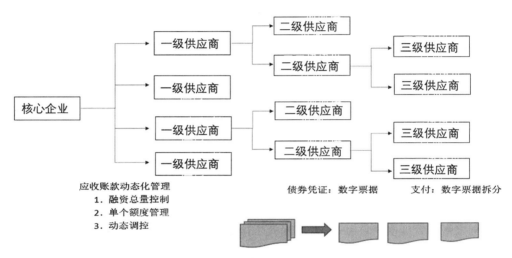

图 3-2-1　票据拆分原理示意图

在图 3-2-1 中,核心企业有多个一级供应商,每个供应商的地位与关系不同,将设定不同比例、不同总额的数字凭证配置参数。一般地,核心供应商、重要关系供应商将获得更大额度、更高比例的配置量。

核心企业所签发的债权凭证形成应收账款池,核心企业自己需要结合风控模型,为供应商核定相应比例的动态可用融资额度。核心企业控制融资额度在于控制自身的采购风险。供应链金融资额度在于控制自身的采购风险。一级供应商持有由核心企业签发的数字票据,即债权凭证。而一级供应商也会有多个二级供应商,在交易支付时,采用将债权凭证拆分的方式来支付给三级供应商,以此类推。

这样,通过交易的确认后,以拆分债权凭证的方式,将信用传递到供应链末端企业,末端企业持有的数字票据可以立即向金融机构申请贴现,从而解决融资难问题。同时,申请贴现利率不会因为是末端企业而更高,因为是凭证贴现,是无因化的票据,与持有人的信用级别关系不大,所以解决了末端企业的融资成本偏高的问题。

下游小微企业获得拆分后的数字票据,可以选择:① 等待凭证到期,自动获得核心企业支付的回款。② 根据企业自身资金流的需要,在任意时间向平台申请贴现。在持有数字票据时,也可用于支付其他机构的采购金额(供应链范围内的企业)。

一个拆分的实例如图 3-2-2 所示。

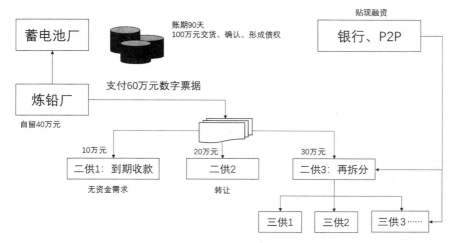

图 3 - 2 - 2 票据拆分流程示意图

图 3 - 2 - 2 中,核心企业为"蓄电池厂",炼铅厂为"一供"。一供与核心企业交易项为 100 万元,经核心企业确认后,形成债权,由核心企业给一供签发金额 100 万元的数字票据。一供拆分出 60 万元数字票据支付给其他三家二供,分别为 10 万元、20 万元、30 万元。得到 10 万元数字票据的二供 1,由于无资金需求,采用持有 10 万元的数字票据的方式,到期将收到 10 万元结算款。二供 2 持有的 20 万元数字票据统一转让。二供 3 持有的 30 万元数字票据进一步拆分给三供,支付 3 万元、5 万元及其他不等额的债权,从而实现高信用的数字票据在全链的流通。持有数字票据的企业,可以随时向平台的银行或其他金融机构申请贴现,获得现金。

五、数字票据的特性与功能

（一）数字票据的安全性

票据的安全性较为脆弱,而电子票据最新出现的"背飞(票据交付给对方,但没收到资金)、打飞(资金付出去了,但没收到票据)"现象也成为人们关切的问题。相比较数字票据具有更高的安全性,其以区块链为架构,采用分布式账本,对信息不对称、交易追踪等关键问题给出了较好的解决方案。

首先,在联盟链中,每一数字票据的出票、票据行为的实现,都以全网广播的形式在所有接入节点进行存储、确认,使得在连续记录的账本中不可能出现毁损、丢失、变造等现象。

其次,账本在每个节点都有一个完整的复制,系统运行并不依赖特定的中央服务器,当出现少数节点不联网、被攻击、被损坏等情况时,也不会因此出现全网交易中断、信息泄露等重大风险事件。数字票据的签名采用公钥和私钥结合的形式,接入区块链的节点均可相互查看,缺少合法的私钥就无法进行票据行为。

> ☞ **特别提示:**
> 由于交易历史信息在账本中有完整的记录,以及私钥操作的不能代理等,使得数字票据的中介价值已经意义不大。

（二）数字票据的交易效率

数字票据只要在联网条件下就可以进行交易。电子票据的电子化提高了交易效率,数字票据在这一点上与电子票据相同。

（三）数字票据的监管

区块链特性给票据市场的监管带来全新的便利,一般采用联盟链(非公开链),可设置特殊节点（具有监管功能的主权节点），比一般用户具有更高的权限。

　　在本地化的账本中，监管人员对交易历史完整追溯，对特定票据行为进行监控，再结合智能合约的编程监管，使数字票据的监管效率和便利程度远高于电子票据系统，即便是在脱机的情况下仍然可以执行监管功能。

　　（四）票据背书的突破性与合规性

　　票据法关于背书转让的规定有："背书应当连续""背书不得附有条件""背书附有条件的，所附条件不具有汇票上的约束力""将汇票金额的一部分转让的背书或者汇票金额分别转让给二人以上的背书无效"。这些规则保证了票据背书效力的稳定性，在本质上保证票据的流通性而限制了其灵活性和特定性。

☞　特别提示：
　　"非转让背书"完全可以由智能合约来实现。背书可分为两大类：转让背书与非转让背书。

　　票据的拆分背书是数字票据相对于传统票据行为的颠覆式创新。数字票据具有分布式记账的功能，完全可以适应复杂的、多级的票据拆分转让。数字票据遵守"连续""不得附有条件"的规定，但将票据拆分为二人及二人以上后，拆分过的票据仍然可以做进一步的拆分，票据拆分成为数字票据最值得推崇的功能。其实现机制为分布式记账的可追踪性、全程可验证性。这一功能应用于供应链金融领域，可以真正实现对全链授信。

　　（五）智能合约对背书的突破性

　　数字票据的背书行为应当通过智能合约的方式来进行，这也是对传统的以人工操作进行背书的颠覆式创新。智能合约代码是经过严格检测的公开代码，在约定的条件下产生执行相应票据的行为，由代码代理双方进行票据行为、契约行为，极大地提升了票据的灵活性。数字票据的票据行为是独立行为，智能合约的代码在执行中，如果同时或顺序执行若干票据行为，则应分别具有独立性，即每个票据行为的执行应当有结果记录（区块链记账），且独立的票据行为之间没有交叉影响。

　　非转让背书又分为委托收款背书和质押背书两个大类。票据法规定汇票可以通过背书记载"质押"字样设立质押，通过背书记载"委托收款"字样委托被背书人代为行使汇票权利。数字票据实现质押和委托收款的背书采用智能合约模式，具有相当的便利性。如果使用数字货币，数字票据的结算则完全通过数字货币直接进行"点对点"实时结算，基本无须委托收款功能。

　　智能合约的形式使得票据在整个生命周期中具备限制性和可控制性特征。交易的控制方式、操作方式更加丰富，例如票据代持（双买断），在代码中约定买回的日期，智能合约在判断交易日期到期后票据将自动完成赎回买断；智能合约对于那些需要加强控制的环节，通过写入代码在程序中强制执行、避免违约。

　　采用智能合约来执行自动托收，由程序在到期时向承兑行自动发出托收申请，待托收完成后再自动记账，十分省心、省力。

　　（六）人工智能的突破性

　　人工智能（AI）在金融领域的应用已经开始。在海量单证的处理中，AI可能带来突破的创新。人对信息与知识的处理能力是较为有限的，AI使得人类的感知能力无限延伸，利用AI处理数据电文同样可以进行背书、转让等决策，为下一步提高票据行为效率提供了无限的创新空间。

　　以上分析可以看出，在数字票据模式下，数字票据行为已经可以远超传统的票据行为，在背书、执行效率、转让等方面可以产生颠覆式创新。但这类实践明显与现行票据法的规章制度相去较远。所以,在科技日新月异的今天,应加快推进相关法律制度的修订,且监管方对金融领域的票据创新,应当持包容的态度。当然监管并不容忍利用金融创新之名却行违法之实的行为。

(七)共识机制及全网广播的契约性创新

传统的票据背书行为是点对点的民事法律行为,其背书行为、交付票据由背书人及被背书人来完成,对于背书的法律定性是单方法律行为还是契约行为,在国际上的各法律体系之间存在理论上的争论。我国法律认为背书属于单方面法律行为。

但在区块链架构中,存在与传统票据背书不同的环节,即背书行为在技术实现中,要经过被背书人的确认,然后经由全网广播,在分布式账本中记账,只有记账成功才能产生票据法上的效力。即"背书、确认、记账"三个环节必须按顺序依次完成后才成立,否则将回到背书之前的状态。这里出现以下两个不同点。

第一,被背书人必须以合法用户身份接入系统,并确认背书信息。这对背书行为具有强烈的契约性,是双方达成合意、完全真实的背书行为所形成的。这一点完全不同于纸质票据背书行为。

第二,全网广播的作用。在交易系统中,系统对全网进行异常事件的广播,具有信息披露的及时性、广泛性、可查性。例如,某一数字票据存在被拒绝承兑、拒绝支付、拒背书、拒拆分等状态,在广播确认时被背书人可获得这类信息,在背书的契约性含义下,使得期后背书的产生或者期后背书产生的负面效应难以发生,这是数字票据相对于传统纸票的巨大优点。被拒绝承兑或被拒绝付款是行使追索权的条件,说明票据的信用状况已存在问题,持票人不得以背书方式转让汇票,在性质上应构成期后背书。

总之,区块链技术以分布式为特征,以密码学为基础,提供的数据真实可信,具备严格的控制功能,是一种全新金融基础设施的底层核心技术。结合票据交易的市场特点,采用数字票据模式可实现信息披露充分及流转可拆、可查,无须第三方中介的流程公开的高效交易,显著降低票据业务的复杂度和交易成本,为众多组织提供重构交易模式、实现良好的金融生态、有效解决票据市场的各类难题、克服数据寡头现象等。

六、数字票据的重要价值

金融的核心是跨时间、跨空间的价值交换,所有涉及的价值在不同时间、不同空间之间进行配置的交易都是金融交易。理论上,在不同的空间之间进行价值交换是不可靠的。金融技术始终在寻找金融交易在时空上的限制。在不同的空间中的价值交易,需要通过人为设计的装置进行转化,而在转化中,关键在于对人的自私性进行限制。

在"互联网+"模式下,将实体企业的融资需求转为线上的数字化交易,是典型的不同时空下的价值交易行为。这种金融交易行为,既涉及跨时间(如应收账款),又涉及跨空间(未来不同的盈利和亏损状态)的价值交换。所以,为限制交易主体的道德和私欲问题,即"经济人"无法抗拒诱惑的特性,所有涉及人的东西,都应视为不可靠因素,并对此进行设计。

我国票据市场十分繁荣,票据不仅作为一种支付手段,更多是作为融资工具而受到广大小微企业所青睐。但是传统的纸质票据和依托中国人民银行电子商业汇票系

数字票据的
重要价值

☞ 事件提醒:
我国从
2009 年开始引
入电子票据。

统构建的电子商业汇票,因其载体存在的不足及我国法律法规政策出台的滞后,导致市场乱象频发,是金融风险控制的重点问题。

纸质票据与电子票据并行使用,近几年关于票据的案件频频发生,表现为票据的主要缺陷,包括票据的真实性(票据造假、克隆票、变造票等),票据违规交易(一票多卖),票据信用风险等(不及时兑付)。

区块链技术正是针对人性的弱点,以"去中心化、防篡改"等机制来主动防止人为的不良干扰。区块链技术对解决现行票据交易的不足与缺陷,提供了新思路。

基于区块链的数字票据,其应用价值主要体现在以下方面,如图3-2-3所示。

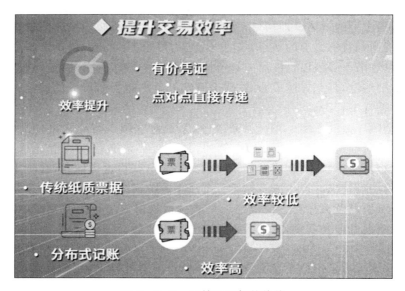

图3-2-3　区块链票据的价值

(一)实现票据价值传递的去中介化

票据是一种有价凭证,在交易中需要一个信用较高的中间人,即"第三方"角色来确保交易双方的身份认证和守信。区块链技术采用分布式账本,一般不需要第三方对账本信息进行监督和验证,实现了价值在点对点之间的直接传递。

(二)提升交易效率

传统的纸质票据在其生命全流程,从开票到承兑再到其他交易行为,均离不开物理形式的接触,因为在时间和空间上的限制而导致交易效率较低。而分布式记账与传统的系统开发不同,无须按"需求—代码—测试—投产—验证"等多个环节的流程,可因其数据与代码的公开性随时审计,省去了确认身份、票据真伪验证等的人力、物力成本,让经营的决策更加简单、直接和有效,使整个票据市场的运作效率比传统的票据流转效率高出很多。

(三)改进中心化电子商业汇票交易的不足

我国电子商业汇票系统属于经典的中心化系统,交易登记和数据交换系统完全在中心化的服务器中完成,所有的票据承兑、交易、托收等环节都需要在ECDS系统中完成。其通道功能、认证和服务与个性化的市场存在矛盾。在采用去中心化的分布式账本后,将产生"多中心"模式,对票据的生命周期(从产生到消亡)更容易管理,其连续"背书"机制,真实反映了票据权利的转移过程。

（四）防范风险事件

纸质票据存在"一票多卖"等风险,电子票据存在打款背书不同步等风险,而区块链采用不可篡改交易记录的模式具备公开的记账特性,使得交易各方难以产生可抵赖行为。数字票据以数字电文的形式存在,且每一数字票据的出票、票据行为的实现,都会通过全网广播的形式在区块链节点进行存储、确认。另外,区块链系统不会因中心服务器问题而出现网络崩溃的灾难性后果。不可篡改的交易记账,使得监管的调查、取证的成本也大为降低,使责任的追溯与认定更为简便。对于监管规则也可以用编程来建立共用约束代码,实现监管的有效控制与约束的全覆盖。

目前在票据领域,需要加强对纸质票据业务的监管、进一步完善电子票据的系统功能,同时,试行数字票据是解决目前票据市场的新方法。互联网金融领域对以区块链技术架构数字票据的探索热情高涨。

七、应用案例——央行试水数字票据交易平台

2016年在爆出多个票据大案的同时,中国前瞻性地认识到区块链技术在票据市场的应用前景,当年12月25日原型系统试运行成功,2018年1月25日实验性生产系统联通上线并开始投入生产环境。这表明中国人民银行（以下简称央行）的数字货币探索实践在票据领域率先落地。

央行的数字票据交易平台实验性生产系统使用数金链（smart draft chain，SDC）区块链技术,借助密码学算法进行隐私保护。该平台主要包括上海票据交易所、银行、企业和监控四个子系统,如图3-2-4所示。这四个子系统主要对接的业务有所区分。其中,上海票据交易所子系统主要负责管理区块链并监测数字票据业务;银行子系统具有数字票据的承兑签收、贴现签收、转贴现、托收清偿等业务功能;企业子系统具有数字票据的出票、承兑、背书、贴现、提示付款等业务功能;监控子系统实时监控区块链状态和业务发生情况。这里提到的原型系统,它基于票据业务场景特点自主开发了一套底层联盟链;而实验性生产系统前者进行了全方位的改造和完善。

央行的数字票据交易平台创新点如下:

（1）在安全加密方面,可以完成数字签名,同时,根据参与银行、企业的业务要求提供了定制的高安全级别的金融密码机和芯片智能卡。图3-2-4展示了数字票据交易平台实验性生产系统架构。

（2）在隐私保护方面,追踪国际前沿技术,实现了交易信息的隐私保护和监管方必要时拥有的看穿机制。

（3）在业务功能方面,区块链数字身份方案解决了不同金融机构间对用户重复认证的问题;可实现资金流和信息流同步转移,进而实现了票款对付结算,构建了"链上确认,线下结算"的结算方式,便于与支付系统进行对接。

（4）在技术开发和升级方面,创新性地提出并设计了区块链中间件,实现了底层联盟链与上层类中心式业务应用系统之间的消息传递机制,有效降低了开发门槛。

（5）在系统性能方面,实现隐私保护机制所需的同态加法操作,提高了系统性能、降低了记账损耗,有利于实现"运行去中心化、监管中心化"。

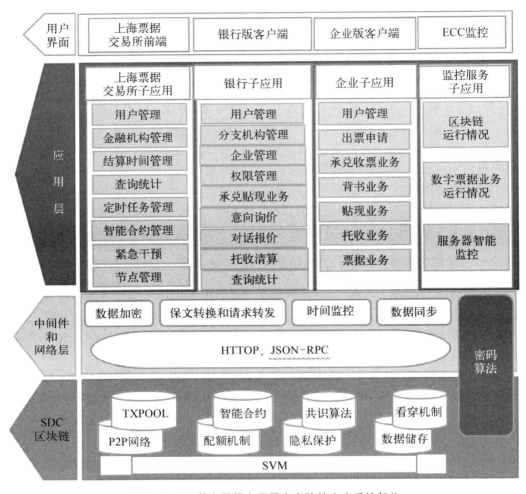

图 3-2-4 数字票据交易平台实验性生产系统架构

资料来源：根据《区块链在数字票据中的应用》重新绘制

任务三 学习供应链金融

一、供应链金融的发展现状

☞ 特别提示：
因此，在供应链金融中，多主体协同合作的基础是信任与利益分配。但是，目前来看信用不足成了供应链金融进一步发展的一种阻碍。

供应链金融的核心是各尽所能，通过围绕核心企业，上下游中小企业的资金流和物流更易于管理，核心企业与上下游企业各自发挥出相对优势，可把单个企业的不可控风险转变为供应链企业整体的可控风险，通过多维度获取各类信息，将风险控制在最低，实现总体效能最大化。

目前，中国的供应链金融产业仍处在快速发展阶段，如图 3-3-1 所示，中国供应链金融市场规模达 17.5 万亿元，同比 2017 年增长 21.4%，预计未来规模仍会持续增长。

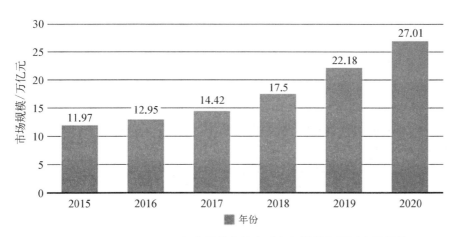

供应链金融
的发展现状

图 3 - 3 - 1　2015—2020 年中国供应链金融市场规模及预测市场规模

资料来源：根据前瞻产业研究院《2015—2021 年中国供应链金融市场前瞻与投资战略规划分析报告》有关资料整理。

　　究其原因，除去供应链金融本身有很强的资本亲和性外，政府政策的号召和支持也起到了关键作用。支持供应链金融发展的政策文件如表 3 - 3 - 1 所示。

表 3 - 3 - 1　支持供应链金融发展的政策文件

时　间	会 议 或 文 件	相 关 内 容
2016 年 2 月	《关于金融支持工业稳增长调结构增效益的若干意见》	提倡探索推荐产融对接融合，探索开展企业调结构集团财务公司延伸产业链金融服务试点
2016 年 10 月	《促进民间投资健康发展若干政策措施》	强调建立财产权利质押登记系统，实现信息与政策共享，以便于金融机构改进和完善小微企业金融服务
2017 年 3 月	《关于金融支持制造强国建设的指导意见》	提出鼓励金融机构依托制造产业链核心企业，积极开展应收账款、质押贷款、保理等各种形式的供应链金融服务，有效满足产业链上下游企业的融资需求
2017 年 7 月	全国金融工作会议	明确金融服务实体经济发展要求，为供应链创新与应用提供良好政策环境
2017 年 10 月	国务院办公厅印发的《关于积极推进供应链创新用的指导意见》	确定"积极稳妥开展供应链金融"是六项重点任务之一
2018 年 6 月	国务院常务会议	确定了进一步缓解小微企业融资难融资贵的措施

资料来源：根据网上公开资料整理。

（二）供应链及供应链金融的发展

　　"分工产生效能"是经济学里最核心的一个概念。经济学家亚当·斯密在他的经济学奠基之作《国富论》里，第一页就写下了一个非常典型的案例：一家 20 人规模的扣针厂，通过分工合作每天能生产 4.8 万枚扣针，而如果一个人独自完成所有工序，哪怕最熟练的工人一个人一天最多只能完成不超过 20 枚扣针。这种效率的提升是非常惊人的。

20 世纪 80 年代以前，纵向一体化是制造业产业组织的主流模式，大部分中间产品的生产、加工、储存、运输，以及最终产品的组装完成乃至销售，都通过企业内部管理加以对接和整合。

然而，20 世纪 80 年代以来，生产的分工模式开始发生显著的变化，竞争迫使企业在价值链的每一个环节寻求最低的成本，促使越来越多的分工从企业内转向企业间：各个环节的生产分化成了供应链上各级的供应商，物流环节分化出了专业的物流仓储企业，支付及融资环节则分化出了专业的金融机构。各个环节专业化分工，最终又紧密合作，使得各企业间的信息流、物流、资金流的管理变得复杂。企业间传统的信息传递方式是通过各类单证来完成，单证不光帮助直接关系的双方或多方明确权利义务，同时也可以作为相关业务的佐证出示给其他服务机构或监管机构。

供应链上的金融服务一开始主要是支付、托收等只带有结算功能的业务。但由于供应链中存在着占主导地位的核心企业，他们的财务改善方向往往是对上游拉长付款账期和对下游缩短收款账期（原因在于：① 核心企业不愿承担下游的信用风险；② 股东和投资人对核心企业财务稳健的要求），于是逐渐演变出了票据、保理、信用证等各种既含有结算功能又带有融资功能的业务（是否可带有融资功能视付款的条款是否是远期付款而定），也包括存货质押融资这样纯粹只带有融资功能的业务。在本章节中，我们主要讨论的是带有融资功能的供应链金融业务（以下简称供应链融资）。

传统的信贷将企业未来所有的营业收入作为还款来源，而自偿性是指融资是某一笔或多笔贸易关系而完成的，并且由这一笔或多笔所产生的收入就足以偿还款项。那么既然自偿性是供应链融资最为仰赖的特性，融资业务中自偿性的保障因素（如效率、他方合作意愿、合规等因素）的矛盾也就自然成为供应链融资业最核心的痛点了。

二、传统供应链金融的主要问题

供应链是指围绕核心企业，融合原料商、供应商、厂家、物流商、分销商、商家、用户，构筑的产供销功能网链。供应链管理要求将链上所有成员、所有商业活动有效整合、无缝连接一体化，如图 3-3-2 所示。

供应链经济活动是一个很复杂的体系，类似于食物链"植物—羊—狼—狮子"，每个环节缺一不可，植物减少必然会导致羊的数量减少，狼和狮子也会受到相应的影响。所以供应链上企业无论大小、强弱，都应有平权、平等、契约的合作与利润分享，否则这条供应链一旦失去平衡，所有企业都将遭殃。

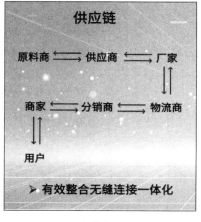

图 3-3-2　传统供应链金融流程

从供应链层面来看,处于供应链中上游的供应商对核心企业依赖性强,议价地位较弱,为获取核心企业长期业务合作,往往采用赊销交易的方式。通过赊销交易,核心企业得以进行应付账管理和理财,提高现金流动性,但供应商会因大量应收账款而承受越来越大的现金流压力。

对核心企业来说,尽管制造和分销环节外包需求增加,但是供应商和分销商的融资瓶颈明显、财务成本上升、毛利下降导致其与核心企业合作的积极性减弱。同时核心企业也会面临推动销售增加信用敞口影响应收款财务报表、大供应商挤出小供应商导致核心企业谈判地位恶化等问题,发展供应链金融可以培育整个产业链的良性发展,实现供应链上下游资源的优化配置。

（一）缺乏供应链管理战略意识和信任机制

一些中小企业对供应链管理认识不足,习惯各自为战,过于强化自身局部利益,供应链管理活动大多局限在内部,供应链成员之间难以形成价值链,合作多为松散联系,缺乏有效协同和约束机制。

尽管供应链管理需要链上企业广泛合作,不过由于社会诚信体系建设尚不健全,链上企业间信任机制脆弱,只能依靠核心企业的权威进行强制管控,反过来造成链上中小企业权益和自主权受限,抑制中小企业发展。另外,中小企业自身经营规模和能力有限,可信度较低,也增加了链上企业诚信管理的难度。

（二）中小企业信息资源整合利用能力低,信息共享协作滞后

供应链运作过程是物流、商流和信息流的统一,涉及若干生产、运输、销售等企业及广大用户,具有跨地域、跨时空协作的特点,对信息共享依赖程度高,需要运用现代信息技术对供应链整合,但是中小企业普通信息化建设较为落后,互联互通性差,难以有效实现信息交流共享和保障供应链系统流畅运作。

（三）企业规模扩张、多元化经营、市场覆盖面扩大,导致企业供应链管理难度同步增加

如果供应链上下游跨度大（像美的这样的巨无霸涉及的上下游企业可能有几万之多）核心企业对供应链整体管控的难度就会相应加大,进而造成效率下降和管理成本飙升。互联网时代催生了全球分工细化,产品生产供应周期呈现复杂化、碎片化、定制化、分散化的特点,供应链不断延长,链上企业不断增加,信息不对称就会导致无效成本和寻租投机乱象,传统供应链管理技术难以实现实时,高效和穿透。

（四）信息追溯能力不足,虚假套利信息链上飞

由于供应链上企业属于独立市场主体,企业之间只是发生买卖关系、利益关系,容易存在难以验证真伪的信息不对称,出现原料、零配件等供应品和终端产品价格失真,导致假冒伪劣商品冒头,甚至洗钱等非法活动。

（五）链上实时、完整、有效、真实的数据获取和处理难度大

由于供应链上企业只是基于某个原料、某个零配件、某个服务等发生业务关系,企业之间信息系统彼此独立、分散,甚至可能因为商业机密的缘故导致系统之间不能互联互通,对原料、采购、生产、物流、销售等各种信息无法共享和统一处置,造成信息失真,大数据、长数据价值被闲置、搁置,交易、支付和审计成本增加。

三、传统供应链金融面临的主要风险

国务院办公厅印发的《关于积极推进供应链创新与应用的指导意见》提出要积极

传统供应链
金融面临的
主要风险

稳妥地发展供应链金融,推动供应链金融服务实体经济,鼓励商业银行、供应链核心企业等建立供应链金融服务平台,为供应链上下游中小微企业提供高效、便捷的融资渠道。

供应链核心企业往往采用票据等方式向链上其他企业赊账,票据无法拆分流通,给供应链链上中小企业带来很大的资金压力。供应链金融的实质是为处在核心企业上下游的中小微企业提供融资渠道。通过对核心企业信用背书和上下游交易真实性查验,金融机构能够有效控制风险,为供应链上中小企业提供金融服务(买方融资、卖方融资和物流融资)。供应链金融主要融资模式如图3-3-3所示。

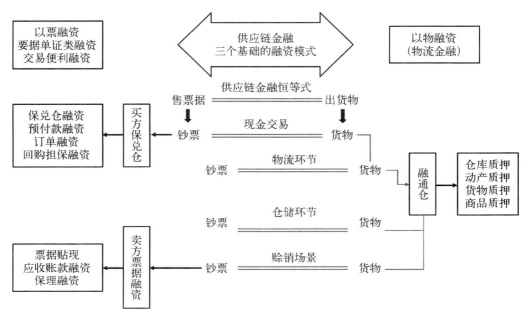

图3-3-3 供应链金融主要融资模式

(一)核心企业信用风险

核心企业掌握供应链核心价值,担当整合供应链物流、信息流、资金流的权威关键角色。金融机构基于核心企业综合实力、信用等级及其供应链管理能力、程度和效能,对链上中小企业开展授信、信贷等金融业务。一旦核心企业信用出现问题,必然会扩散到链上其他企业,影响供应链金融的整体安全。

其一,核心企业的真实实力如果不能承担对整个供应链金融的担保作用,核心企业可能因信用捆绑累积负债超过承受极限,使供应链出现整体兑付危机。

其二,当核心企业遭遇市场不利情况,可能会变相隐瞒自身及链上各方经营信息,甚至出现串通造假融资,利用强势地位要求和组织链上企业向金融机构融资授信,再将融资款用于体外循环,导致金融机构面临恶意贷款和不良风险。

其三,由于核心企业上下游账期错配,使现金回收周期拉长,导致上游供应商应收账款账期较长,面临流动性压力。对于二三级等多层级供应商而言,需要通过金融机构贷款缓解资金压力,但金融机构对此类中小供应商授信评级审慎,造成中小供应商融资难、融资贵,并将压力传导到供应链。

（二）上下游企业信用风险

尽管有核心企业担保及多重征信支持技术来降低不良风险，但是供应链金融的融资方多为中小企业，其管理不健全、资产规模小、经营不规范不透明、生产经营不稳定、抗风险能力弱、守信约束力不强等问题依然存在。

同时，融资方还受到供应链整体运营绩效和信用质量、上下游企业合作状况、业务交易情况等多种因素综合影响，任何一种因素都有可能导致企业出现信用风险。

（三）贸易背景真实性风险

在供应链融资中，金融机构以供应链各参与方的真实交易关系为基础，利用交易过程产生的应收账款、预付账款、存货为质押/抵押，为供应链上下游企业提供融资服务。真实交易背后的存货、应收账款、核心企业补足担保等是授信融资实现自偿的根本保证。

一旦出现伪造贸易合同、融资对应的应收账款存在性/合法性有问题、质押物权属/质量有瑕疵、买卖双方虚构交易等情况，授信的金融机构，就会面临巨大风险。

（四）业务操作风险

供应链金融通过设计自偿性交易结构、引入独立第三方监管、实时监控供应链运作等方式降低不良风险和构筑稳定还款来源，对业务操作的严谨性、完善性、规范性提出高要求。

（五）物流监管方风险

为发挥监管方在物流领域的专业优势，降低质押贷款成本，金融机构一般将质押物监管外包给物流企业，由其代为实施质押物监督。但此项业务外包后，金融机构可能就会减少对质押物所有权信息、质量信息、交易信息动态的了解。

由于信息不对称，物流监管方可能也会出于自身利益更大化而做出损害金融机构利益的行为，或者由于自身经营不当、不尽责等致使质押物损失。

例如，一些企业串通物流仓储公司工作人员出具无实物仓单或入库凭证进行骗贷；一些企业伪造质押物出入库登记单，在未经金融机构同意的情况下，擅自提取处置质押物；物流监管方没有尽职履行监管职责，导致质押物质量不符或货值缺失。

（六）抵质押资产风险

抵质押资产是借款人出现违约时金融机构弥补损失的重要保证，也是不良贷款发生时的第一还款源，其资产状况直接影响信贷回收成本和借款人的还款意愿。如果抵质押资产实际价值低于还款额度，借款人违约的动机就可能增大。

抵质押资产主要分为两类：应收账款类和存货融资类。应收账款类抵质押资产风险主要在于应收账款交易对手的信用状况、应收账款账龄和退款可能性等。存货类融资主要风险在于质押物是否缺失、价格是否波动较大、质量是否容易变异、是否易于变现等。

四、应用案例——平安银行的供应链应收账款服务平台

受国内外经济下行因素的影响，行业内部产能过剩的问题突出，赊销贸易盛行，据前瞻产业研究院《2018—2023 年供应链金融市场前瞻与投资战略规划分析报告》的数据，全国企业应收账款规模在 20 万亿元左右。但出于信用风险、操作风险等方面的考虑，供应链应收账款融资市场发展有限，众多持有应收账款的中小企业资金需

区块链技术在供应链金融业务中的应用案例

求未得到有效满足,资金周转困难。面对这一困境,平安银行多次涉足供应链应收账款领域,为市场各方提供了丰富的研究资料。

（一）SAS 的产生与发展

在 2014 年,平安银行已建设了"商业保理云"这一平台为供应链应收账款领域提供服务,参与供应链金融业务的商业保理公司可线上获取应收账款管理、还款处理和融资管理等服务。2017 年,平安银行基于此前的供应链金融服务经验推出了"平安易贝",负责特定供应链内企业间应收账款的管理和交易活动。2017 年末,"平安易贝"更名为"供应链应收账款服务平台"（Supply-chain Account receivable Service,SAS）（以下简称 SAS 平台）。

SAS 平台于 2017 年末经监管备案,完成了首单融资;至 2018 年上半年,平台业务规模突破 10 亿元,服务的用户数量达到上百家。此外,SAS 平台更是积极探求与其他金融机构进行合作,以发挥供应链金融服务的普惠性功能,服务实体经济。在 2018 年,平安银行推动其 SAS 平台与信用担保机构深圳市中小企业信用融资担保集团有限公司合作后,服务的核心企业范围有所扩大,从只服务评级在 AA＋及以上的企业扩大到了评级在 BBB 及以上的中小型核心企业,有力地支撑了深圳实体企业发展,中小微企业融资难的困境也有所缓解。

（二）SAS 业务的操作流程

利用平安银行的 SAS 平台,供应链上的核心企业和上游中小微企业可以从通过线上方式进行应收账款的转让和管理。得益于区块链技术的全流程信息记录和交互功能,应收账款债权流动和转让的信息实现了链上化、标准化、公开化,且通过与中登网直连的方式共享相关信息,使应收账款质押、转让登记实现了全自动化。在 SAS 平台上,参与企业可享受交易鉴证、应收账款债权转让登记、应收账款管理、机构受让、监测预警、结算清分等一系列综合金融服务。

其具体操作流程如下:第一,包括核心企业、供应商和银行在内的多方主体需在 SAS 平台注册;第二,核心企业以自身与供应商之间真实的贸易合同为基础,按照平台具体的运营规则向供应商签发记录双方债权债务关系及转让信息的电子单据,即 SAS 账单;第三,供应商对 SAS 账单进行核对并根据核对结果对账单进行签收或退回;第四,经过确认的应收账款即可在供应商之间进行转让以抵偿债务,或由供应商转让给银行等金融机构以获取融资,并同步记载于 SAS 账单;第五,平安银行以 SAS 记载的应收账款到期日为限,将核心企业备付金账户内的对应款项划至应收账款最终持有人指定账户,完成最终兑付。图 3-3-4 展示了区块链信用传递的供应链授信融资模式。

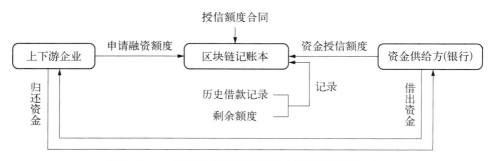

图 3-3-4 区块链信用传递的供应链授信融资模式

（三）对 SAS 业务的模式评价

如上文所述，在上游供应链融资业务中，应收账款的质量直接影响着融资业务的风险大小，但是应收账款债权转让、确权及还款方面存在的操作风险和信用风险对供应链金融应收账款融资市场更为不利。而平安银行将区块链技术应用于 SAS 平台，有效缓释了传统供应链金融应收账款融资业务风险，通过盘活应收账款获取融资、加速资金周转。

1. 有利于证明应收账款质量

在传统供应链融资业务中，交易信息难以共享并传递，从而造成供应商融资需求无法满足、中小微企业融资难的现象。而在 SAS 平台利用在交易过程中建立的分布式账本，包括核心企业、供应商和银行等机构在内的 SAS 平台各参与方可共享数据和信息，如在联盟链内部提供线上化、结构化的基础合同、单证、支付等可信完整的电子记录，有助于提升信息透明度、实现穿透式监管。以供应链的交易主体作为认证中心，在利益博弈下，各主体遵守信用机制的积极性提高。且长期来看，供应链上游供应商和下游销售商会动态变化，因此基于区块链的 SAS 平台以动态多中心协同认证的方式提高了交易行为的证明力，削减了对应收账款存在及质量进行确权的成本。

2. 有利于证明应收账款转让

确认债权转让时不可缺少应收账款转让通知这一环节，但实际操作涉及极高的多头融资风险、操作风险和人力成本。而在 SAS 平台，核心企业在签发 SAS 账单时即表明其同意应收账款在平台内流转，且基于相互确权，也可实现对 SAS 账单进行溯源等操作，因此不存在善意第三人主张对转让事项不知情的情况发生。此外，通过与中登网直连，当应收账款债权在平台内流动转让时，中登网会自动转让登记，从而避免了债权多头抵押、多头融资的风险。

3. 延展融资服务，扩大可融资主体

如图 3-3-5 所示，受让方受让应收账款时，可查询 SAS 账单中记载的交易信息追溯到核心企业。而根据《中华人民共和国民法典》（物权法）《中华人民共和国电子合同法》《中华人民共和国电子签名法》等法律，SAS 账单拥有确权凭证的性质，从而使核心企业的信用可沿着可信的贸易链路进行传递。通过核心企业信用背书，有效削减了应收账款转让、融资时受让方的风险；同时上游的中小企业可使用核心企业的信贷授信额度，获得较低利率的融资，实现资本增效。

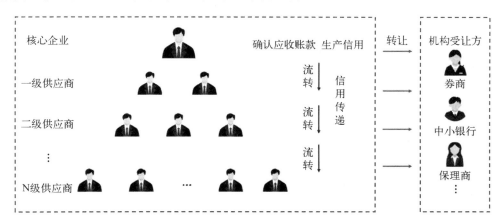

图 3-3-5　SAS 业务模式示意图

4. 有利于保障回款安全

一方面,基于智能合约的自动清结算功能,SAS平台可减少出错率、降低操作风险、保障回款安全;另一方面,SAS账单上的交易信息经过核心企业在线确认并在链上发布,增强了核心企业按期付款的动力,有利于解决上游供应商应收账款收款不确定的问题,改善商业信用环境。

5. 依赖核心企业的信用

SAS平台的供应链融资模式也存在不足,其将信用置于核心企业,当宏观经济环境、行业状况、企业经营等方面出现问题时,核心企业的还款能力也难以保证。并且核心企业在融资市场上的授信额度有限,依靠其信用获得一定担保的上游供应商比较有限。SAS平台有效降低了传统供应链金融应收账款金融业务的风险,并且盘活了应收账款,从而加速资金周转。区块链技术和供应链金融的结合有较好的前景,但是目前来看,区块链技术和供应链金融的结合仍存在一些问题。区块链技术和供应链金融的结合使得核心企业为一些小微企业信用背书,上游的核心企业闲置的信用额度直接给下游的经销商授信,为下游的经销商缓解了资金压力,但是我们需要理解为何银行不愿意给一些下游经销商其所需的额度,可能是因为下游经销商本身存在较大的信用违约风险,假如下游经销商销售不畅、资金回笼出现问题,那么为经销商背书的核心企业就要承担相应的损失,于是就会产生一些本来不会产生的纠纷,所以区块链和供应链的结合还需要更完善的机制处理这种情形。另外,智能合约是预先设定好的不可篡改的智能化执行合约,这个合约会在到期日会自动执行,但是在真实的商业场景中,大型的项目通常会陆陆续续签订大量的补充协议,那么智能合约的不可篡改反而成为一种麻烦。可见区块链技术与供应链的结合任重而道远,但是相信随着金融科技的发展,区块链技术可以更好地应用在供应链金融当中。

实训一　基于区块链的供应链金融业务

整个实训过程会有3类角色:核心企业、一级供应商、二级供应商。

核心企业签订了一份1亿元的购销合同,要生产1 000辆汽车,现在核心企业需要招募3名一级供应商。核心企业在寻找一级供应商时,由于企业数据已上链,所以可以查看竞选者的历史信息,如历史交易记录、违约记录等。

进入区块链金融创新实训平台,单击信用结算章节的【进入课程】按钮,则可以进入本次实操模拟的任务界面,如图3-4-1所示。

一、接收历史商票

(1)展开【区块链应用体验】菜单,单击【接收历史商票】—【实境演练】,系统显示商业承兑汇票接收的步骤演示,如图3-4-2所示。

(2)单击页面中的【接收汇票】按钮,接收并查看商业承兑汇票的详细情况,如图3-4-3所示。

图 3-4-1 区块链金融创新实训平台任务界面

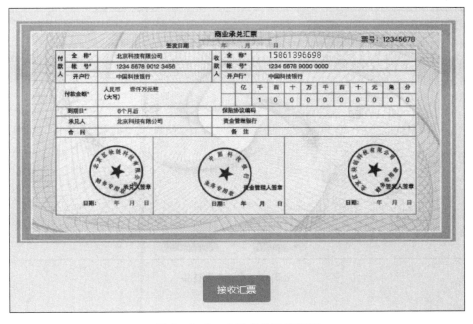

图 3-4-2 接收历史商票

图 3-4-3 查看商业承兑汇票

二、加入联盟链

（1）单击【加入联盟链】—【实境演练】，系统显示加入联盟链的可视化演示，单击【继续】按钮，如图 3 - 4 - 4 所示。

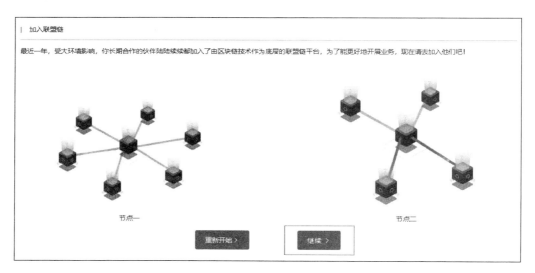

图 3 - 4 - 4　加入联盟链

（2）单击【查看链接】按钮，系统显示输入框，在里面输入查看链接的命令［admin. peers］，点击【确认】按钮如图 3 - 4 - 5、图 3 - 4 - 6 所示。

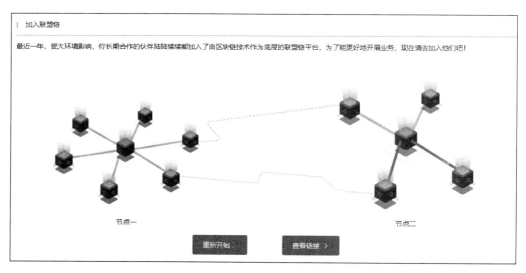

图 3 - 4 - 5　查看链接

图 3-4-6　加入联盟链输入查看链接的命令

（3）单击【继续】按钮，再点击【获取地址】按钮，如图 3-4-7、图 3-4-8 所示。

```
1/>admin.peers
>[]
```

重新开始 ＞　　　　继续 ＞

图 3-4-7　加入联盟链输入查看链接的命令

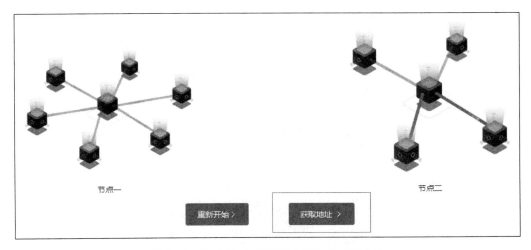

节点一　　　　　　　　　　　　　　　　　　节点二

重新开始 ＞　　　　获取地址 ＞

图 3-4-8　加入联盟链输入查看链接的命令

（4）输入获取地址信息的命令[admin.peers]，单击【确认】按钮，在命令框下方点击【另一节点】按钮，如图3－4－9、图3－4－10所示。

图3－4－9　输入获取地址信息的命令

图3－4－10　获取另一节点地址

（5）输入通知另一节点的命令[admin.peers]，单击【确认】按钮，在命令框下方点击【继续】按钮，完成联盟链的加入，如图3－4－11、图3－4－12、图3－4－13所示。

图3－4－11　输入通知另一节点的命令

```
>3/admin.nodeInfo.enode
>"enode://
aa621c010c685665ef217044dac4d57f4d1d682c682a5b3f92ca23b40982383240a05b680060ce8b0ce020a96c49c9c2c3628c4ea328184!
discport=0"
>admin.addPeer ("enode://
aa621c010c685665ef217044dac4d57f4d1d682c682a5b3f92ca23b40982383240a05b680060ce8b0ce020a96c49c9c2c3628c4ea328184!
discport=0")
```

图 3 - 4 - 12　节点链接

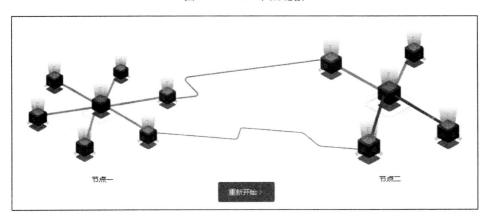

节点一　　　　　　　　　　　　　节点二

图 3 - 4 - 13　加入联盟链成功

三、生成公钥私钥

单击【公钥、私钥】—【实境演练】,系统显示生成公钥、私钥的可视化演示,单击【生成】按钮,生成公钥、私钥,如图 3 - 4 - 14、图 3 - 4 - 15 所示。

输入框:

我的公钥:

我的私钥:

生成

图 3 - 4 - 14　生成公钥、私钥

我的公钥:　　eb933e781a454728853ee901aabf0caf

我的私钥:　　a0e4991bfe4447869a85110917b77120

图 3 - 4 - 15　公钥、私钥

115

四、寻找一级供应商

（1）单击【寻找一级供应商】—【实境演练】，系统显示核心企业寻找一级供应商的可视化演示，核心企业签订了一份生产 1 000 辆汽车，总计 1 亿元人民币的购销合同，此时将寻找 3 名一级供应商，每家分配 300 辆汽车。单击【寻找】按钮，如图 3 - 4 - 16、图 3 - 4 - 17 所示。

图 3 - 4 - 16　寻找一级供应商　　　图 3 - 4 - 17　一级供应商　　　图 3 - 4 - 18　获取一级供应商名单

（2）单击【点击获取竞选名单】按钮，系统显示参加一级供应商竞选的人员列表，点击【查看资料】按钮，核心企业可以在链上查看竞选者的信息，包括：历史交易信息、违约记录、收发货记录等。如图 3 - 4 - 18、图 3 - 4 - 19 所示。

图 3 - 4 - 19　查看供应商资质

（3）供应商单击【竞选供应商】—【实境演练】，系统显示核心企业寻找一级供应商的可视化演示，选中核心企业点击【竞选】按钮，当被核心企业选中后，刷新页面显示相关信息，如图 3-4-20 所示。

图 3-4-20　查看中标信息

五、签订电子合同

（1）单击【签订电子合同】—【实境演练】，系统显示核心企业与一级供应商签订电子合同的可视化演示，核心企业在购销合同中输入合同编号等信息，单击【确定】按钮，如图 3-4-21 所示。

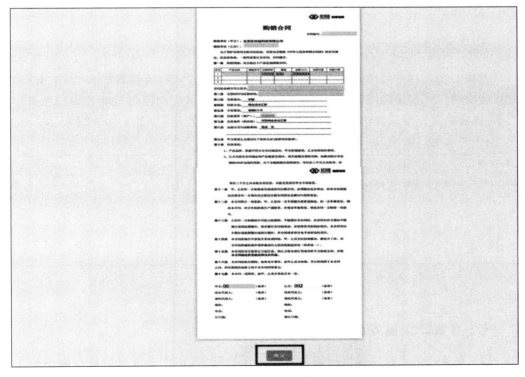

图 3-4-21　填写购销合同

（2）在签订电子合同时，为了防止合同在传输过程中被篡改，通过使用非对称加密技术，将合同进行加密，传送给对方。在输入框中输入一级供应商的私钥进行加密生成合同的哈希值与合同密文，同时输入核心企业自己的私钥进行数字签名，单击【加密】按钮，显示加密过后的密文与数字签名，如图 3-4-22 所示。

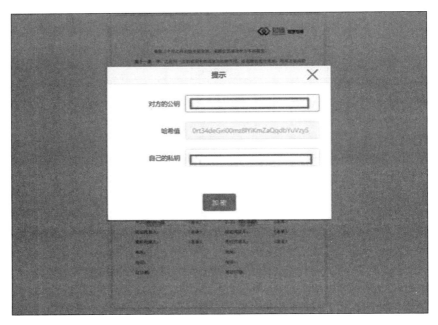

图 3-4-22 合同加密

六、编写智能合约

在核心企业和一级供应商签订完电子合同后，双方共同编写智能合约，单击【签订智能合约】—【实境演练】，系统显示核心企业与一级供应商签订智能合约的可视化演示，核心企业在输入框中输入合约信息，单击【确定】按钮，如图 3-4-23 所示。

图 3-4-23 签订智能合约

七、寻找二级供应商

（1）在核心企业和一级供应商签订完电子合同后，由于一级供应商产能不足无法生产 300 辆汽车，现在需要寻找二级供应商，单击【寻找二级供应商】—【实境演练】,系统显示一级供应商选择二级供应商的可视化演示,单击【寻找】按钮,如图 3-4-24 所示。

图 3-4-24　寻找二级供应商　　　　图 3-4-25　获取供应商名单

（2）单击【点击获取竞选名单】按钮,系统显示参加一级供应商竞选的人员列表,点击【查看资料】按钮,核心企业可以在链上查看竞选者的信息,包括历史交易信息、违约记录、收发货记录等。如图 3-4-25、图 3-4-26 所示。

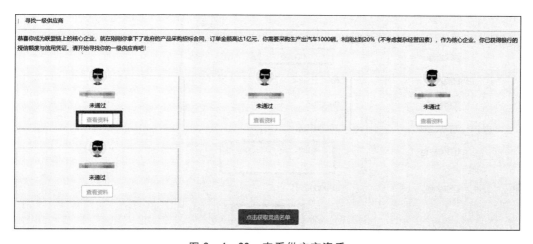

图 3-4-26　查看供应商资质

（3）供应商单击【竞选供应商】—【实境演练】,系统显示一级供应商寻找二级供应商的可视化演示,选中一级供应商点击【竞选】按钮,当被一级供应商选中后,刷新页面显示相关信息,如图 3-4-27 所示。

成为二级供应商后,同样需要和一级供应商签订电子购销合同、编写智能合约、在链上部署智能合约。

八、商业承兑汇票贴现

在签订电子合同与智能合约之后,所有角色将准备开始生产,现在需要进行商业承兑汇票贴现获取原材料采购资金,一辆汽车的采购成本是 8 万元人民币,需要依据签订的购销合同中的汽车生产数量来计算生产所需资金。

（1）单击【商业汇票贴现】—【实境演练】,系统显示面值 1 000 万元的商业承兑汇票的可视化演示,输入贴现金额（根据订单中要生产的汽车数量、一辆汽车的生产成本以及贴现息,来计算需要贴现的金额）并选择 UTXO 支付,单击【贴现】按钮,如图 3 - 4 - 28 所示。

图 3 - 4 - 27　查看中标信息

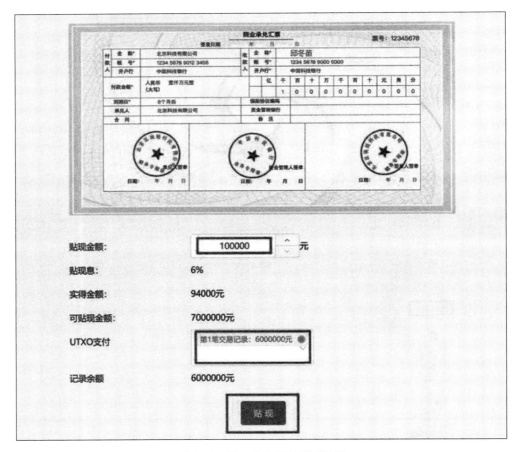

图 3 - 4 - 28　商业承兑汇票贴现

票据贴现的利率是在人民银行现行再贴现利率的基础上进行上浮,贴现的利率是市场价格,由双方协商确定,但最高不能超过现行的贷款利率。贴现利息是汇票的

收款人在票据到期前为获取票款向贴现银行支付的利息,其计算公式如下:

贴现利息＝应收票据面值×(票据到期天数/360)×贴现率

(2)在输入框中输入自己的私钥,单击【确定】按钮,完成商业承兑汇票的贴现,获得采购与生产的资金,如图 3-4-29 所示。

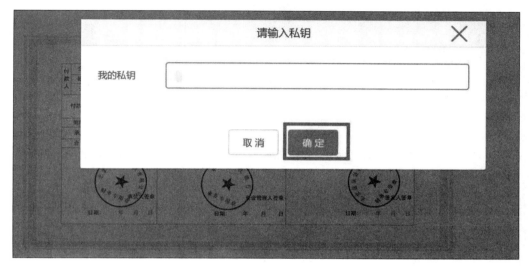

图 3-4-29 商票贴现输入私钥

九、购买原材料、生产加工、发货

(1)在商票贴现后,获得了采购生产资金,依据合同中所规定的汽车数量进行原材料的采购、生产加工和发货,单击【购买原材料】—【实境演练】,系统显示汽车生产所需的 4 种原材料,输入需要购买的数量,单击【购买】按钮,如图 3-4-30 所示。

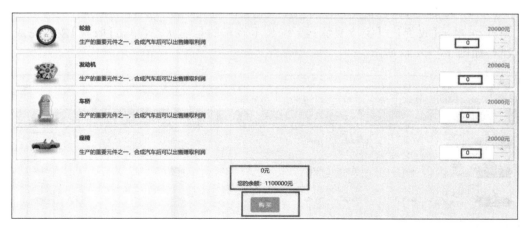

图 3-4-30 购买原材料

(2)单击【生产加工】—【实境演练】,系统显示汽车生产所需的 4 种原材料,输入需要生产汽车的数量,单击【生产】按钮,如图 3-4-31 所示。

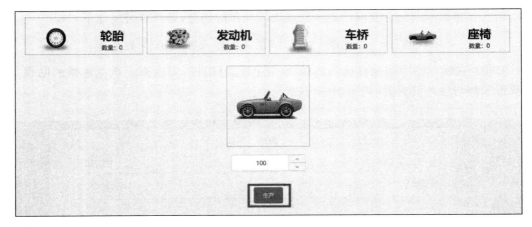

图 3 - 4 - 31　生产加工

（3）单击【发货】—【实境演练】，系统显示汽车订单，单击【发货】按钮，完成货物的发送，如图 3 - 4 - 32 所示。

图 3 - 4 - 32　发货

十、上级接收货物

（1）一级供应商点击接收按钮，接收二级供应商发来的汽车，当仓库里的汽车数量大于等于 300 辆后，一级供应商可以将汽车发送给核心企业完成签订的订单业务。同理，核心企业点击接收按钮，接收一级供应商发来的汽车，当仓库里的汽车数量大于等于 1 000 辆后，核心企业可以将汽车发送给系统完成签订的订单业务。

（2）单击【收货】—【实境演练】，系统显示汽车的运输状态，单击【收货】按钮完成收货，如图 3 - 4 - 33 所示。

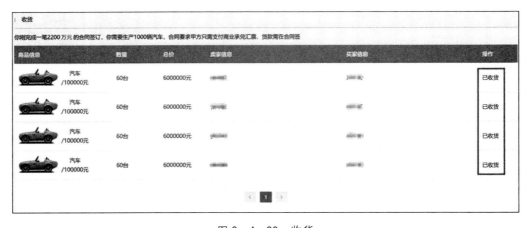

图 3 - 4 - 33　收货

十一、智能合约调用接收商业汇票

核心企业将 1 000 辆汽车发给甲方,对方收货后,核心企业开始签发商业承兑汇票,单击【接收商业汇票】—【实境演练】,先单击【接收】按钮,再点击【结算】按钮完成票据拆分,如图 3-4-34 所示。

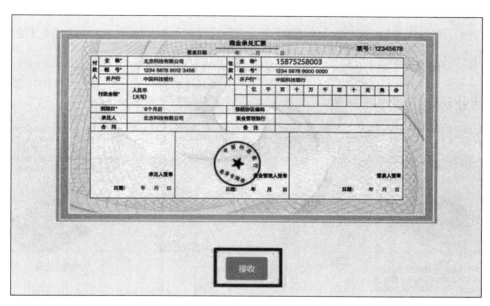

图 3-4-34 接收商业汇票

十二、查看票据流转

单击【查看票据流转】—【实境演练】,页面显示联盟链中商业承兑汇票在整个链条中的流转与拆分过程,如图 3-4-35 所示。

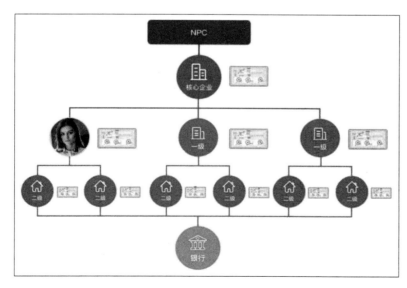

图 3-4-35 票据流转

实训二　保理业务

一、角色分工

（1）单击打开【角色分工】任务的【学习资源】界面，点击场景介绍的【预览】按钮，如图 3-5-1 所示。

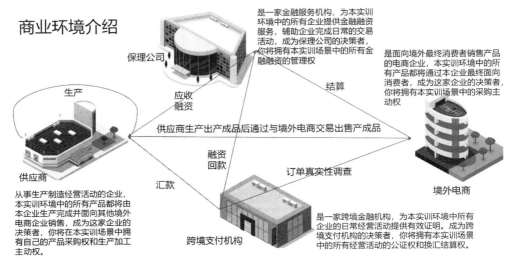

图 3-5-1　商业环境介绍

（2）单击打开【实境演练】界面，在供应商、境外电商、保理公司、境外支付机构 4 类角色中选择一个，点击【确定】按钮，如图 3-5-2 所示。

图 3-5-2　角色确定

二、发起订单

境外电商与供应商经过线下的商业谈判并签订购销合同后,单击打开【发起订单】任务的【实境演练】界面,选择对应的供应商点击【发起订单】按钮,如图 3-5-3 所示。

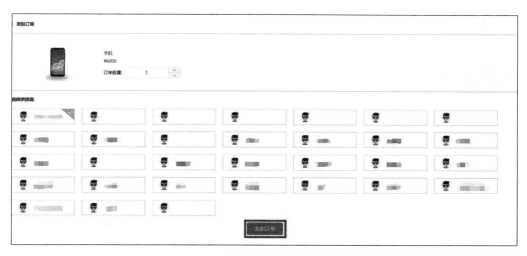

图 3-5-3 发起订单

三、收货

供应商经过确认订单、购买原材料、生产加工、发货等步骤后,境外电商接收供应商发来的货物,单击打开【收货】任务的【实境演练】界面,选择对应的供应商点击【收货】按钮完成交易,如图 3-5-4 所示。

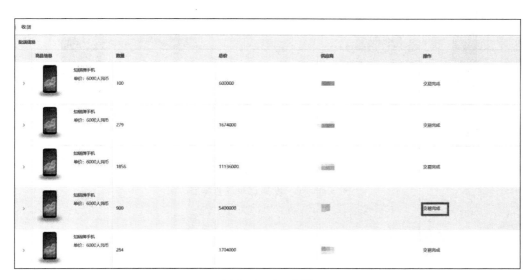

图 3-5-4 收货

四、应收账款转让融资

当境外电商收到供应商发来的货物后,供应商生成对应订单的应收账款,通过线下保理公司提交融资申请书后,保理公司依据供应商提交的资料开展订单调查。

点击打开【发起订单调查申请】任务的【实境演练】界面,点击【新增申请】按钮,在弹框中输入该笔订单的订单编号,点击【确定】按钮,之后再点击【发送】按钮,将信息发送给境外支付机构,如图 3-5-5、图 3-5-6 所示。

图 3-5-5 新增订单调查申请

图 3-5-6 发送订单调查申请

五、发放融资款

保理公司收到供应商的应收账款转让申请后,开始审验资料、调查评估购货方及账款状况、内部审批,经外支付机构与境外电商的调查,在进行保理合同以及应收转让登记后，综合所有情况确定向供应商发放融资款，单击打开【发放融资款】任务的【实境演练】界面，点击【放款】按钮，完成融资款的发放，如图 3－5－7 所示。

发放融资款

序号	订单编号	境外电商	供应商	订单金额	操作
1	1576897163590	18911110007	18911110006	6000	已发送
2	1576897170717	18911110015	18911110006	12000	已发送
3	1576897173856	18911110007	18911110001	6000	已发送
4	1576897185108	18911110015	18911110001	30000	已发送
5	1576897209105	18911110007	18911110001	12000	已发送
6	1576897319714	18911110007	18911110010	12000	待发送
7	1576897326373	18911110007	18911110006	12000	已发送
8	1576897347628	18911110007	18911110006	12000	待发送
9	1576897355204	18911110007	18911110006	18000	待发送

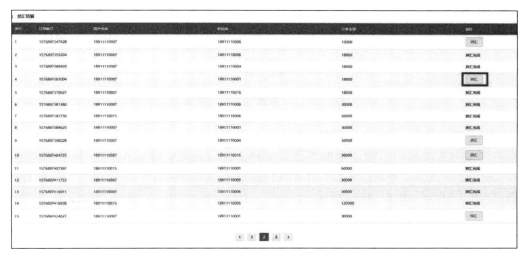

图 3－5－7　发放融资款

六、换汇结算

订单到期后境外电商进行订单结算，境外支付机构接收订单结算款后，需要进行换汇清结算，单击打开【换汇结算】任务的【实境演练】界面，点击【换汇】按钮，完成换汇清结算，将订单款项发给供应商与保理公司，如图 3－5－8 所示。

换汇结算

序号	订单编号	境外电商	供应商	订单金额	操作
1	1576897347628	18911110007	18911110006	12000	换汇
2	1576897355204	18911110007	18911110006	18000	换汇完成
3	1576897360420	18911110007	18911110004	18000	换汇完成
4	1576897385004	18911110007	18911110001	18000	换汇
5	1576897370627	18911110007	18911110016	18000	换汇完成
6	1576897381360	18911110007	18911110006	30000	换汇完成
7	1576897381750	18911110015	18911110006	60000	换汇完成
8	1576897389625	18911110007	18911110001	30000	换汇完成
9	1576897396028	18911110007	18911110004	30000	换汇
10	1576897404725	18911110007	18911110016	30000	换汇
11	1576897407597	18911110015	18911110001	60000	换汇完成
12	1576897411733	18911110007	18911110009	30000	换汇完成
13	1576897416911	18911110007	18911110006	30000	换汇完成
14	1576897418938	18911110015	18911110006	120000	换汇完成
15	1576897424027	18911110007	18911110001	30000	换汇

‹ 1 2 3 ›

图 3－5－8　换汇结算

实训三　区块链跨境保理

一、创建联盟链

联盟链是指参与的每个节点的权限都完全对等，各节点可以在不需要完全信任的情况下就可以实现数据的可信交换,联盟链的各个节点通常有与之对应的实体机构组织,通过授权后才能加入或退出网络。联盟链是一种公司与公司,组织与组织之间达成联盟的模式。联盟链创建流程分为四步:

（1）新建联盟链,主要完成联盟链的命名以及相关描述。单击打开【新建联盟链】任务的【实境演练】界面,点击【新建联盟链】按钮,输入联盟链名称与描述,如图3-6-1、图3-6-2所示。

图 3-6-1　新建联盟链

图 3-6-2　联盟链名称与描述

（2）添加节点,主要是为联盟链加入各个参与方,且一条联盟链至少需要四个节点共同参与才能启动运行。添加节点有三种方式分别是:购买节点、添加已关联节点、关联已有机器。单击打开【添加节点】任务的【实境演练】界面,点击【下一步】按钮,如图3-6-3、图3-6-4所示。

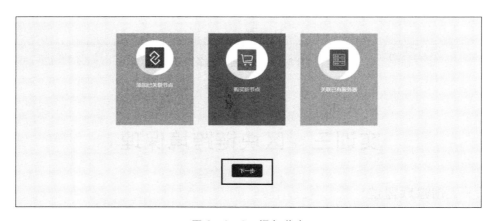

图 3-6-3　添加节点

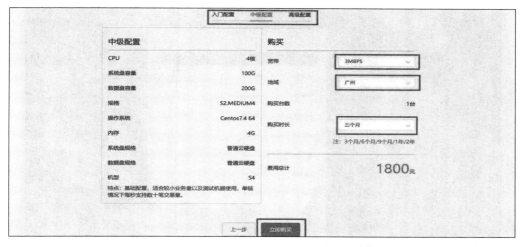

图 3-6-4 购买新节点

（3）邀请成员，联盟链的发起方邀请其他链上的参与方进入联盟链。发起方在邀请其他机构进入联盟链时，可根据被邀请方是否需要自带节点进入联盟链可分为两类：分配节点和自带节点。单击打开【邀请成员】任务的【实境演练】界面，输入机构名称，选择邀请对象，输入邀请留言，点击【邀请成员】按钮，如图 3-6-5、图 3-6-6 所示。

图 3-6-5 添加节点

（4）启动联盟链，启动一条联盟链至少需要 4 个节点。当满足该条件时，即可启动运行一条联盟链。单击打开【启动联盟链】任务的【实境演练】界面，点击【启动联盟链】按钮，如图 3-6-7 所示。

二、基于区块链的跨境保理业务流程

图 3-6-8 是基于区块链的跨境保理实训案例的业务流程图，四类角色分别是：供应商、境外电商、保理公司、跨境支付，按照上述步骤进行场景体验。

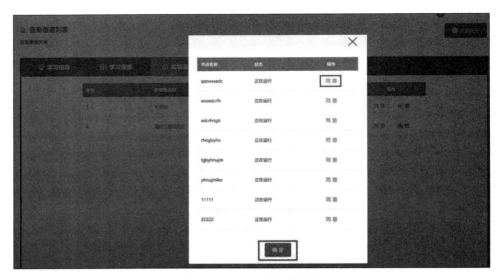

图 3-6-6　查看邀请列表

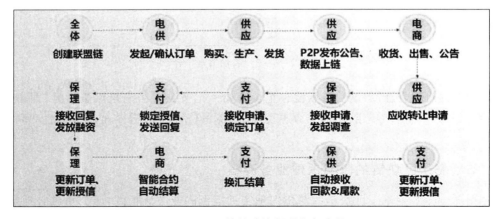

图 3-6-7　启动联盟链

图 3-6-8　区块链跨境保理业务流程图

（1）境外电商在发起订单时，需要使用对方的公钥和自己的私钥对订单明文进行加密，保证订单在传输过程中的信息安全，单击打开【发起订单】任务的【实境演练】界面，选择对应的供应商点击【发起订单】按钮，如图3-6-9所示。

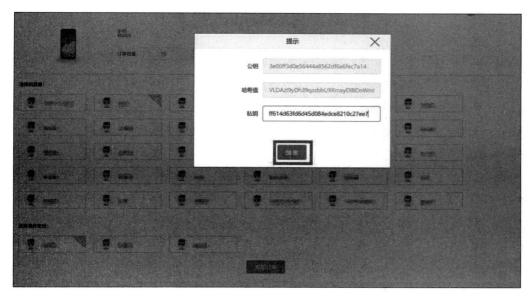

图3-6-9 加密订单发送

（2）境外电商在发起订单时，需要使用对方的公钥和自己的私钥对订单明文进行加密，保证订单在传输过程中的信息安全，单击打开【确认订单】任务的【实境演练】界面，选择对应的订单点击【验证】按钮，如图3-6-10所示。

图3-6-10 解密接收订单

（3）供应商接收到境外电商发来的订单，经验证确保订单在传输过程中没有被篡改，之后供应商需要进行购买原材料、生产加工、发货以及P2P点对点传输发布公告。单击打开【P2P发布公告】任务的【实境演练】界面，选择对应的订单点击【发布】按钮，如图3-6-11所示。

当境外电商收到货物后，供应商应收账款产生。对于供应商而言，账期较长，需要很长时间才能收回货款，因此资金周转困难的供应商向保理公司递交应收账款转让融资申请书。

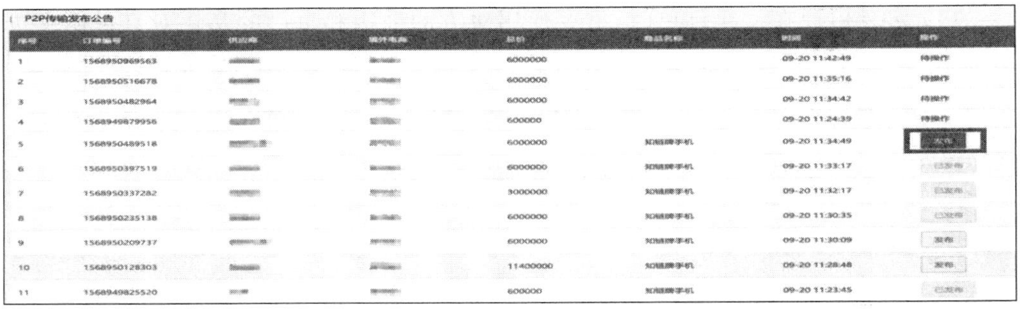

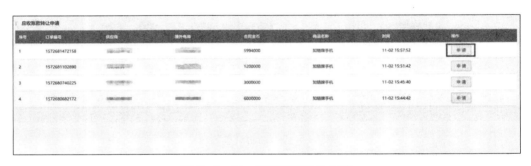

图 3 - 6 - 11　P2P 发布公告

（4）单击打开【应收账款转让申请】任务的【实境演练】界面，选择对应的订单点击【申请】按钮，如图 3 - 6 - 12 所示。

图 3 - 6 - 12　应收账款转让申请

（5）单击打开【接收申请书】任务的【实境演练】界面，选择对应的订单先点击【接收】按钮，再点击【查看】按钮，如图 3 - 6 - 13 所示。

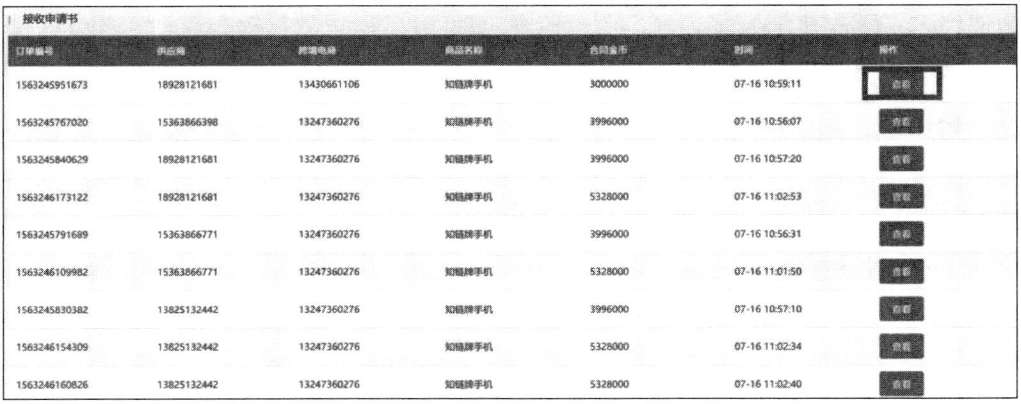

图 3 - 6 - 13　接收申请书

（6）保理公司在接到供应商提交的申请后，开始在联盟链上进行订单调查。境外支付机构在链上收到保理公司的订单调查申请后，开始确认订单真实性以及订单状态的锁定和境外电商在银行里授信额度的锁定。在确认订单真实性和授信剩余额度后，在链上将调查结果发还给保理公司。

（7）单击打开【接收订单调查申请】任务的【实境演练】界面，选择对应的订单先点击【接收】按钮，再点击【查看】按钮，查看相关信息，如图 3-6-14 所示。

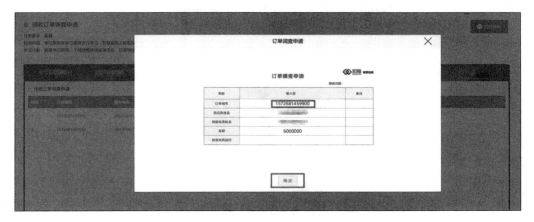

图 3-6-14　接收订单调查申请

（8）保理公司接收境外支付机构发来的订单调查回复后，依据调查结果判断是否向供应商发放融资款项，并使用 UTXO 模型进行订单信息和授信额度的更新。单击打开【更新订单信息】任务的【实境演练】界面，点击【更新】按钮，查看授信状态，如图 3-6-15 所示。

编号	供应商	跨境电商	商品名称	合约金币	时间	授信状态	操作
0			知链牌手机	600000	11-02 15:43:90	已结算	更新
1			知链牌手机	1200000	11-02 15:55:31	/	更新
2			知链牌手机	6000000	11-02 15:49:09	已结算	更新
3			知链牌手机	6000000	11-02 15:44:42	已结算	更新
4			知链牌手机	6000000	11-02 15:49:34	已结算	更新
5			知链牌手机	1200000	11-02 15:51:42	已结算	更新
6			知链牌手机	6000000	11-02 15:59:12	/	更新

图 3-6-15　更新订单信息

（9）在境外电商进行订单结算时，通过使用智能合约将订单到期结算时间、触发条件等信息编辑成合约语言，通过程序化进行自动结算。

（10）单击打开【智能合约结算订单】任务的【实境演练】界面，查看订单自动结算状态，如图 3-6-16 所示。

订单编号	供应商	跨境电商	商品名称	合同金币	时间	状态
1568950489518			知链牌手机	6000000	09-20 11:34:49	09-20 11:41:53 - 后结算
1568950397519			知链牌手机	6000000	09-20 11:33:17	09-20 11:40:04 - 后结算
1568950337262			知链牌手机	3000000	09-20 11:32:17	09-20 11:38:29 - 后结算
1568950235138			知链牌手机	6000000	09-20 11:30:35	09-20 11:36:45 - 后结算
1568950209737			知链牌手机	6000000	09-20 11:30:09	09-20 11:36:44 - 后结算
1568950128303			知链牌手机	11400000	09-20 11:28:48	09-20 11:35:40 - 后结算
1568949825520			知链牌手机	600000	09-20 11:23:45	09-20 11:30:22 - 后结算
1568949833401			知链牌手机	600000	09-20 11:23:53	09-20 11:30:21 - 后结算
1568950138426			知链牌手机	6000000	09-20 11:28:58	09-20 11:34:56 - 后结算
1568950038669			知链牌手机	3000000	09-20 11:27:18	09-20 11:34:03 - 后结算
1568950049480			知链牌手机	3000000	09-20 11:27:29	09-20 11:33:35 - 后结算

图 3-6-16　智能合约结算订单

（11）基于智能合约触发条件进行自动化结算,境外支付机构在收到境外电商的订单结算款后,将资金进行换汇结算处理后,依据合约信息将资金自动结算到供应商和保理公司处。单击打开【换汇结算】任务的【实境演练】界面,点击【换汇】按钮,如图3-6-17所示。

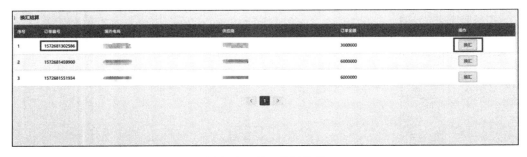

图3-6-17　换汇结算

最后境外支付机构基于UTXO模型完成订单状态和授信额度的更新。单击打开【更新授信额度】任务的【实境演练】界面,点击【更新】按钮,如图3-6-18所示。

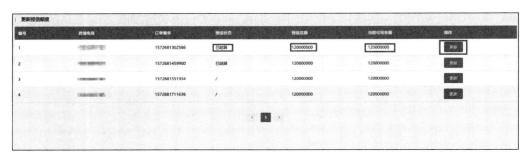

图3-6-18　更新授信额度

练习题

一、填空题

1. 按照进口人主动付款的时间,电汇可以分为_____和_____。

2. 信用证是一种银行信用,开证行负_____的付款责任。

3. 数字票据的三大要素是_____、电子签章和_____。

4. 供应链融资相较于传统的信贷,最大的特点在于其具备_____。

二、判断题

1. 就承担风险而言,在预付货款模式中,货物出口商是电汇风险的主要承担者。

（　　）

2. 区块链所具备的去中心化、不可篡改、可追溯的特性,可以为跨境支付业务消除第三方这一角色,同时也可以简化繁琐的流程。 （　　）

3. 智能合约是区块链被称为"去中心化的"重要原因,它允许我们在不需要第三方的情况下,执行可追溯、不可逆转和安全的交易。 （　　）

4. 区块链上的数据可篡改,这使得错误数据能够得到修正。 （　　）

5. 在区块链架构中,数字票据的背书行为在技术实现中,要经过"背书、确认、记账"三个环节按顺序依次完成后才成立,否则将回到背书之前的状态。 （　　）

三、名词解释

1. 信用证

2. 信用风险

3. 智能合约

4. 数字票据

5. 供应链金融

项目四
区块链在证券业务中的应用

 **案例导入**

区块链的前世今生

1609 年，荷兰阿姆斯特朗诞生了历史上第一家证券交易所。只要人们愿意，可以随时通过证券交易所购买公司股票，或者将自己手中的股票变现。当时交易所采取的是证券实物交割方式，需要人们将实物证券存放于交易所才能进行交易。

通常当天的交易，至少需要半个月到一个月后才能完成清算。随着证券市场的发展扩大，证券交易数量激增，大量的实物证券出现交割滞后的情形，一些证券公司与清算机构应运而生，共同服务于交易所和投资者，提高了交易效率。后来，随着计算机和互联网的普及，证券交易方式逐渐由实物变为无纸化。这一变革不仅提高了证券交易效率，也大大降低了清算的出错率和运营成本。

数字货币的诞生将区块链技术带入了人们的视野，区块链技术可以为金融机构提供安全可信赖的服务。欧洲央行在做区块链技术结算应用报告中也阐明，伴随区块链技术的进步，关键的法律、运营、治理都需要时间。在庞大、发展成熟的金融基础体系面前，区块链技术虽不能妄言颠覆，但是可以"见缝插针"解决实际问题，在具体的问题面前需要多方共同完成顶层设计。

到目前为止，不管是国内还是国外，人们尚不能断言区块链技术能如何深刻改变证券市场，但未来，它或许会改变整个证券行业的业务形态和逻辑，不过这将是一条渐进的改革之路。

区块链技术在证券行业将扮演怎样的角色？对未来的证券行业形态发展将产生怎样的影响？

学习目标

（1）了解证券的历史和证券市场的基础概念。

（2）熟悉证券市场交易结算机制。

（3）了解区块链的创新性和优越性。

（4）学习区块链在证券业中的应用。

 **素养目标**

（1）了解区块链的特性和资本市场的现状，认识区块链的作用。

（2）熟悉区块链技术在证券业的运用。

（3）了解区块链在我国的发展现状和应用需求。

章节脉络

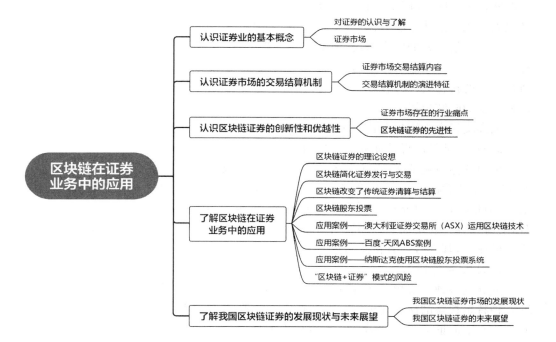

任务一　认识证券业的基础概念

一、对证券的认识与了解

（一）证券的历史由来

1603 年，荷兰东印度公司成立。它是荷兰建立的具有国家职能，向东方进行殖民掠夺和垄断东方贸易的商业公司，也是第一个联合的股份公司，为了融资，他们发行股票，不过不是现代意义的股票。人们来到公司的办公室，在本子上记下自己借出了钱，公司承诺对这些股票分红，这就是荷兰东印度公司筹集资金的方法。通过向全社会融资的方式，荷兰东印度公司成功地将分散的财富变成了自己对外扩张的资本。成千上万的国民愿意把安身立命的积蓄投入利润丰厚风险巨大的商业活动中，原因不仅仅是出于对财富的渴望，荷兰政府是东印度公司的股东之一也是其原因之一。荷兰政府将一些只有国家才能拥有的权利，折合为金钱，入股荷兰东印度公司，这就

证券是什么

大大增加了荷兰东印度公司的权限和信誉。

在荷兰东印度公司成立后的短短五年时间里,它每年都向海外派出 50 支商船队,这个数量超过了西班牙、葡萄牙船队数量的总和。前十年他们(荷兰东印度公司)没有付任何的利息,因为投资者喜欢把钱投到造船、造房子以及对外贸易上。十年后,荷兰东印度公司第一次给股东派发了红利,荷兰人同时还创造了一种新的资本流转体制。1609 年,世界历史上第一个股票交易所诞生在阿姆斯特丹。只要愿意,荷兰东印度公司的股东们随时可以通过股票交易所,将自己手中的股票变换成现金。早在四百多年前,在阿姆斯特丹的股票交易所中,就已经活跃着超过 1 000 名的股票经纪人。他们虽然还没有穿上红马甲,但是固定的交易席位已经出现。这里成为当时整个欧洲最活跃的资本市场,前来从事股票交易的不仅有荷兰人,还有许许多多的外国人。大量的股息收入从这个面积不超过 1 000 平方米的院子,流入荷兰国库和普通荷兰人的腰包,仅英国国债一项,荷兰每年就可获得超过 2 500 万荷兰盾的收入,价值相当于 200 吨白银。

证券交易在中国出现得较晚,到清朝末期才从国外传来。中国最早出现的股票是外商股票,最早出现的证券交易机构是上海股份公所和上海众业公所。

中国证券市场从 1870 年至今已有上百年的历史,经历了三个发展阶段:1870 年至 1949 年的香港、上海、天津、北平的证券市场;1950 年至 1980 年的天津、北京、香港、台湾证券市场;1981 年至今的上海、深圳、香港、台湾证券市场。1990 年 12 月 19 日,上海证券交易所成立。1991 年 4 月,经国务院授权、中国人民银行批准,深圳证券交易所成立,其 7 月 3 日正式营业。

（二）证券的概念

证券是多种经济权益凭证的统称,也指专门的种类产品,是用来证明持有人享有的某种特定权益的法律凭证。主要包括资本证券、货币证券和商品证券等。

狭义上的证券主要指的是证券市场中的证券产品,其中包括产权市场产品如股票,这也是最为大家所熟知的,债权市场产品如债券,衍生市场产品如股票期货、期权、利率期货等。

证券的本质是交易合同,合同的主要内容一般有:合同双方交易的标的物、标的物的数量和质量、交易标的价格、交易标的物的时间和地点等。当然这些内容如果应用到不同具体的证券中,其中规定的内容有所不同。比如,远期合约与期货合约规定的内容就不一样。

（三）证券的分类

证券按其性质不同,证券可以分为证据证券、凭证证券和有价证券三大类。证据证券只是单纯地证明一种事实的书面证明文件,如信用证、证据、提单等;凭证证券是认定持证人是某种私权的合法权利者和持证人纪行的义务有效的书面证明文件,如存款单等。有价证券区别于上面两种证券的主要特征是可以让渡。

二、证券市场

（一）证券市场的构成要素

证券市场的构成要素主要包括证券市场参与者、证券市场交易工具和证券交易场所等三个方面。

证券市场的概念

1．证券市场参与者

证券市场参与者包含了证券发行人、证券投资者、证券市场中介机构。其中证券发行人是指为筹措资金而发行债券、股票等证券的政府及其机构、金融机构、公司和企业。证券发行人是证券发行的主体。证券发行是把证券向投资者销售的行为。

证券投资者是证券市场的资金供给者，也是证券的购买者。证券投资者类型甚多，投资的目的也各不相同。证券投资者可分为机构投资者和个人投资者两大类。

证券市场中介机构是指为证券的发行与交易提供服务的各类机构，包括证券公司和其他证券服务机构，通常把两者合称为证券中介机构。

2．证券市场交易工具

证券市场活动必须借助一定的工具或手段来实现，这就是证券交易工具，亦即证券交易对象。

3．证券交易场所

证券交易场所包括场内交易市场和场外交易市场两种形式。场内交易市场是大家最熟悉的，也就是在上交所、深交所内进行的证券买卖活动，这是证券交易场所的规范组织形式；场外交易市场是在证券交易所之外进行证券买卖活动，它包括柜台交易市场、第三市场、第四市场等形式。

☞ 特别提示：

证券交易工具主要包括：政府债券（包括中央政府债券和地方政府债券）、金融债券、公司（企业）债券、股票、基金及金融衍生证券等。

（二）证券市场功能

证券市场在整个金融市场体系中具有非常重要的地位，是现代金融体系的重要组成部分。

从金融市场的功能看，证券市场通过证券信用的方式融通资金，通过证券的买卖活动引导资金流动，促进资源配置的优化，推动经济增长，提高经济效率。从金融市场的运行看，金融市场体系的其他组成部分都与证券市场密切相关。

（1）证券市场与货币市场关系密切。证券市场是货币市场上的资金需求者。证券的发行通常要有证券经营机构的垫款，垫款所需要的资金通常依赖于货币市场的资金供给。

（2）长期信贷的资金来源依赖于证券市场。在资本市场内部，长期信贷市场的发展也必须依赖证券市场。比如金融机构通过证券市场发行股票筹集资本金、通过证券市场发行金融债券筹集信贷资金等。

（3）任何金融机构的业务都直接或间接与证券市场相关，而且证券金融机构与非证券金融机构在业务上有很多交叉。

任务二　认识证券市场的交易结算机制

一、证券市场交易结算内容

资本市场不单是个立体还是个复杂的生态系统，按照业务发生的先后顺序，资本市场的运行领域大致可划分为前台和后台。对交易指令的撮合、配对、传递、确认等被称为前台环节。在交易达成之后的事情，包括对证券的登记、托管、存管、清算等，就是后台环节。一般来讲，只有当一笔投资活动走完这一完整流程后，才算是最终确认、生效。在资本市场产生初期,卖方和买方面对面进行交易。双方经过攀谈,三两分钟就完成一笔交易,也可以提前商量好,见面后直接"一手交钱、一手交券",似乎在一瞬间交易就完成了。

（一）证券登记

1. 证券登记的概念

证券登记（registration）是资本市场后台环节中的一个重要概念。随着资本市场交易规模的不断增加,原有的业务运作模式发生了巨变,分散的证券转让逐渐走向集中化、纸质证券逐渐消失、投资者无须现场办理权属变更等,全球资本市场逐渐意识到了后台业务的重要性,只有对证券交易结算业务进行专业化分工,形成专业化的后台设施,才能够有力地保证市场的高效运转。

2. 证券登记的内容

（1）登记是记名证券情况下才有的概念。如果是无记名证券,则不需要进行登记。比如,我国在1998年之前发行的票面式国库券,以持有证券的行为本身作为所有权的证明,无须背书即可转让交易,换句话说,就是"谁捡着就算谁的"。

☞ 特别提示:
证券登记这一步是非常重要的,如果没有登记,证券的权属就会产生纠纷,甚至会出现自己的股票不属于自己的意外情况。

（2）登记是个法律概念,核心是确权。所谓证券登记,指的是证券发行人或其委托的机构维护证券持有人名册,从而确认证券权属状态的行为。通俗地讲,证券登记就是用来证明你的股票是你的;如果没有了登记,便容易出现权属纠纷。好比说,今天老张向老王转让了一只股票,老王把钱给了老张后取得了老张的股票,但是没有找中间人进行证明,也没留下字据,这样就埋下了隐患。假如当天晚上老王遗失了这只股票,又恰好被老张捡到,这时老张完全可以翻脸不认人。

（3）证券的登记一般由专业的登记机构来做。在现代资本市场,登记机构是发行人持有人名册的主要维护者。股东人数的增减、股东持有股票数量的变动,都需要由登记机构进行更新,只有他们出具的文件才具有法律效力。一般来讲,只要是与证券权属有关的活动,比如股票的初始发行、配股、分红、投票以及司法冻结、扣划,都需要证券登记机构的参与。

（二）证券托管

1. 托管的概念

托管,是指受托人接受委托人的委托按照预先规定的合同,对托管对象进行经营管理的行为。

☞ 特点说明:
现代证券托管机构的出现,根本目的在于提升证券登记、交收效率。目前托管服务已经高度标准化,规模效应巨大。

托管的核心在于受人之托、代人保管。在投资者开通证券公司账户时,其实已经委托证券公司代为保管证券了。只是由于现在很多国家已经实现证券的无纸化,纸质证券的委托较少存在,所以证券托管环节往往没有被投资者明显感知。现代资本市场的证券托管内容非常复杂,与日常生活中普通的实物保管不可同日而语。在2001年国际组织权威发布的《证券结算系统建议》（RSSS）中,托管人的职能包括为投资者保持证券持有的记录,监督股息和红利的发放,诸如股份回购、兼并收购之类的公司行动等。可见托管商其实是连接亿万投资者和证券交易结算业务的中间方。

证券公司的服务范围已经从帮助投资者向证券交易场所传送交易指令,扩展到了为投资者进行证券投资服务的全能管家。为了做好投资者的交易结算服务,很多证券公司搭建了数十套复杂的技术系统,以保证业务能顺利进行。

2. 交易所的证券托管制度

我国有上海和深圳两所证券交易所。上海证券交易所实行的是中国证券登记结算有限责任公司上海分公司统一托管和证券公司法人集中托管及投资者指定交易的制度。也就是除了中国结算上海分公司统一存管投资者的证券资产和相关资料、办理有关证券存管业务外，证券公司以法人为单位设立证券托管库，集中托管所辖营业部所属客户的证券资产及相关资料，办理有关查询挂失等业务。投资者必须在某一证券营业部办理证券账户的指定交易后，方可进行证券买卖或查询。投资者转换证券营业部买卖证券时，须在原证券营业部申请办理撤销指定交易，然后再到转入证券营业部办理指定交易手续。

深圳证券交易所实行的是中国证券登记结算有限责任公司深圳分公司统一托管和证券营业部分别托管的二级托管制度，又称托管券商制度。就是说中国结算深圳分公司统一存管投资者的证券资产和相关资料，办理相关证券存管业务；同时，由证券营业部为托管券商设立证券托管库，负责托管所属客户的证券资产及相关资料，办理有关查询挂失等业务。这跟上海交易所还是有所区别的。

（三）证券存管

相比于全球资本市场的百年发展史，证券存管是近几十年才出现的一个"新兴事物"。虽然这项业务对于投资者来说似乎没有托管那样切身相关，但正是集中存管模式的诞生显著提高了整个资本市场的运行效率，帮助资本市场脱离了"纸面作业危机"，保护了每位投资者的切身利益。

自股票产生以来，纸质证券是股票的主要表现形式，在电子化技术成熟之前，纸质证券的登记和交割需要进行大量的纸面作业，甚至是对纸质证券的搬运。在半个世纪前的西方，为了办理股票的过户，投资者或者托管商需要拿着纸质股票来到证券登记机构办理业务，证券登记机构除了需要对证券的所有权办理变更、确认、记录等手续外，还需要对旧股票进行回收注销，并印发新的股票，流程比较繁琐。虽然纸质证券可以"眼见为实"，一定程度上有利于交易的执行，但是业务数量一旦超出了限度就会使得参与各方不堪重负。

20 世纪 60 年代，纽约证券交易所的日均股票交易量达到了 1 600 万，当时的纸质证券的登记、交割手续还是维持着手工作业，证券托管商需要眼巴巴地等着证券登记机构处理漫天飞舞的纸质股票和支票。为了提升过户办理效率，努力减少纸质文件的大量积压，美国证券交易所和登记机构发明出了一种如今看来堪称"奇葩"的工作方式——每星期三交易所休市一天，专门用于文件处理，并且缩短每个交易日的交易时间，以便满足交易过户需求。

纸质股票凭证在证券登记机构进行注销和印发的过程中，证券登记机构忙得手忙脚乱，搬运成包凭证和支票的工作使得工作人员疲于奔命，导致了业务环节的严重延误，甚至出现纸质凭证的遗失。证券登记机构和托管商在支付股票红股、红利时经常送错地址，大量的业务延误和错误导致有些证券托管机构因此而破产，或者导致投资者因为拿不到资金或者证券而面临严重问题。

后来美国痛定思痛，随着漫天飞舞的纸质凭证尘埃落定，证券存管（depository）这项重大的资本市场后台创新应运而生。为了节约成本、提升效率，美国人想出了一个新办法——托管商将投资者委托给他们的证券再次统一托管于第三方机构。这类

☞ 事件提醒：

这种治标不治本的方法并不靠谱，所以在 20 世纪 60 年代末期的美国华尔街，终于爆发了著名的"纸面作业危机"。

第三方机构被称为证券存管机构,俗称"托管人的托管人"。证券存管的目的是将这些纸质证券集中存放,不再让每次过户都需要进行证券的移转,取而代之的是,只需要在账簿上记增或记减。

（四）证券结算

资本市场中的结算,解决的是当证券买卖发生后,证券和资金如何正确地转移的问题。从交易达成到完成结算所用时间称为"结算周期"。现代资本市场的结算周期一般以"日"为单位,用"T"表示交易日,而常见的"T+0""T+1""T+2"分别指的是在交易日当天、交易日后一天以及交易日后两天完成结算。按照境外资本市场的习惯,结算可拆分成清算（clearing）和交收（delivery）两个环节,清算在前,交收在后。

☞ **特别提示**：
　　在现代资本市场中,有个非常重要的结算机制,名为中央对手方或共同对手方。所谓"中央对手方",就是充当中央对手方职能的证券结算机构,直接或间接地介入全部买卖双方之间的市场交易,成为所有买方的卖方和所有卖方的买方,承担原先买方和卖方的权利和义务。

清算是数额计算的环节,以确定买卖双方谁该给谁多少资金、谁又欠谁多少证券。好比消费者们在购物结束时来到收银台,收银员清点购物车里的物品,将价格信息录入到计算机中并进行计算的过程,就是清算。在清算后的交收指的是买卖双方真正交付资金和证券的环节,相当于消费者们在商场收银台交钱、取货的过程。随着证券交易所的产生,交易量与日俱增,证券交易链条不断延伸,提升资本市场后台效率的需求变得极其迫切,于是就产生了专业化的证券登记结算机构。

由于金融市场独有的危机传染性,雷曼兄弟这样一艘拥有158年历史的巨舰倒塌,足以引起全球金融市场的全面崩塌——上万亿美元的在途交易完全停滞,信用违约导致与雷曼兄弟存在业务关系的大量投资者、机构牵涉其中。

理论上,要等到雷曼兄弟的破产清算机构弄清楚剩余财产如何处置,至少需要经历数月甚至数年的时间,而资金流动性是金融业命脉,天量的违约可能摧毁整个全球资本市场。

☞ **事件提醒**：
　　2008年9月15日,美国雷曼兄弟公司宣布申请破产保护。

在这千钧一发之际,伦敦清算所等结算机构挺身而出,冲在最前线的是伦敦清算所。在雷曼兄弟破产清算的一周之内,伦敦清算所帮助他们手头上的大多数头寸进行对冲或者中和,使得大量未完成的交易能够正常运行。两周之内,雷曼兄弟名下多数客户的账户已被妥善转移到其他投资机构管理。芝加哥商品交易所集团执行主席宣布："在雷曼兄弟破产清算实践中,没有一个客户蒙受哪怕一分钱的损失或发生交易中断。"

二、交易结算机制的演进特征

（一）经营专业化

纵观全球资本市场百年发展史,交易结算机制和结构不断演进,其核心驱动力是现代商业模式的跨越式发展需求。但是,投融资需求的不断增长、膨胀,又不断引起金融市场大大小小的问题甚至是危机,这也促使交易结算模式不断自我修正,探索兼顾创新与风险、发展与安全的最优选择。

☞ **特别提示**：
　　总的来看,资本市场交易结算的演变表现出以下几个特征：经营专业化、行业集中化、资产无纸化、处理高效化。

首先来看经营专业化。在资本市场诞生初期,证券交易、登记、清算、交收等概念还没有相互分离,交易结算过程非常简单,因此也不存在专业化的交易及结算机构。以登记为例,早在1606年,荷兰东印度公司第一次发行股票,向它的出资人印发纸质凭证,持有股票的出资人就成为公司的股东。荷兰东印度公司自己建立了一个账本,记录了这些股东的基本信息,如姓名、地址、联系方式,以及他们每个人持了多少股、缴纳了多少金额,最终由股东们签字确认后生效。如果股票发生了转让行为,卖方和买方需要携带着纸质证券以及相关的法律文书,在发行人公司的见证下完成证券登记信息的变更。登记信息变更后,股票的所有权发生转移,这就是证券的过户。公司会将原股东的股票注销,为受让股东印制新的股票。证券交易所产生之后,频繁的证券交易产生了大量的过户登记需求,在没有电子计算机的时代,繁琐的手工操作让股份公司十分吃不消。逐渐地,发行人寻求将这些手续繁复的证券登记工作外包给第三方机构,这类第三方机构就是专业证券登记机构的雏形。后来专业的证券登记机构不断发展壮大,其服务的证券发行人越来越多,单位成本不断降低,规模效应极大显现。

专业的证券登记机构并没有在证券交易所产生后就立即出现,证券登记机构的发展壮大与交易所交易量的增长是分不开的。美国纽约交易所在 1792 年设立,但是美国的专业登记机构在 100 年后的 1899 年才出现,这是因为很长时间里,交易量并不大,加之登记手续相对简单,发行人自己就能够应付。中国香港的交易所在 1891 年成立,因为那时全球资本市场已经进入了较快的发展阶段,所以短短 10 年之后的 1902 年就出现了专业登记机构。不仅仅是登记机构,证券交易场所、存管机构、结算机构等专业化经营机构,也都是在证券交易量显著攀升驱动下应运而生的。

（二）行业集中化

在交易结算业务不断细分之后,大大小小的专业化机构如雨后春笋般地诞生,但由于业务的可复制性强、利润微薄,很多机构难以长久生存,因此,在交易结算各个细分行业内部,机构之间都或多或少经历了并购重组,通过集中化经营充分发挥规模优势。总体上,在今天的资本市场中,各个工种的行业集中度比较高。比如,登记机构就明显经历了从分散到集中的过程。随着全球资本市场证券发行人规模的不断增长,证券登记这个市场的潜力逐渐显现,于是世界各国出现了很多竞争者抢夺登记市场,一个国家存在数十家上百家登记机构的情况并不少见,在 20 世纪中叶,美国的证券登记机构数量有 150 多家,中国香港也曾有 20 多家。此外,在进行商业化并购集中的同时,一些国家尤其是新兴经济体,出于安全、效率和成本的考虑,建立了法定登记体系,也就是赋予证券登记机构法定的职责,中国、芬兰、挪威等国家采取这种模式。有研究显示,目前全球已有 30% 的市场采取了法定的集中登记的模式。

再如,存管机构的集中化特征也十分明显。起初,美国存在着多家证券存管机构,后来这些机构的业务在激烈的市场竞争中基本被美国存管信托公司（DTC）收编,其中具有代表性的事件包括在 1992 年、1995 年、1997 年,太平洋证券交易所、中西部证券交易所、费城证券交易所分别关闭了证券存管业务,全部由美国存管信托公司承接。目前,美国存管信托公司是美国的中央证券存管机构,实现了存管业务的集中统一运作。这种集中化的趋势不仅体现在美国,也在欧洲得到了体现,例如欧洲最具代表性的证券存管机构 Euroclear,在 20 世纪 90 年代在英国、芬兰等国家收购了众多证券存管公司。

（三）资产无纸化

事实上,为满足人们日益增长的消费、投资需求,货币经历了从实物到纸质再到数字化的演变过程。目前很多国家采用了电子货币,还有的允许数字货币流通,货币轻量化、交易快捷化、投资安全化成为全球趋势。资本市场遵循类似的规律,随着电子计算技术的发展,纸质证券不断减少,用无纸化逐渐替代将纸质证券集中放置于存管机构的非移动化方式,以消除纸质证券伪造、遗失、损坏的风险。目前,证券无纸化发行、登记、存管的方式已成为世界的主流方式。

由于历史原因,欧美、中国香港等部分国家和地区尚未消除纸质证券,而以中国为代表的新兴经济体,在资本市场发展初期便直接全面实行证券无纸化,完全采取电子簿记账的方式记录证券的持有和变动情况,这就正好可以运用区块链的技术进行更加方便、快捷、有效的记录。

(四)处理高效化

在资本市场运作里,效率是永恒的追求,而交易结算效率是资本市场运作效率的重要反映,对此从三个方面进行分析理解:

1. 交易效率

在集中化证券交易所产生后,逐渐取代了原有点对点的传统交易模式,投资者寻找交易对手方的成本显著降低,市场价格得以有效发现,通过交易主机达成的交易速度更快,交易活动相比以前更加透明化、快捷化、便利化。

2. 时间效率

证券交易结算周期的长短直接关乎风险的大小,同时也影响着市场资金的使用效率。一般来讲,交收时间越长,信用风险越大,资金使用效率越低。基于此,全球资本市场一直在推动缩短交收周期。目前主要市场的交收周期已经从最起初的 T+5 日甚至更长缩短为 T+3 日,并且正在形成 T+2 日占主导的新格局。研究表明,交收周期由 T+3 日调整至 T+2 日,可以使美国资本市场买方潜在损失敞口减少 35%,并使结算机构在结算业务方面的流动性需求降低 20%。中国目前采取的是 T+1 日的交收期。

3. 资金效率

一方面,交收期的缩短降低了用于结算的资金占款时间;另一方面,中央对手方结算实施净额轧差,市场参与人的收支相抵,显著地减少了交收头寸,降低了交易成本。资本市场的结算业务虽然没有那么光鲜亮丽,除非出错否则往往是被忽视的,但是它对于整个市场又有决定性的意义。

看似神秘的资本市场交易结算业务实际上与每个人都息息相关。集中化交易场所使发行人和投资者高效地开展投融资活动,登记托管机构保护着投资者的财产权益不受侵害,无纸化中央证券存管机构让难以计数的日交易量从梦想变为现实,中央对手结算所让市场便捷安全地完成钱、券的清算和交收,从而避免发生频繁的债务违约。资本市场的交易结算机构就是这样的一群"幕后英雄",它们从不会出现在聚光灯下,却一直用自己的行动默默地维持着市场的正常运行。长期以来,全球资本市场一直围绕着高效与安全两大主题发展演进,不同以往的是,今天的资本市场将宏观审慎管理、防范系统性风险、打击违法犯罪、反洗钱放在更高的位置,并将金融市场交易结算基础设施作为加强一线监管、维系市场信任、确保市场稳定运行的根基和新前线。

☞ 特别提示:
资本市场的健康发展离不开有效的市场管理以及对系统性风险防控的有力措施,从而保证金融市场交易结算基础设施的正常稳定运行。

任务三 认识区块链证券的
创新性和优越性

一、证券市场存在的行业痛点

回顾资本市场发展的历程,中心化资本市场交易结算设施的建立和发展为提高市场效率、管控系统性风险发挥了至关重要的作用,但这并不意味着现行的体系就已经尽善尽美。随着市场发展和技术进步,市场对于进一步提升效率、降低运营成本的呼声越来越高,甚至有人质疑,中心化资本市场的运行是否已经不堪重负。这些都给了区块链技术"可乘之机"。

☞ **特别提示:**
确保市场"不出事"、维护市场稳定,是资本市场基础设施的首要任务。

基础设施作为保证市场正常运作的核心,又难以避免地受到历史包袱的拖累以及技术条件和业务需求等多方面因素的影响,变得"安全却复杂",使得市场参与者"又爱又恨",一边享受着基础设施带给他们通往市场的便利,同时也不得不面对与之相伴的较高的交易成本,而更重要的则是市场整体的效率损失。这一点在发达国家的资本市场中体现得尤为明显。

(一)冗余的中间环节

以美国股票市场为例,美国股票市场交易后的处理涉及买卖双方的经纪商、托管银行、交易所以及作为美国资本市场基础设施的清结算机构;业务流程包括多次往返确认和操作指令,目前整个结算过程需要 3 天时间才能完成。在这样的制度安排下,不仅不同市场参与者对于同一笔交易所做的记录可能发生差异,而且清结算机构出于落实监管政策以及防控系统性风险的需要,对结算参与人提出保证金要求,又额外造成了市场参与者的资金占用。

业务流程长的问题在跨境交易中尤为突出。按照全球资本市场目前的实践,投资者跨境交易的结算除了需要买卖双方的经纪商、托管行以及相关基础设施的参与之外,还会涉及专业从事跨境交易处理的全球托管行或者国际中央证券存管机构,环节进一步增加,协调和沟通的成本也会进一步提高。

造成市场交易结算业务中间环节多、业务流程长、处理成本高的主要原因在于全球资本市场发展所带来的专业化细分。证券的交易场所、登记机构、存管机构、结算机构、托管商等主体相互独立,市场参与者在收获专业化分工收益的同时,"硬币"的另一面是这些独立的机构必须共同工作,才能完成每一笔证券的交易和结算处理。然而在现实中,这些独立机构很难实现"无缝衔接",在进行业务协同过程中,这些机构之间会产生大量的"摩擦"。市场参与者的交易成本和结算效率的损失在很大程度上都源于这些"摩擦"。

(二)自动化程度明显滞后

尽管无纸化处理早已成为全球资本市场的主流,但实际上全球资本市场,特别是欧美等发达市场的自动化程度总体上仍然较低。这一方面是由于现行资本市场运作的设计复杂,另一方面则是由于发达市场的参与者长期手工操作的顽固惯性,而手工操作的问题是显而易见的。据高盛估算,美国股票市场中有 10% 的交易需要后台手

☞ **特别提示：**
一旦涉及人工操作的工作环节,总会存在潜在的操作风险和道德风险,有时甚至会造成严重的经济损失。因此,提高市场交易的自动化程度势在必行。

工对账,这给经纪商和托管银行带来了不小的人力和系统成本。另外,人工操作难免有失误。自动化程度低蕴藏着严重的操作风险和道德风险,任何操作人员的疏忽失误、玩忽职守都可能给投资者带来经济损失。

（三）数据黑箱

目前资本市场的交易、登记、托管、存管、结算等环节采取中心化模式,相应的数据账本由对应的证券交易场所、登记结算机构和托管券商独立维护,原则上互不共享。因此,特定业务领域的全部数据只由承担特定职责的机构独自拥有,形成了数据黑箱,使得数据对全市场的透明性很低。除了为满足特定业务申请人的查询使用以及市场监管要求等特殊需要,这些内部数据一般不会向全市场公开。这样就使得市场参与者特别是投资者无法对基础设施的数据进行审计,只能被迫信任这些中心化机构维护数据的真实性、准确性和完整性,这样很容易影响市场投资者对数据准确性的判断。

（四）单点失败风险

中心化基础设施容易受到单点攻击,可能威胁到整体账本的安全性。对于网络攻击者来说,中心化的资本市场基础设施就像标靶的靶心,只要攻破它所维护管理的数据库就可以获取甚至修改全市场的数据,这对于一个主要靠电子化运作的资本市场,这样的风险是致命的。虽然基础设施投入大量人力物力以维护自身数据安全,但近年来网络安全事件频发,没有哪家基础设施敢保证自己的数据库绝对安全。

二、区块链证券的先进性

结合区块链本身的特性和资本市场的现状来看,区块链证券的作用主要体现在五个方面。

（一）基于密码的信任

社会上的一切经济活动都建立在信任的基础之上。传统的信任构建,一般需要两个人面对面签署有形契约。如果两人之间存在时间和空间距离,则通常以第三方中介作为鉴证。资本市场参与者信任的建立主要是通过后一种。例如,投资者需要接受证券公司的身份审核才能进场交易,证券交易所集中撮合来自不同投资者的报单,中央对手方为各结算参与人进行交收担保,等等。

与传统的信任构建方式不同,区块链是一种基于"去信任"的分布式数据库技术,它可以在不存在第三方中介的情况下,让处于世界两端的匿名人士"建立信任",可以通过互联网安全地进行价值转移。这种转移方式之所以在比特币中获得成功,关键在于区块链的密码学内核。基于数学的密码学贯穿从区块链形成到交易记账的关键环节,使得记账结果永久储存、不可篡改,看似复杂的设计,但产生的结果却是极简的,在用户端创造了更为简单、稳固、长久的新的信任基础,这使得区块链被誉为"信任的机器"。更重要的是,区块链打开了人类的想象,未来的世界是否完全由机器替代人工尚不得而知,但区块链确实加固了人们对科学的笃信,在不知应该相信谁的情况下,相信科学可能是个更为可靠的选择。

由于历史和制度原因,全球资本市场的结算领域普遍存在环节多、层次复杂的问题,数据流需要在不同机构之间进行反复传递;加之由于这些机构技术系统相互独立,导致数据不统一的情况时有发生,需要手工操作才能解决,造成成本增加、风险积聚。区块链利用点对点组网技术实现同一份数据在全网所有节点的备份存储，达到"平台大一统，全网一本账"的效果，消除现行架构中不同系统之间的记账差异，让手工电子对账成为历史，不仅有助于加强资本市场交易结算业务的自动化水平和处理效率，更可以相应地减少繁杂操作流程带来的人力和系统成本。

区块链不仅有助于增加会计收入，还有利于提升经济效率。以股东大会投票为例，美国等境外市场中存在所谓"空洞投票"的现象，简单来说，就是希望通过证券持有人大会投票结果对发行人施加影响的投资者可以通过交易实现证券经济受益权与投票权的分离，甚至可以在实际不持有证券头寸的情况下获得投票权。在网络投票中运用区块链技术将极大地提升投票透明度，不仅有助于遏制"空洞投票"，还能帮助监管机构察觉内部人控制，对违规违法的行为给予及时打击，显著提升整个市场的公平公开程度，市场的经济福利将会随之增加。

（二）交易智能化的助推器

有研究认为，考虑到证券是发行人和投资者之间的一项契约，证券持有人拥有对发行人的各项权利，包括分红收益权、投票权、购买选择权等。利用智能合约技术编写智能证券，理论上也能够体现投资者的这些权利。理论上，任何由特定事件触发的业务，均可通过智能合约设计来实现。

欧洲中央银行研究认为，智能合约技术可能在较大的广度和深度上提升资产管理行业运营效率，提升业务运行的自动化水平。除了刚刚说的那些领域，OTC市场中的金融衍生品也是个理想的运用场景。OTC衍生品工具的设计非常复杂，衍生品的交易一般限制在特定机构投资者或者个人大户投资者，而且通常为两个对手方一对一交易。考虑到OTC市场的监管要求相对宽松，智能合约对提升OTC市场的交易效率、降低法律和执行成本可能非常有效。此外，智能合约影响不止OTC市场，纳斯达克（NASDAQ）正在用智能合约进行证券交易。除此之外，智能合约技术还能够完成自动的净额轧差和保证金补充。可见智能合约技术运用的场景范围非常广泛。

☞ **特别说明：**
例如，在股息红利发放日，资金自动锁定并从发行人的账户中分配至投资者账户，自动的税收返还和股份拆分等。

（三）便利跨境交易

在全球经济一体化的背景下，资产的全球配置已经蔚然成风，各个国家和地区之间资本市场的互联互通也是大势所趋。但考虑到法律辖区相互独立，各国金融基础设施长期各自为政、系统不互通、标准不一致等问题，造成跨境交易环节多、难度大、成本高。

欧盟市场的经验可以作为鲜活的事例：欧洲各国之间金融系统联系密切，但长期存在跨境证券交易环节多、流程复杂、成本过高的问题。欧盟成立后，进一步推进欧洲金融市场一体化的问题摆上议事日程。为了简化跨境交易流程、降低跨境交易成本，欧洲央行于2006年开始主导推动了TARGET2-Securities资本市场后台整合项目，旨在欧盟各成员国市场现有证券后台设施基础上建设统一的证券交易结算平台。

区块链在这方面有着独有的优势。一方面，区块链是一张大网，没有过多的中间环节，不同区域的机构以较低的成本加入区块链网络中，避免了独立系统之间的多头对接近乎实时的结算周期，使得区块链网络的运行时间更为灵活，甚至可以考虑采取全天候不间断服务，处于地球两端的市场可以通过区块链网络进入同一个"时空"。

另一方面,后台的打通必然将反过来驱动前台的融合和整合,不同司法辖区的金融市场可以在同一"语境"下参与同一场游戏,这样将促进一个区域的资产在全球范围内的盘活,充分发挥资产的价值。

（四）监管科技的有力武器

资本市场的"透明度"含义丰富,从发行人财务数据和重大事项的披露,到市场参与者的交易细节,都可以归入市场透明度的范畴。维护市场公开透明不仅是全球资本市场监管者的重要职责,也切实关乎所有市场参与者的利益:一方面,合理透明的市场可以杜绝内幕交易等"浑水摸鱼"的不法行为,保障投资者的合法权益不受损害;另一方面,一旦危机降临,监管机构对相关市场参与者交易情况的了解程度就像消防队队员对火场内部情况的熟悉程度一样,将直接影响到救市以及后续措施的成败。

☞ 特别提示:
　公开透明是区块链的一大优势,可以有效地杜绝传统资本市场会出现的内部交易等弊端,间接监督参与者提高自律自觉性,更好地维护资本市场的运行。

而透明度也正是区块链的特长。从虚拟货币的运行机制中不难发现,这种"人手一份账本"的极高透明度不仅是区块链标榜自身"去中心化"使命的旗帜,更是保障区块链安全不被篡改的关键手段——可以说,区块链的公开透明是由表及里、深入骨髓。基于区块链的证券后台业务处理模式,有望推动"直接持有"体系在全球市场的推行,让监管机构得以冲破重重中间环节的"烟幕弹",实现"看穿式"的监管;如果应用区块链技术构建场外市场的基础设施,更可以在提升场外交易处理效率的同时,让监管真正做到"无死角",提高整个市场的安全性。

（五）数据安全的防火墙

资本市场是个虚拟市场,核心是证券,甚至可以说它的价值就体现在证券上,因为证券代表着实体经济资产。随着无纸化的普及,纸质证券上的信息被转为数据存储在基础设施的数据库中,从这个意义来讲,上市公司的实体资产价值由数据反映。由于法定基础设施出具的数据凭证具备法律效力,因此在数字上多一个"0"、少一个"0"都事关重大。

加强资本市场的网络建设已成为国际共识,不少监管组织发布了标准化规则,以保证数据安全可靠。与传统的加固单一基础设施技术安全性不同,区块链另辟蹊径,提供了极具启发性的分布式＋非对称加密的解决方案。打个比方,前者是自顾自苦练增肌,后者是大家手挽手共同御敌。因此,区块链具有强大的容错能力,在血液中流淌着抵御外部攻击的抗体。它利用分布式节点和高性能服务器支撑点对点网络,网络中的全部节点共同认证和储存数据,一个或几个节点的出错不会对系统的正常运行产生影响。区块链的技术模式可以根本性地提升资本市场基础设施的数据安全等级,避免因单个基础设施受到网络攻击而使整个账本数据面临安全威胁的情况发生。

☞ 特别说明:
　按照证券市场的业务流程,区块链证券的理论设想主要分为三个部分,第一是登记与托管;第二是发行与交易;第三是结算和清算。

任务四　了解区块链在证券业务中的应用

一、区块链证券的理论设想

（一）登记与托管

从本质上来说,证券登记和托管的目的是更好地集中记账,而区块链实质上就是一个网络节点共同维护的公开账本。在区块链平台，每份额股权的交易和所有权情况都准确地以数字形式记载在区块中，能够实现所有市场参与人对市场中所有资产的所有权与交易情况的无差别记录和公示，因此并不需要第三方股权存托管机构再采集信息进行股权登记或者确权。

（二）发行与交易

在证券发行方面，现行的发行方式主要是网上定价发行，互联网技术的进步降低了证券市场的信息不对称，提高了效率，但是网上发行仅仅是将发行和交易程序放到了互联网场景下进行，发行的前期准备和审批流程并没有简化。整个流程效率较低，且造就了强势中介，增加了代理成本和道德风险，金融消费者的权利往往得不到保障。区块链技术下的证券发行和交易，可以实现真正的点对点交易，经纪商和代理商将不复存在，发行的证券将以数字形式出现。在发行方面，区块链的另一项技术彩色币技术可以实现通过不同编码，来对证券和资产进行分类而发行和转让的限制，如180天的锁定期，亦可以编码的形式添加在证券上，由计算机程序自动识别证券的种类和资格；在交易方面，智能合约技术可以直接实现买卖双方的自动配对和撮合成交，结合计算机算法实现交易的自动化，由于每一个区块的信息都是公开而一致的，因此交易的发生和所有权的确认不会有任何争议；在整个发行和交易过程中，买卖双方都是点对点交易，免去了经纪商的代理行为，将大幅节省发行和交易费用。

（三）结算和清算

一个高效、透明的结算清算系统是证券市场发达与否的重要表现。证券的清算结算工作需要中央结算机构、银行、券商和交易所之间的相互协调，成本高、效率低。一般来说从证券所有人处发出交易指令，到交易最终在登记机构得到确认，在我国通常需要"T＋1"天，而在美国预测需要"T＋3"天。与以往交易的结算清算需要"T＋1"天不同，在区块链交易中，每笔交易确认完成之后即公告于网络并将交易信息记录在每个区块中，不需要第三方清算机构单独进行账簿记载和清算结算。新区块的添加一般需要10分钟，即结算和清算的完成仅仅需要10分钟的时间，提高了资产的流动性，能够有效降低资金成本和结算风险。

二、区块链证券的发行与交易

（一）区块链简化证券发行与交易

股票的发行与交易、清算和结算等执行交易的各流程、各环节都可以通过区块链技术被重新设计和简化。传统的证券发行遵从先审核后发行的方式，而利用分中心的区块链交易系统可以实现证券的先发行后审核；在二级市场进行的证券交易往往需要经过交易所、银行、中央结算机构和证券公司这四大金融机构的协调工作才能完成，效率低、成本高，区块链系统可以简化交易流程，独立完成全部服务；基于区块链的清算结算系统能以更安全的方式将结算时间降低至分钟级别；像期权这类有着复杂命名、复杂交割条件的非标准化证券必须通过律师或其他交易所参与才能完成交易，可编程证券通过智能合约将自动执行这些证券的交割命令。

证券领域传统的首次公开募股和证券交易需要金融中介长时间的参与，流程长、成本高、效率低。通过区块链，企业与投资者能够在多中心的交易平台上自主完成

IPO、自由完成交易,而无须任何金融中介的撮合或干预,并可实现 24 小时不间断运作。如果这一设想通过验证,强化证券咨询服务能力、弱化资源获取能力和承销能力将是券商投行的未来业务转型方向。

区块链技术对证券的发行与交易具有着显著的优越性。随着信息技术的加速创新和广泛应用,网络的内涵发生了新的变化,证券交易所的内部发行系统开始逐步向互联网延伸,由此改变了传统证券发行和交易的方式,使得其开放性和时效性更强。欧美发达国家在推广网络证券发行业务方面遥遥领先,而以网络为平台的证券交易在我国证券市场上也发挥着越来越重要的作用。经过十余年实践经验,我国目前基本采用上网定价发行方式发行证券。

从技术上讲,网络在证券发行交易中的应用可以改善投资者与融资者之间进行沟通的范围、效率和质量。首先,网络降低了信息不对称性,有利于买卖双方之间的信息交流和价格谈判;其次,利用网络进行证券交易和结算登记将大大减少中间环节,提高效率,进而增加流动性。最后,网络技术的运用能够在一定程度上控制证券市场的交易风险。

然而,网上证券发行与交易同样存在弊端,主要有两个问题。

第一,网络证券仅仅是将发行和交易程序搬到了网络上进行,发行和交易的前期准备过程和审批流程并未因此而简化。网上发行和交易速度虽然较纸质时代有了大幅提升,但在国内,一个公司通过 IPO 初审后至少还需 5～6 个月的时间才能核准发行,时间多数耗费在了冗长的申报、反馈、回复等各个环节上。

第二,由于网络技术发展不完善、不健全,且证券交易过程和清算交收程序仍然需要第三方中介机构参与完成,因此,网上系统存在被黑客攻击的风险,交易安全性得不到有效保障。证券交易涉及大量的财产交割及隐私信息,一旦信息泄露等安全事件发生将会对国民造成巨大损失。

基于区块链的证券发行和交易能够有效克服上述弊端,原因主要在于:

首先,区块链技术大幅简化证券发行流程,实现点对点的直接交易。区块链技术可以搭建一个私人股权的市场,在此系统里,可以有很多初创公司将股票股权系统放在架构里并且进行交易。在未来,甚至很有可能所有的证券发行方式会从先审核后发行逐渐演变成先发行后审核。区块链的分中心化使得当期高度发达时,其所有节点分布在全世界任何有网络的地方,此时事前审核的可行性将逐渐下降,事后审核将成为主流。

其次,区块链匿名不可篡改的特性确保全部交易过程的安全性。区块链本质是一个公开透明的数据库,它包括了过去所有的交易记录及其他相关信息,这些交易信息被安全地存储在一串使用密码学方法产生的数据块中,在目前看来区块链能保证全部过程的安全。

最后,区块链技术极大地推动证券交易的非标准化、个性化发展。如今,在场内交易的证券几乎都是标准化证券,而非标准化证券,特别是复杂的、企业间的金融衍生工具产品则必须通过律师或者其他交易所的介入才能完成进行交易,须投入大量的人力物力。但是,区块链与智能合约的结合可以完全替代非标准化证券交易时的复杂流程,可自动执行复杂的证券清算、交割命令。

总而言之,区块链技术在证券行业的运用能大幅提高交易速度、降低交易成本,充分展现证券市场的直接融资特性,未来证券业可能将会从"网络化"逐步迈向"区块链化"。

（二）区块链证券发行与交易平台

企业公开发行股票并上市通常来说要经历三个基本阶段,即准备阶段、申报阶段和审核阶段。在准备阶段,保荐机构和其他中介机构要对公司进行尽职调查,包括发行人基本情况、业务及技术、同业竞争与关联交易等方面,此阶段耗时须视具体情况而定。申报阶段中,企业和所聘请的中介机构会按照证监会的要求制作申请文件,符合申请条件的,证监会会在5个工作日内受理完成,此阶段需要2～3个月,审核阶段将经历受理申请、文件初审、发审委审核、核准发行四个程序,大约需要3个月,之后才进入正式的发行与上市阶段。

除此之外,一般的发行上市过程还需要3～4周的时间,且需要经历初步询价、确定价格区间、网下申购、股票正式上市等诸多环节。这种先审核再发行和交易的传统IPO流程发行上市周期过长、时间和资金成本巨大,存在许多制度性缺陷,增加了企业上市风险。

区块链技术的运用将彻底打破现有的IPO流程,实现先发行再审核的高效流程,任何有发行证券需求的个人或机构都可以自行设定资产凭证并在区块链上发行和销售。无须顾虑交易时间和地点,区块链的24小时无间断运作为各交易方自由竞价达成交易提供了便利条件,降低了证券发行与交易的门槛。而传统金融机构如纳斯达克(NASDAQ)抢先探索区块链技术的目的在于维护其在证券交易市场中的核心地位,并通过区块链降低其运作成本,提高安全性、透明性和流动性,为交易者改善金融市场。

私募发行领域,由于投资者希望在初创公司早期减少来自外界对管理层的压力并获得一定的独立性,初创公司往往选择在一定时间之内保持非公众公司身份,而暂不进行公开发行。基于这种考虑,想要获得流动性融资,初创公司就要通过私募发行方式获得一定的融资。私募债券的发行也要通过公司决议、尽职调查、备案发行等发行程序。在这样繁杂的流程中,初创公司需要大量手工作业和基于纸张的工作来处理股份交易,例如需要通过人工处理纸质股票凭证和期权发放、需要律师手动验证电子表格等,这些工作需要消耗大量人力、物力,还可能造成很多人为错误。此外,私募规模往往较小,为控制融资成本、保守商业机密,初创企业通常不愿意通过大量外包进行融资。而区块链技术的运用将彻底实现无纸质化的私募股权发行与交易,大大提高了工作效率。

传统的证券交易程序会经历开户、委托、成交和结算四个阶段。投资者首先需要在银行开设资金账户、在券商处开设证券账户,并将两者关联。之后投资者可以通过经纪商在证券交易所进行买卖证券的活动,买卖双方按照竞价规则进行竞价,价格相互匹配的买卖双方完成交易。如图4-4-1所示,传统交易所流程如下。

区块链技术可以大大简化这一交易流程。在区块链中,交易双方可以直接相互竞价、撮合成交,免去了证券经纪商的代理行为。如图4-4-2所示,区块链交易所流程如下。

在区块链证券交易系统中,撮合成交的交易双方通过加密后的数字签名发布交易指令,为了让全网承认交易有效,各个矿工小组会利用公钥和私钥对数字签名进行

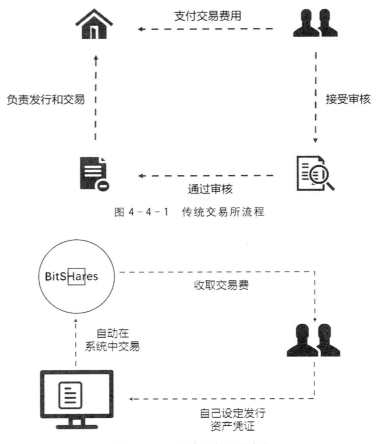

图 4-4-1 传统交易所流程

图 4-4-2 区块链交易所流程

解密，并验证数字签名的来源。之后，矿工小组会对买方资金账户中的每一笔资金进行来源验证，并验证这些资金余额是否有能力支付买进的证券，验证完成之后，交易将被记录到共享账簿当中，并加盖时间戳。最先完成工作量的证明的矿工小组向其他小组进行宣告，其他矿工小组将对此区块中的每一笔交易进行核对。工作量证明需要强大的计算力做保证，因此交易不会轻易被篡改。此外，交易记录被记录到了共享账簿当中，并由系统中的全部节点共同维护，保证了交易的真实性、完整性，便于交易确认和追踪。

三、区块链改变了传统证券清算与结算

区块链对于证券的清算结算具有重要意义。基于区块链的清算系统将省略证券交易的"后台"系统，实现"交易即结算"。在之前的内容中，我们知道区块链可以实现证券的发行与交易，就是通常所说的"前台"系统。交易双方在没有证券经纪商参与的情况下，自行竞价并撮合成交。区块链的高透明性能够有效降低交易双方的信息不对称，大幅提升交易效率，维护双方权益。这种直接竞价成交的方式还能为交易双方节省代理费用。然而，区块链不只能够改善交易前台系统，还能提升交易后台表现。

各种各样的交易方式在当今世界各国证券交易市场中并存，既有传统原始的人

工竞价,也有便捷快速的电脑自动撮合,还有将两者有机结合起来的专家交易系统。交易方式的不同使不同证券市场各有特点。世界证券发展史表明,一个成熟的证券市场不仅要有公平的交易系统、健全的法律制度、活跃的市场参与者,更需要能与交易系统相匹配的高效、透明甚至超前的清算登记体系。在一项交易达成之后,需要完成证券清算工作,它指的是核定计算买卖双方应收应付的证券和价款,并完成证券由卖方向买方的转移以及资金由买方向卖方的转移,清算是投资者在证券交易所必经的最后一道手续,也是下一轮交易的前提,清算制度设计的合理性可以在很大程度上决定证券市场的效率。一个高效、透明、有前瞻性的清算登记系统可以改善证券市场的整体表现。清算制度不能单独存在,它与交易制度、经纪人制度等有机组合成整个二级市场的证券监督管理制度。一个完善的证券清算制度应该达到保护投资者、确保市场的效率公平和透明度、减少系统风险的目标。

在早期证券市场上,投资者对证券的所有权表现为对实物股票的实际记名持有,因此,每笔交易达成后,证券结算要完成买卖双方之间的实物股票交付和记名更改工作,还要对证券进行清点、运输、鉴别,这些工作需要大量人工参与,十分繁琐,大大限制了结算效率的提高和交收期的缩短。信息技术的进步使得证券逐渐采取了无纸化的形式,与此相对应,证券结算也依托中央证券存管公司的电脑系统进行账簿划拨,不再需要直接交付实物股票。随着智能手机的普及,越来越多的普通股民通过移动端炒股软件投资股票。在交易时间内,为完成如此庞大数量的股民交易,柜台交易系统需要不断地接收客户的买卖委托,向交易所报盘并从交易所接收成交信息反馈。但是证券的清算结算工作仍然需要中央结算机构、银行、证券和交易所四大机构之间相互协调,效率低、成本高。

（一）区块链简化清算流程

证券的清算和结算是现代证券交易业务的重要环节,两个环节既相互联系又相互区别。为明晰交易双方的权责关系,清算业务需要对每个交易日中每个证券经营机构成交的证券数量与价款予以轧抵,对证券和资金的应收应付净额进行计算;而结算业务是指证券交易完成后,对交易双方应收应付的证券和价款进行核定计算,并完成证券由卖方向买方转移,资金由买方向卖方转移的全过程。由于结算是进行下一轮交易的前提,结算能否顺利进行,直接影响交易的正常进行和市场的正常运转。

前台系统:通过交易所等组织体系进行询价报价并按照相应的规则达成交易,由证券经纪商的柜台交易系统或证券交易所的集中交易系统来完成。这个系统仅仅为投资者提供了参与证券交易的途径。

后台系统:通过交易系统在交易双方之间订立一个证券资产转让契约,并真正实现资产(证券与钱款)的所有权转移来完成交易。后台系统是完成资产的核算与交收的途径。

在"一对一"交易模式下,资产的核算过程简单,交收只涉及交易双方;随着交易方式的发展和丰富、由金融创新带来的证券交易品种的增多、参与者的增加等诸多因素的影响,"后台"系统日益复杂化,加剧了结算风险。为应对日益庞大的交易需求、有效降低交易风险,国际结算机构的"后台"系统功能不断深化,分工更加细化,逐渐与"前台"系统相对分离,如图4-4-3所示。下面主要介绍后台系统部分。

☞ **特别说明:**
　　完整的证券交易过程可以划分为两个阶段:前台系统和后台系统。

图4-4-3 证券交易过程

"后台"系统从"前台"系统的最后一步撮合成交开始运作。撮合成交的方式比较多元,既有场外市场基于计算机和电信网络的自动成交系统,也有股票交易所"公开喊价"的传统成交系统。一旦成交就要在交易确认环节确保交易双方同意成交的相关条款(包括证券价格、种类、数量、结算日期等),交易确认完成后,系统进入结算阶段,首先进行清算,即对买卖双方应收应付的证券和价款进行核定计算,而后实现证券交收。证券结算系统和资金结算系统指令运作过程包括诸多环节,形成了不同的卖方和买方义务,必须仔细区分不同的结算指令状态。

"后台"系统的发展趋势是托管与结算业务趋于一体化、集中化;结算方式的时效性增强,并朝着先进化、电子化、专业化的方向发展。在证券清算结算系统中,我国采用100%强制保证金制度,而国际证券市场多数采用信用保证金制度,即允许一定程度上的融资(券),由此造成了中外两种清算制度在交收的主要步骤和面临的风险上的差异。

在上述一般的交易后台系统中,撮合成交完成后还要经历交易确认、清算、交收三个环节,需要证券交易所、证券托管局、券商、银行等金融中介机构的通力配合。其中每一个机构都需要完成相应的交易确认、记账等工作,存在较长的时滞,增加了交易风险。区块链清算系统将简化这一复杂流程,由矿工们通过验证数字签名和一定量的工作证明确认交易的真实有效性,并完成资金的划拨以及证券的交割,整个过程仅需10分钟,大大缩短了清算时间,减少了结算风险。

(二)区块链降低结算风险

结算风险是可控风险,其大小与信用制度、结算系统软硬件配置等方面的完善程度密切相关。证券无纸化、净额结算、货银兑付、滚动交收以及中央结算公司的设立等都为防范和化解结算风险提供了组织与制度保证。但是,现行清算制度仍然存在一定问题亟待解决。

第一,风险集中度较高。在风险转移式交收方式下,中央结算公司作为所有结算直接参与者的共同交收对手方,几乎集中了市场所有直接交收风险,也就是说,当某个结算会员违约不能正常交收,中央结算公司为使其余交收连续进行,必须首先以自有资金或证券充抵该交收缺口,然后才能向该违约会员追索赔偿。因此,保持结算公司充分的风险化解能力是至关重要的,当今证券市场上通常是通过建立结算风险准备金(基金)来化解风险。

区块链交易系统中,不存在共同对手方,交易风险完全由交易双方分别承担。并且在区块链中,为了获得奖励,矿工们会验证交易的真实性和可行性,一旦交易一方被验证不满足交易条件,则交易不再进行,结算风险降低。

第二,自律管理不到位导致结算风险较大。目前,我国证券市场采取中央结算模式,结算公司作为买卖双方的共同对手方采用净额结算和"T+1"交收制度来保证会员间的结算交收工作顺利进行,在一定程度上控制了结算风险。然而在实际操作中,证券公司往往缺乏监管,私自透支一定数量的交易并参与其他非法经营,这些不自律行为极易诱发信用风险。虽然沪深交易所规定会员券商必须交纳一定的清算保证金和交割准备金,但其数额却远远无法应对可能发生的交收风险。从历史经验来看,证券市场曾经发生过的几起恶性透支交易事件其透支额均数倍于结算准备金。

区块链系统中,券商的作用将被大大削弱。交易双方通过声明发布交易指令,资金或证券不经过券商将直接被划拨到对方账户,从而避免了券商的透支行为。

第三,银行资金调度准确性、即时性对结算速度影响较大,结算系统性能稳定性有待提升。在信息技术快速发展的过程中,结算系统由于发展不完善、不健全,存在着一定程度的不稳定性,给结算公司甚或是市场都带来了较大的风险。

区块链系统的结算性能稳定、安全程度高。矿工们在进行交易确认时不仅要验证交易者的身份,还会验证交易账户中的每笔资金来源以及资金余额的支付能力,确保结算工作的顺利执行。交易记录由系统节点共同维护,可追踪、可审查、不易被篡改,安全性高。

目前我国亟待加强中央结算公司的风险基金改革。不仅要扩大规模,还要改进其构成与管理制度,使结算公司保持充足的财务能力来应对各类风险。

四、区块链股东投票

区块链技术还可应用于股东投票系统。股东大会是上市公司的最高权力机关,是公司治理结构至关重要的环节。股东投票权是公司股东的一项重要权利,它具体、直接地反映了股东与公司之间的法律关系。股东参加股东大会并对重大事项进行投票是充分表达意愿、行使权利的重要手段,也是选派自己信任的人进入董事会、间接参与公司经营的重要途径。由于股东数量众多且极为分散,如何设计上市公司股东大会制度,确保股东投票表决权的正常行使,对于维护公司利益十分关键。

随着信息技术的产生与发展,许多国家的法律法规允许股东或其代理人在不到场参会的情况下通过股东网络投票方式表达自己的意愿。股东网络投票也存在两种形式,一种是依托互联网的投票,另一种是依托证券交易系统的投票。但是,现行的各种投票方式与投票制度均存在种种弊端,无论基于哪种投票形式,在目前的股份有限公司特别是在上市公司股东大会投票中,公司的小股东和大股东表现出来的积极性截然不同,绝大多数小股东或是放弃参会资格或是委托代理人参加股东大会。因此,多数小股东的表决权往往不能得到有效保护,参与度、投票效率和公正性也无法得到保证。基于区块链的股东投票系统为股东投票制度提出了新的解决思路,并在众多方面展示出了自己的优越性。

☞ 特别说明:

传统上股东行使表决权可以通过两种方式,即股东亲自出席股东大会行使表决权或者股东委托代理人出席股东大会行使表决权。

(一)传统股东投票制度弊端

股东投票制度是一项法律制度,它允许上市公司不出席股东大会的股东可以通过代理人执行自己意愿,并行使投票表决权。通常情况下,大股东一般都会亲自出席股东大会,不需要委托他人代为投票,因此股东投票制度是一种专为不能出席股东大会的小股东而设计的投票制度,旨在帮助小股东实现其意志,维护其权益。

在委托—代理制度中,委托书上将记载股东对股东大会议案的赞成和否定意见,股东也可直接在委托书上限定代理人的权利行使范围,以确保其权利能够被合理利用,投票意愿能够真实、准确地反映到股东大会上。但委托股东投票制度本身具有缺陷性,而区块链技术能够克服股东投票制度的弊端。

第一,区块链投票系统可以解决代理问题。找到可信任的代理人并代表自己出席股东大会并非易事,对于远离公司地址的散居在世界各地的股东来说更为不易,委托—代理制度不能从根本上解决小股东行使表决权的问题。此外,在代理行为下,不能亲自参加股东大会的股东其投票表决意愿经由代理人代为表达,实际上是被剥夺了投票权,不仅如此,这些股东获取会议资讯的权利也被剥夺。委托—代理制度极容易引发道德风险,变成大股东和公司高管玩弄于指掌间的游戏。

一旦公司使用区块链投票系统统计投票结果,则无论身处何方,全部股东只需要配备一款可以联通信息网络的掌上电脑或智能手机,在其上下载并安装区块链投票系统应用即可通过系统网络轻松投票而不用亲自到会。此外,在区块链投票系统中,股东不需要再由代理人代为行使自己的权利,更不用再为寻找可信赖的代理人而绞尽脑汁。股东通过亲自参与投票,杜绝了管理层的权利滥用行为,保护了自己的股东权益。

第二,区块链可以显著降低中小股东参加股东大会的时间成本和资金成本,提高股东投票积极性,扩大投票参与度。提高股东参与度是公司治理的需要,不仅对现行公司的运营具有重要的意义,还可以提高公司价值。从公司角度而言,股东参与度提高有利于公司民主化。股东的投票往往是深思熟虑的结果,兼顾了股东的个人利益及公司利益,此举有利于帮助公司实现价值最大化。对于整个证券市场而言,由于股东不再盲目地"用脚投票"转而采取积极参与的方式,有利于维护证券市场的稳定。

利用区块链投票系统参与投票的门槛较低。区块链投票系统不需要实体会场和人员监察,如果股东自行投票,则只须连接入网的终端设备和区块链投票系统应用。解决了股东投票问题,中小股东还可以通过区块链投票系统获得并了解公司经营状况和财务信息,从而保障了其知情权,激发其投资和投票的热情和积极性,股东的投票参与度也会逐步提高。

第三,区块链能简化原有股东投票流程。如图4-4-4所示,传统股东投票制度流程复杂,操作不便,易出现人为错误。

图4-4-4 传统股东投票制度流程

在这套投票机制中,代理投资经纪人会收到资产管理人的投票指令,指令随后会被传递给代理投票分配者,再由代理投票分配者将指令移交给托管人以及子托管人。托管人到公证处请求公证人/本地经纪人对投票指令进行公证,完成公证的投票指令将在登记方获批申请并完成登记,投票信息最终将被汇总到公司秘书处。这种股东投票机制流程长、程序复杂且非标准化,投票信息在传递的过程中可能会被人为篡改或意外丢失。此外,托管人和子托管人还可能因使用了完全不同的字符识别系统和信息传输系统,这使得投票的追溯和确认工作异常困难。一家荷兰研究机构的调研结果显示仅有少数的公司能够确认自己带来的投票结果。在荷兰使用股东投票系统的公司里,这一比率仅为31%。

区块链投票系统在设计之初就去掉了纷繁复杂的中间环节,简化了投票流程,为投票信息传递提供了直接、安全的通道,大大提高了投票效率。此外,由于提交成功的投票信息被记录在了公共账本上,且不易被篡改和变更,极大地提高了投票信息的可审计性和可追溯性。

(二)区块链改善股东网络投票

由于存在亲自出席股东大会成本较高,股东投票人可能无法较好地实行投票代理权,且存在无效监督的现象,小股东往往选择通过"搭便车"或者买卖股票的方式表态。股东通过网络参与投票的方式,冲破了股东行使表决权的时空限制,克服了中小股东无法现场出席股东大会并参与公司决策的缺陷,方便、直接地满足了股东的权利需求,排除了外部干扰,显著地降低了公司的治理成本,如图4-4-5所示。

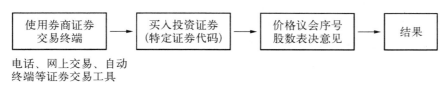

图4-4-5　证券交易系统投票

股东网络投票制度作为一种高效、便捷的投票方式保护了公司民主决策机制、维护了中小股东的权益,提高了上市公司的治理水平,如图4-4-6所示。同时,股东网络投票制度在保护股东知情权、克服委托—代理制度的缺陷、减少开会时间和资金成本方面同样具有积极意义。

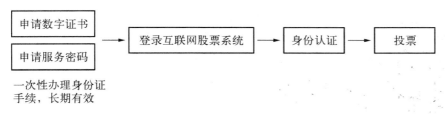

图4-4-6　股东网络投票系统

但是股东网络投票制度依然存在诸多问题亟待解决,不能完全满足股东的需要。公众需要的投票系统要满足以下要求:

(1)一个可信的分中心化数据网络,而非一个数据集中存储的系统。

(2)一个支持自动化认证的系统,允许系统的所有参与者验证其选举的权利,并投下无法更改的唯一一票。

(3)使用不可更改的方法建立一个追踪系统,保证结果的准确真实性,无须质疑投票产生的结果。

显而易见,基于区块链技术的投票系统能满足上述要求,并能有效规避股东网络投票弊端。具体如下:

(1)区块链可以避免重复投票。股东既可以通过交易所的投票系统参与股东大会投票,也可以利用个人电脑在股东网络投票平台上投票。存在同一股东同时利用两种系统投票的情况,也存在利用一种投票系统反复参与投票的情况。股东这种反复、重复投票甚至在不同的投票系统上提交不同投票结果的行为将严重影响投票结果的统计,股东自身的权益也将因此遭受损失。

区块链投票系统能够克服投资者反复投票,重复投票的操作。一旦投资者在区块链投票系统中提交成功,则投票结果就被永久记录到区块当中。由于投票结果由区块链中的全部节点共同维护,想要更改投票结果必须说服至少51%的节点同意,随着节点数的增加,说服单个节点的边际成本会逐渐上升。因此,重复、反复投票的情况基本不可能发生,投资者将会审慎对待自己的投票权,进而明确态度、谨慎投票。

（2）区块链的安全加密认证技术可以克服网络技术缺陷。互联网投票系统能够使股东更方便地利用多媒体、互联网等高科技手段全方位、多角度、宽领域地了解股东大会会议议案,参与会议交流,及时获悉会议现场情况,有利于股东自主表达意愿、合理行使自身的投票表决权。但当前网络技术发展不完善,存在稳定性、安全性等方面的问题,不能有效保障股东的表决权。

区块链投票系统利用数字签名和加密方式确保投票结果的唯一性和真实性。矿工们会对每一个投票结果进行解密并验证数字签名与投票账户的对应性,通过一定量的工作证明,最先完成编码生成的矿工小组将会向其他矿工小组宣布投票提交成功,并将结果记录在案。工作量证明需要计算机强大的计算力完成一段随机编码的生成,因此投票结果不会轻易被篡改,投票结果的安全性因此大幅提升。

（3）区块链技术能够大大缩短股权登记日与会议日之间的时间差。中国证监会发布的《上市公司股东大会规则》中规定,应当在股东大会通知中明确会议时间和会议地点,并确定股权登记日。会议日期与股权登记日之间的间隔原则上不应多于7个工作日。股权登记日一旦确认,不得变更。对于即将召开股东大会的公司来说,应尽量缩短股权登记日和投票日之间的时间差。在股东大会之前,完成股权登记的部分公众股股东可能已经卖出公司股票但还没有实现股权变更登记,因此这部分股东不大可能再来参与会议并在会议中表决,即使来参与投票,也不需要承担投票表决结果。为了减少由此带来的负面影响,应尽可能缩短两个日期的时间差。

如果在区块链系统中同时实现证券的发行与交易,则清算结算可以实时完成,相应的股权登记也能瞬时完成变更工作。因此股权登记时间与投票时间可以无限缩短,只须设立投票日和投票启动时间即可。在投票开启之前卖出公司股票并完成股权登记的投资者不再具备投票资格,相反买进公司股票的将拥有投票权利。当然,在实际操作中需要完善区块链投票系统的设计并用一定的规章制度规范投资者的权利与义务。

（三）基于区块链的新股东投票模型

区块链技术打破了传统的流水线型的投票流程。如图4-4-7所示,用户首先需要下载区块链投票系统软件,然后在系统中提交身份信息进行身份验证,注册成为资产管理人。注册成功的用户即可使用软件参与投票。投票结果将被提交至分布式的数字化投票登记系统,并由矿工的工作量证明验证投票结果的真实有效性。一旦提交成功,则投票结果将不能再被撤销或者变更。由于区块链本身是一个共享式的

☞ **特别说明:**
　与传统的投票机制相比,区块链投票系统流程安全透明、高效,操作便捷,能够节省50%～60%的成本。

分布式账簿,投票信息会实时发布到共享账簿当中,方便资产管理人快速查询到投票结果。

图 4-4-7　基于区块链的新股东投票模型

基于区块链技术的股东投票模型有利于维护中小股东的合法利益,约束大股东和公司管理层的权利,在一定程度上改变了公司股东大会被人操纵的局面。同时,区块链投票系统以其安全、便捷的特性有利于降低股东参加股东大会的时间和资金成本,并提高社会公众股股东参加股东大会的比例,增加公司经营的透明度。

五、应用案例——澳大利亚证券交易所(ASX)运用区块技术

澳大利亚证券交易所(Australian Securities Exchange,ASX)(以下简称 ASX)是目前全球市值最高的十大上市交易所之一,其业务范围涵盖上市、交易、清算交收以及自律监管,上市品种则涵盖股票、债券、基金以及各类证券和商品的衍生品。

ASX 是首家公开宣布将大规模应用区块链技术的大型金融机构,更因为 ASX 并未选择从已经获得公认的低频、小额、离散、区域场景入手,而是选择直接将区块链应用于场内股票交易后处理业务。

之前的 CHESS 系统开始出现自有标准落后、兼容性差、开发部署成本高等问题,限制了 ASX 的发展。引进一个可替代 CHESS 清算系统的一个新的区块链动力系统,称为"DLT"。与旧的 CHESS 系统相比,主要的改进是简化数据处理。在当前的 CHESS 系统中,参与者来回发送消息到 CHESS 数据库,以确保他们的交易数据是否一致。这一过程每天重复数千次,经常容易出错,但是可以理解,毕竟维护成本高,如图 4-4-8 所示。

☞ 事件提醒:

2017 年 12 月 7 日,ASX 正式宣布将采用美国区块链初创企业数字资产控股集团(digital asset holdings,简称 DAH)开发的区块链系统替代目前负责股票市场交易后处理的清算所电子次级登记系统(clearing house electronic subregister system,简称 CHESS)。

DLT is an efficient and scalable database technology
DLT-based CHESS removes reconciliation and delivers reliable, accurate, more timely data

CHESS today
Sends messages to reconcile. many and different systems:

DLT-based CHESS
Offers. single. source of truth data on standardised databases.

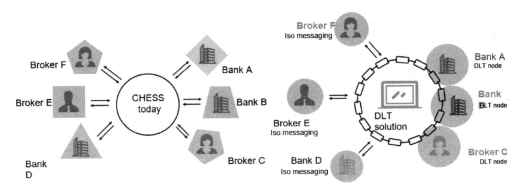

图 4-4-8　CHESS 系统替代前后流程对比图

旧系统的主要障碍之一是,不同参与者使用的数据库经常不同,这意味着有多个版本的软件复制记录。随着 DLT 的实施,参与者不再发送多个信息流来协调大量可用的数据库,而是通过网络的分布式分类账连接的"节点"连接起来,形成了一个完美的标题链,并且是无法改变的。

每个市场参与者的交易记录和持仓情况都是其最核心的敏感信息,是绝对不希望被其他竞争对手获知的。但以比特币为代表的区块链应用要求账本全部数据完全公开,而数据混淆(obfuscation)、加密、零知识验证(zero-knowledge proofs)等保护数据隐私的解决方案又各有弊端。针对此,新升级的系统给出了名为"私密合约仓库"(private contract store,PCS)的解决方案。

网络中的每个市场参与者都有一个 PCS,用来储存与其有关的交易的权利义务等相关信息,其他市场参与者无法访问和查看。在参与人交易信息物理隔离的情况下,在 PCS 基础上构建了覆盖全网的全局同步日志(global synchronization log,GSL),作为确保全网账本完整性和唯一性的通信层。GSL 主要发挥三个方面的作用:① 确定相互关联的交易之间的相对顺序;② 确保账本中互斥事件的独特性,并维护账本数据状态;③ 在账本状态发生改变时,通知与之相关的参与人。GSL 与PCS 加在一起,共同构成了全网统一的分布式账本。

CHESS 仍被用于促进从卖方到买方的证券的合法所有权,以及用于处理涉及双方的货币交易。预计区块链的创新将带来更高的效率。区块链应用程序应该提供所需的备份,以确保数据保持最新和同步,从而消除不一致。ASX 的副首席执行官彼得·海姆证实了这个事实:"有一个区块链正在同步我和您的数据存储,但在今天,数据存储本身就是一个数据库。创新之处在于分布式账本,让客户可以及时查看 ASX的数据。你的后台承担了巨大的风险和成本压力,因为你拥有的永远不会和我拥有的不匹配。"

六、应用案例——百度-天风 ABS 案例

新一轮技术革命中诞生的区块链,发展于全球经济金融秩序大调整、大变革、大提速的特殊历史时期,同时又恰逢中国特色社会主义进入新时代,全面建设社会主义现代化强国的起点。服务实体经济、深化金融改革、防控金融风险是党中央、国务院对新时代金融工作的总部署,要着力构建融资功能完备、基础制度扎实、市场监管有效、投资者合法权益得到有效保护的多层次资本市场。以区块链、大数据、人工智能、云计算等为代表的信息技术在资本市场现代化建设中拥有广泛的应用前景。特别是在交易结算基础设施监管和运营领域,区块链技术为我们描绘了一幅交易智能化、后台处理简约化、监管科技化的新蓝图,实现效率和安全的双提升。当然,在现阶段,理想与现实仍存在很大差距。时势造英雄,我国要抢占金融科技变革的先机,坚定道路自信,保持战略定力,在守住风险底线的前提下,充分发挥科技创新和资本市场制度的"后发优势",以高标准打造资本市场应用区块链技术的中国样板、中国质量、中国标准,助力金融体系现代化建设。

目前国内的资产证券化(简称 ABS)市场远达不到欧美市场的发达程度,主要在于:一是底层资产不透明,导致 ABS 未能实现主体信用和债项信用的分离,难以客观公允地进行债项评级。二是参与方多、业务链条长。国内 ABS 业务参与方包括基础

资产原始权益人、专项资管计划的计划管理人、为 ABS 提供增信措施的担保人、资金托管和监管银行、ABS 投资者、登记交易机构等。在缺乏统一的工作平台对各方数据进行集中管理使用的情况下，对账清算所用信息的准确性和一致性可能存在问题，给ABS 数据造假留下空间。三是资产存续管理复杂。ABS 底层资产往往交易量大，交易频次高，信息的及时性、违约机制的可行性存疑。区块链技术在 ABS 中应用的优势主要有，提高底层资产的透明度和真实性，保证业务流程中信息数据的安全与统一，提高资产管理的效率。百度在第一单 ABS 产品中采用了联盟链技术，项目中的各参与机构（百度金融、资产生成方、信托公司、证券公司、评级机构、律所等）作为联盟链上的参与节点，写入信息数据。创新性设计包括：利用区块链的不可篡改性将各阶段信息写入区块链，打造 ABS 平台上的"真资产"；支持百万 TPS（每秒事务处理量）的交易规模；通过百度千亿级流量清洗系统，抵御网络攻击；通过安全实验室的协议攻击算法，确保通信安全，将黑名单、多头防控、反欺诈、大数据风控模型评分等信息也计入区块链，增强了资产的信息披露程度。

☞ **特别说明：**
　"百度-长安新生-天风2017 年第一期资产支持专项计划"是国内第一单基于区块链技术的场内 Pre-ABS 产品。

七、应用案例——纳斯达克使用区块链股东投票系统

在欧洲 2015 年"贸易与技术之卓越金融新闻奖"会议上，纳斯达克首席执行官鲍勃·格雷菲尔德宣布了一项重大决定，该股票交易所将使用区块链来管理股东投票系统。纳斯达克打算将股东投票放置在区块链上，人们可以在这种不可变更的总账系统上用自己的手机进行投票，如此一来，无论是大股东还是小股东都可以参与公司年度会议的投票，而无须出席周年大会，并将记录永远保存在区块链上。在区块链环境中的信任是固有的，这可以解决跨国股东投票的公正性问题，而这是纳斯达克非常重视的一点。

根据纳斯达克的说明，该试验选择爱沙尼亚的纳斯达克 OMX 塔林证券交易所作为试点，该交易所是爱沙尼亚唯一已经获得监管的证券市场。为了让上市公司的股东，特别是中小股东更多地参与投票过程，这是项目试验迈出的第一步。目前，股东参与投票过程都与市场需求脱节。该项目的工作人员援引统计数据，显示上市公司的管理投票过程，股东参与率很低，仅为 1%。

纳斯达克代表声称，爱沙尼亚的市场是试验该系统的理想平台，纳斯达克能够通过该国的电子居留（e-Residency）平台访问投资者数据，从而为用户创建起自己的表决账户。此外，爱沙尼亚本身热衷于创新也是纳斯达克选择该地区进行试验的重要原因之一，因为这意味着这个系统更可能获得潜在的支持，如果成功，将能在更广阔的范围内推广开来，被广泛运用。

纳斯达克通过与区块链初创企业 Chain.com 合作，已正式上线了用于私有股权交易的 Linq 平台。现在的股权交易市场标准结算时间为 3 天，区块链技术的应用却能将效率提升到 10 分钟，这能让结算风险降低 99%，从而有效减少资金成本和系统性风险。并且交易双方在线完成发行和申购材料也能有效简化多余的文字工作，发行者因繁重的审批流程所面临的行政风险和工作负担也将大为减少。其目前已正式上线的 Linq 平台为使用的公司提供了管理估值的仪表盘、权益变化时间轴图、投资者个人股权证明等功能，让发行公司和投资者能更好地跟踪和管理证券信息。区块链技术替代了原来经常采用的纸币和电子表格的记录方式，大大提高了交易和管理效率。

八、"区块链＋证券"模式的风险

新技术应用开发是探索性极强的工作,潜藏着诸多风险。区块链作为一种创新技术在其应用于证券市场且有效解决证券市场痛点的同时,也必须意识到它的风险。就"区块链＋证券"模式而言,其风险既有区块链本身的固有风险,也有应用具体场景所产生的风险。

（一）风险种类

1. 51% 算力攻击风险

"区块链＋证券"模式的风险

区块链技术下,区块链系统中大量节点共识机制的建立是交易安全的最重要保障。从理论上看,区块链记载的数据不可篡改,但由于共识机制遵循"多数决"原则,即 51% 以上的节点一致即达成共识,因此一旦 51% 以上的节点被攻击和控制,整个区块链上的信息就有被改写的风险。区块链技术创始人中本聪指出,当全网被一个算力占优的攻击者攻击时,系统将变得较为脆弱。从实践上看,由于区块链系统中的节点多如牛毛,且难以沟通,要控制 51% 以上的节点实际上难度很大。但值得注意的是,随着交易量的增多和节点之间竞争的增大,计算出相应结果的难度和所需算力也持续增加,通过个人"挖矿"获取奖励金难以为继,通过团体力量才能有所斩获。于是节点开始以组成专门公司的方式聚集,无数"矿池"如雨后春笋般涌现,算力开始集中化。

在证券市场交易量巨大的情况下,这种算力集中化趋势将尤为明显,其中的风险自不待言。

2. 个人信息泄露风险

区块链由于去中心化的构造解决了由中心机构带来的个人信息泄露风险。但基于其技术本身原因,同样存在个人信息泄露风险。区块链技术采用私钥、公钥对交易信息进行非对称加密,其中也包括了交易方的个人信息和隐私。而在区块链中,由于全体成员共同参与,任何人只要持有"钥匙",就有相应权限读取区块链上的信息。

如果个人所掌控的私钥丢失或被盗窃,个人信息便有了泄露和公开的风险,将会导致不可估量的损害后果。

3. 监管缺失风险

在"区块链＋证券"模式下,"交易者—中介服务机构—交易者"这一传统交易结构将简化为"交易者—交易者"结构。在传统交易结构下,证券中介服务机构是证券市场运行的组织系统,承担着风险识别、风险防范、市场秩序维护、投资者权益保障等职能。但在区块链交易结构中,由于证券中介服务机构被排除在证券交易、登记结算等环节之外,法律赋予传统证券服务机构的义务功能在这些环节中缺失。一方面缺少传统证券交易中介服务机构的严格监管,区块链技术发行交易的数字化证券的数额、程序、转让以及信息披露等,有可能被不法分子所利用,进行非法融资;另一方面,区块链技术下的数字化证券将不再受到地域上的限制,能够被不法分子用于掩饰或隐瞒不法资金的来源及用途,为违法犯罪的洗钱活动提供了途径。

4. 法律责任承担风险

在"区块链＋证券"模式中不同于以往存在个别"中心",区块链系统中的所有节点都是平等的法律主体,不存在哪一个节点具有保障数据安全的特殊义务。此外,由

☞ 特别提示:
由此可见,区块链技术所具有的高安全性并不代表着绝对的安全。

☞ 特别提示:
区块链也不意味着完全的安全,数字化证券的数额、程序、转让以及信息披露很有可能被不法分子利用,因此监管环节仍须加强。

于私钥由个人所拥有和保管,如果发生丢失、遗忘等情况,储存在区块中的数据将无法获取,这意味着权属证明等个人信息将不可见,直接影响个人资产的所有权证明。

5. 交易者权益救济风险

区块链的高安全性以其数据难以变更为前提,正如前文所述,在区块链中,欲更改某一区块数据,需要强大的算力和庞大的工作量,决定了区块链建立的数据难以变更,这就意味着交易无法回转。然而,在区块链技术下,证券交易具有自动执行的特点,交易条件一旦满足自动执行,这在数据不可撤销的情况下,潜藏着交易者权益救济的风险。一旦发生欺诈或者其他交易事故,将不可挽回,给交易者的权益保护造成极大的威胁;另一方面,交易者直接承担交易中的风险,投资者的权益及其救济无法得到有效保障。

(二)"区块链+证券"模式的法律应对

相关法律应对手段:

1. 实施监管沙盒机制

监管沙盒机制主要是以试验的方式,创造一个安全区域,适当放松参与试验的创新产品和服务的约束,激发创新活力的一种机制。监管沙盒机制要求金融创新企业在实际运行之前必须进入监管沙盒进行测试,主要包括:

(1)金融科技创新企业提出"监管沙盒"申请。

(2)监管者以企业的规模、创新性和消费者福利等几方面对企业进行筛选,确定入选企业。

(3)根据测试企业的产品或服务,选取合适消费者,并确定包括赔偿在内的消费者保护方案。

(4)开始测试,测试周期一般为 3～6 个月。

(5)企业在测试结束后提交测试结果报告,经 FCA 评估通过后推向市场。

(6)FCA 根据测试结果进行监管政策的制定或完善,防范金融风险。

2. 重新界定证券中介服务机构的职能

现行证券法律法规对证券中介服务机构规定了较为严格的义务,如《中华人民共和国证券法》第五章从行情信息公布、交易秩序维持、上市公司信息披露监督、交易实时监控等诸多方面对证券交易所的义务进行了详细规定。区块链由于其去中心化特点会使证券中介服务机构在证券市场运行中的职能将大大削减。证券中介服务机构,特别是证券交易所,在证券市场运行中的职能必须予以明确。证券中介服务机构的自律监管职能应当予以适当保留,并进行相应调整。一方面,从实际效果上看,证券中介服务机构自律监管职能在实现保护投资者、市场透明和信息公开、降低系统风险三个目标方面,确实取得了明显的效果。另一方面,不同于美国、英国、新加坡等国家拥有成熟的金融体系、完善的征信体系,以及专业的金融人才队伍,我国证券市场目前尚处于转型阶段,要充分重视证券中介服务机构的自律监管职能在维护金融市场稳定方面发挥的不可估量的作用。特别是在"区块链+证券"这一新模式中,更需要证券中介服务机构特别是证券交易所发挥监管职能。

3. 强化针对"矿池"的监管

据统计,目前 77.7% 的全球比特币网络算力仍在中国境内,这意味着我国在区块链的算力上更具集中性,更容易形成规模效应和优势算力,在防止区块链受到 51% 算

"区块链+
证券"模式
的法律应对

☞ 事件提醒:
英国金融行为监管局(FCA)于 2016 年 5 月正式启动监管沙盒,旨在为金融科技、新金融等新业态提供监管试验区,支持金融类、金融科技类初创企业发展。

☞ 事件提醒:
纽约州金融服务管理局于 2015 年 8 月 8 日制定并发布了数字货币许可证,许可证是以区块链技术为基础的比特币准入规定。

力攻击上具有更大的责任。自 2018 年初以来,我国不断加大针对"挖矿"业务的整治力度,监督手段不断升级。应当说这种监管方向是正确的,就"区块链+证券"模式而言,证券行业具有资金量大、交易频繁等特点,相比于其他行业更需要安全性保障。因此,我国应当进一步通过立法的形式,对算力工厂的规模算力运行的实时监控,对算力工厂的监督检查等方面进行规定从而有效控制算力的集群化效应,保障区块链的高安全性,这也是"区块链+证券"模式法律应对所需要的。

4. 明确市场准入标准

证券业在授予数字货币许可证之前纽约州金融服务管理局须对申请公司的反洗钱、资本化、消费者保护和网络安全政策进行全面核查,只有拿到数字货币许可证,才可以提供数字货币服务。金融服务部门将会严格对得到数字货币许可证的公司进行安全审计。"区块链+证券"模式是区块链技术的一种实际应用场景,借鉴美国许可证制度进行市场准入限制,是事前监管的重要方式,也是保障"区块链+证券"模式前期发展安全、稳定的一条可行路径。

任务五 了解我国区块链证券的 发展现状与未来展望

一、我国区块链证券市场的发展现状

区块链是分布式数据存储、点对点传输、共识机制、加密算法等计算机技术的新型应用模式。区块链本质上是一个去中心化的数据库,同时作为比特币的底层技术,是一串使用密码学方法相关联产生的数据块,每一个数据块中包含了一批次比特币网络交易的信息,用于验证其信息的有效性(防伪)和生成下一个区块。

2019 年美国区块链专利申请量为 2 284 件,世界知识产权组织区块链专利申请量为 1 964 件,欧洲专利局区块链专利申请量为 584 件,韩国及英国区块链专利申请量分别为 527 件、274 件,如图 4-5-1 所示。

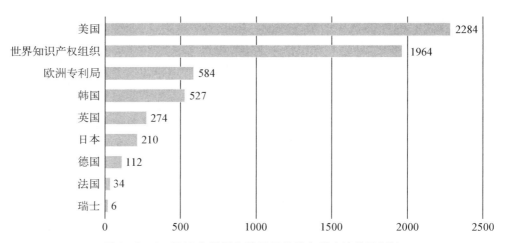

图 4-5-1 2019 年世界各地区区块链专利申请数量(件)

中国区块链产业起步于 2016 年,爆发于 2017 年,但目前整体发展仍较为分散,竞争格局尚未完全形成,仍具有较大的上升空间。2019 年中国区块链专利申请量为 7 690 件,较 2018 年增加了 765 件;2019 年区块链专利授权量为 13 件,较 2018 年减少了 62 件,如图 4-5-2 所示。

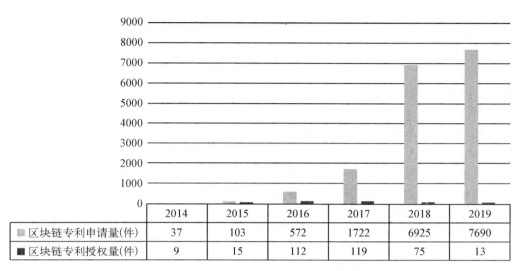

	2014	2015	2016	2017	2018	2019
▨ 区块链专利申请量(件)	37	103	572	1722	6925	7690
■ 区块链专利授权量(件)	9	15	112	119	75	13

图 4-5-2 2014—2019 年中国区块链专利申请数量(件)

从微观层面看,区块链企业普遍采取"合纵连横"的发展策略。所谓"合纵",就是本土机构积极加入国际区块链联盟。中国平安保险集团、招商银行先后于 2016 年 5 月和 9 月加入 R3 区块链联盟。

截至 2018 年 6 月,超级账本联盟的成员已接近 250 家,其中有中信银行、招商银行、民生银行、百度、腾讯、华为、小米、北京大学、浙江大学等国内金融机构、科技公司和高等院校。而"连横",则是我国本土机构联合组建民间区块链联盟。我国目前有两个具有较高影响力的区块链技术联盟,分别是中国分布式总账基础协议联盟和金融区块链合作联盟。

二、我国区块链证券的未来展望

当前,证券行业正面临着行业同质化严重、外资银行开放进入、合规风控能力亟待提升以及新冠肺炎疫情影响冲击等挑战,但随着数字化转型和金融科技的发展,区块链等一系列新兴技术的崛起,证券公司纷纷在布局优化客户体验、提升员工协作效率、优化运营流程、变革产品和服务等方面发力,利用金融科技赋能业务,着重打造定价能力、风险评估、风险决策、风险经营等,提升风控水平,形成核心竞争力。无科技不金融。"区块链十金融"的模式在金融科技持续被关注的券商机构中享有越来越高的地位。中信证券、国泰君安证券、广发证券等龙头券商纷纷试水区块链正酣,机遇和挑战并存。

"区块链十证券公司"模式可防篡改、消除监控盲区,为金融业带来新机遇。区块链本质上是一个多方共同参与维护的可信数据库,对券商可减少一定的运营成本,同时增加可信度。而且,区块链技术有望取代证券行业中一些原本需要信任人和机构才能完成的环节,达到提高效率等目的。

(一)加强研究推动区块链技术发展,助推现代化金融体系建设

2008 年的全球金融危机,让世界经济秩序和金融治理经历了新一轮的重塑。此后几年,全球经济深度调整、缓慢复苏,重新回到发展的轨道。与此同时,以大数据、云计算、人工智能、区块链为代表的现代信息技术蓬勃发展,深刻改变着世界发展的格局。现代信息技术与金融业加速融合,金融科技创新日新月异,推动金融服务模式、竞争格局、监管环境的变革。2015 年以来,区块链行业快速发展,投资规模呈几何级数增长,其中 80% 的应用是金融服务,目前已成为全球关注度最高的金融科技创新。可以说,区块链技术诞生发展于世界经济金融体系大调整、大变革、大提速的历史时期。

从我国情况来看,金融改革不断深化,资本市场稳中有进,对外开放的步伐越迈越大,推出了沪港通、深港通、债券通等内地与香港互联互通机制。与此同时,我国资本市场还存在交易制度不完备、市场体系不完善、交易者不成熟、市场监管不适应的问题。总体来看,我国资本市场的短板依然十分明显,在错综复杂的国际经济局势和服务现代经济体系需求面前,仍然比较稚嫩。一是资本市场服务实体经济能力不足。直接融资比重仍然较低,多层次资本市场体系仍不完善,对于新经济的支持作用不明显,助推国民经济转型升级的功能没有充分发挥。二是防范化解金融风险的能力亟待加强。资本市场相比银行体系脆弱性高,风险消化能力弱,金融乱象频发,市场规范发展道路任重道远。三是市场效率与投融资需求不匹配。股票发行效率、跨境互联互通交易等方面同境外发达市场仍存在明显差距,市场在资源配置中的决定性作用需要进一步发挥。四是市场监管适应性不足,特别是科技监管能力有待提升。在新时代下,党的十九大对金融工作提出的要求是:提高直接融资比重,完善发展多层次资本市场,加强双向开放,打好防范重大风险攻坚战。在我国建设社会主义现代化国家的道路上,离不开现代化金融体系的有力支撑,解决经济社会发展不平衡、不充分的问题。

同时,随着经济的高质量发展,资本市场只有经历一轮彻底的智能化转型,充分实现投融资活动的自动、便捷、安全、有序,才能不断满足人民对美好生活的需要,才能同智能化的人类社会发展相匹配。从科技创新的供给侧来看,一方面国家大力实施创新驱动战略,企业的生长环境不断优化,另一方面近年来,我国金融科技市场规模快速增长,金融科技产业链企业已超过 5 700 家,至 2016 年累计融资约 420 亿美元,2016 年前 7 个月内对亚洲金融科技公司投资的 90% 以上被中国企业募集。对待区块链技术,我们不仅要超前布局,加大投入,而且要坚定不移地在试用实施层面推动发展,保持定力,对区块链技术发展给予足够的包容和耐心,坚持"干中学"与"学中干"并举,以未来二十年、三十年的战略眼光,创造条件打造现代化的金融服务基础设施。

(二)以资本市场服务大国崛起为导向,建立符合国情的区块链技术应用场景

探索资本市场的区块链应用,一定要将区块链放在资本市场服务国家战略大局上,以此为导向探索建立具体应用场景、实现金融现代化的目标。推动证券发行和并购重组现代化,增强资本市场服务实体经济能力。在保证上市公司质量的前提下,逐渐将发行并购审核的操作性工作移交到基于区块链、大数据、人工智能为基础的审核

框架中,切实提高发行审核的公正公平和效率。二是广泛开展国际合作,凝聚技术共识,积极推动境内外交易结算基础设施共同建设区块链平台,大力推进证券跨境活动便利化。三是推动监管科技化的转型升级。用 5 年～10 年的时间,逐步将交易结算基础设施系统迁移至共同的区块链平台上,统筹监管各类金融基础设施,全面准确及时掌握和挖掘各业务链条数据,显著提升市场监管的广度和深度,切实加强系统性风险的防范和化解能力。四是探索实现简约、智能的金融交易。在客户端,投资者金融资产交易简单便捷,交易成本显著降低。在服务端,缩短交易结算业务链条,广泛深入应用区块链网络和智能合约技术,推动资本市场基础设施及市场经营机构的职能转变,从信任的建立者、维护者过渡到业务规则的制定者和技术系统的维护者,保证业务运转合法合规。

(三)高点定位,瞄准智慧金融方向,以足金标准打造区块链应用的中国质量

在区块链蓬勃发展的这几年中,金融案例中相对成熟的案例还比较少。主要原因除了技术本身非常特殊,与传统技术系统的衔接难度大之外,还与理想的应用场景不足、现有业务面临大规模再造有关。一种情况是,基于现有技术条件的金融交易结算模式短期内难以被区块链技术替换,即便是局部的应用场景也涉及新老技术的衔接问题。还有一些初创技术企业急功近利,披上区块链外衣提供的金融服务(如股东投票服务)与简化业务链条的初衷背道而驰,不仅流程复杂而且系统处理效率低下。整体上,目前基于现有区块链技术大规模投产的区块链应用场景还比较少,很多金融市场经营机构都是为了用而用,形似而神离,有的到最后演变成打着区块链的旗号博眼球、炒概念的把戏,扰乱金融市场秩序。总的来看,目前金融区块链的应用含金量整体不高,仍然处于起步摸索阶段。

因此我国资本市场发展区块链技术要抢占行业先机,必须高点定位,瞄准智能金融发展,以足金的标准打造区块链应用的中国质量。

实　训　区块链应用与证券基金

本节为实训环节,实训场景中存在基金管理人、基金托管人、基金投资人、监管机构四种角色,在开始实训之前需要进行角色选定。通过角色扮演的方式完成本次实训,每个角色都有人员之后才可以开始实训操作。

进入区块链金融创新实训平台,找到第七课程模块【区块链行业案例分析——证券保险】,点击【进入课程】功能按钮,则可以进入实训任务的界面,如图 4-6-1 所示。

在任务列表中找到【角色选定】任务,点击【角色选定】—【实境演练】,系统会自动切换到实境演练界面,进入角色选定的界面,共预置了四个角色,班级学生根据自己对角色的了解,点击角色名称后再单击【确定】按钮,完成人员角色的选定,如图 4-6-2 所示。

本实训过程主要围绕基金管理人、基金托管人、基金投资人三方相互之间签署合同的过程展开,交易流程。如图 4-6-3 所示。

图 4-6-1　证券保险案例模块

图 4-6-2　角色选定

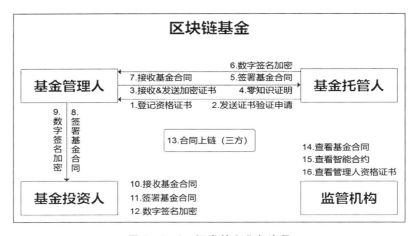

图 4-6-3　证券基金业务流程

一、基金管理人登记资格证书

（1）基金管理人角色点击【登记资格证书】任务，进入【实境演练】界面中。实境演练中仿真显示"中国证券投资基金业务协会"的登记证明，以此为模板进行证书的登记。

（2）点击资格证书底部的【登记】功能按钮。如图 4-6-4 所示。

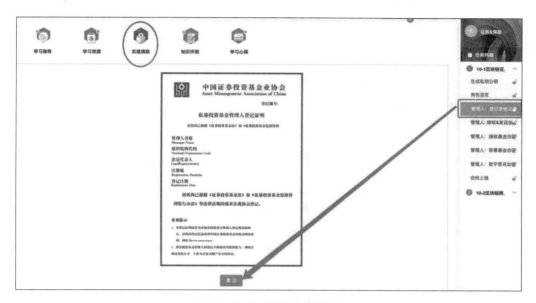

图 4-6-4　登记资格证书

（3）点击【登记】按钮，系统弹窗提示"是否登记？"，进行二次确定。如图 4-6-5 所示。

图 4-6-5　登记证书二次确定

（4）点击【确定】按钮，系统自动弹出可编辑的登记证明，由该角色的学生自主完成空格的填写。填写完毕之后，点击底部的【确定】按钮，完成本次证书的填写。如图4-6-6所示。

图4-6-6　填写登记证明

（5）点击确定之后，系统会切换至【加密】中，输入自己的私钥进行数字签名的加密。如图4-6-7所示。

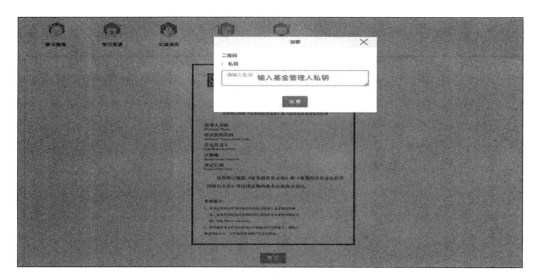

图4-6-7　输入基金管理人私钥

（6）输入基金管理人的私钥之后，点击【加密】按钮，直接跳转至上链证书部分，代表了加密之后的资格证书被记录在区块链上，上链之后会自动分配一个区块哈希。点击【确定】，完成整个登记证书的任务。如图4-6-8所示。

图4-6-8　上链证书

二、基金托管人发送证书验证申请

（1）基金托管人进入【发送证书验证申请】任务的实境演练中，会看到本班级内所有的基金管理人员的信息和头像，点击【发送】按钮。如图4-6-9所示。

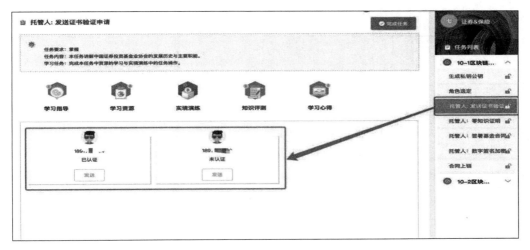

图4-6-9　发送证书验证申请

（2）点击【发送】按钮，系统弹窗提示"是否申请验证证书"，此时可以选择【取消】、【确定】两种。点击【确定】按钮，将申请发送给基金管理人。如图 4 - 6 - 10 所示。

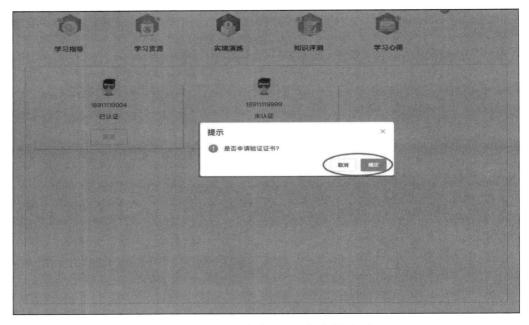

图 4 - 6 - 10　二次确定是否申请验证证书

三、基金管理人接收并发送加密证书

（1）基金管理人进入【接收并发送加密证书】任务的实境演练中，该任务中多了几条来自基金托管人发来的申请。记录了申请的序号、基金托管人、基金管理人、时间和操作。如图 4 - 6 - 11 所示。

图 4 - 6 - 11　接收并发送加密证书

（2）点击【接收】按钮，系统弹窗提示"是否接收"，二次确定，完成加密证书的接收过程。如图 4 - 6 - 12 所示。

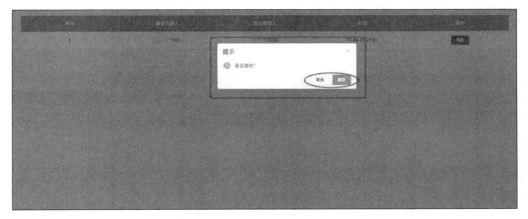

图4-6-12　二次确定接收

（3）完成加密证书的接收之后，"操作"栏中的【接收】变更为【发送】，点击【发送】，系统弹出登记证书的详细内容页面。如图4-6-13所示。

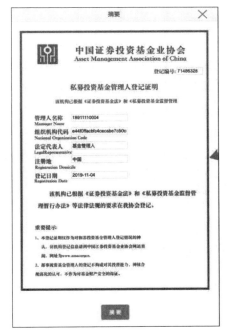

图4-6-13　弹窗显示摘要文件

图4-6-14　摘要加密生成二维码

（4）点击【摘要】按钮，跳转至数字摘要的加密操作中，将需要加密的信息进行提取，粘贴上对方的公钥，生成信息二维码。点击【发送】按钮，完成发送的过程。如图4-6-14所示。

四、基金托管人零知识证明

（1）基金托管人进入【零知识证明】任务的实境演练中，会产生一条来自基金管理人发送的数据,记录的信息包括:序号、基金托管人、基金管理人、时间、操作。如图 4-6-15 所示。

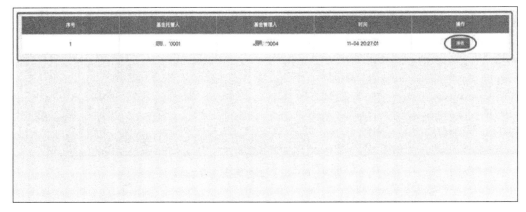

图 4-6-15　接收数据记录

（2）点击【接收】按钮,系统弹窗二次确定"是否接收",点击【确定】进行再次确定。如图 4-6-16 所示。

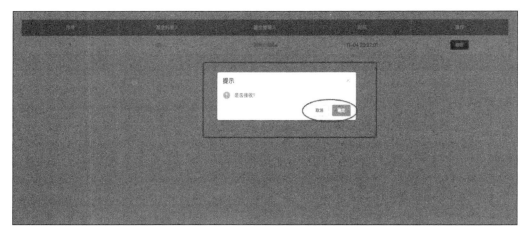

图 4-6-16　二次确定接收

（3）接收完成之后,进行合同的验证,在操作栏中,由【接收】变为【验证】,点击【验证】,输入自己的私钥,完成合同的解密验证。如图 4-6-17 所示。

（4）在输入框中输入私钥,进行公私钥配对之后,点击【解密】按钮,将加密的数字摘要解密,显示出信息的二维码。如图 4-6-18 所示。

（5）整个解密、验证的过程中,没有泄露证书中的任何内容,同时还能保证证书的正确性和完整性。

图 4 - 6 - 17　输入私钥验证

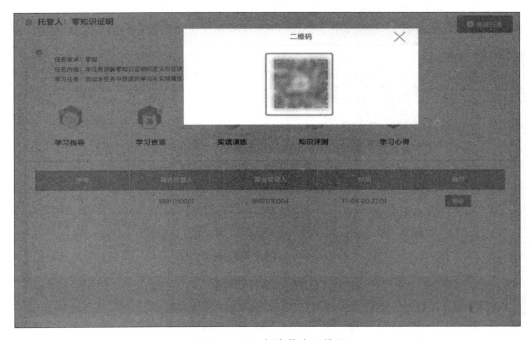

图 4 - 6 - 18　加密信息二维码

五、基金托管人签署基金合同

（1）基金托管人进入【签署基金合同】任务的实境演练中，选择基金管理人进行合同的签署。已签署过基金合同的管理人，不能再次签署。如图 4-6-19 所示。

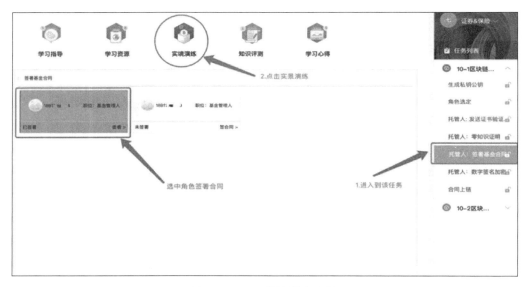

图 4-6-19　签署基金合同

（2）点击【签合同】按钮，系统弹窗显示"是否签署合同"的二次确定，点击【确定】进入私募投资基金合同的填写中。如图 4-6-20 所示。

图 4-6-20　二次确定合同签署

（3）填写"私募投资基金合同"一共 3 页，基金托管人须按照标准填写。填写完成之后，点击"私募投资基金合同"底部的【确认】按钮，完成基金合同的签署。如图 4-6-21 所示。

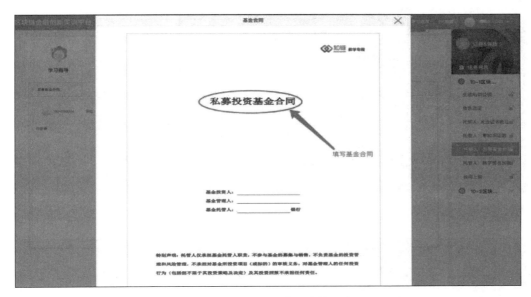

图 4 - 6 - 21　签署私募投资基金合同

六、基金托管人数字签名加密

（1）基金托管人进入【数字签名加密】任务的实境演练中，进行加密。任务中显示了托管人与基金人之间签署的合同记录，包括：序号、基金托管人、基金管理人、操作。如图 4 - 6 - 22 所示。

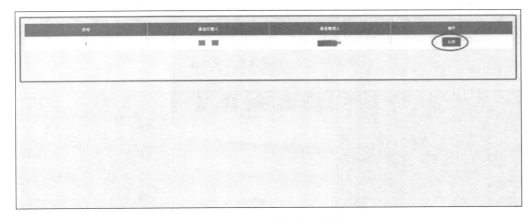

图 4 - 6 - 22　加密基金合同

（2）点击【加密】弹窗二次确定"是否加密？"点击【确定】，进入数字签名界面。数字签名中需要输入对方的公钥、加密信息的哈希值、自己的私钥。如图 4 - 6 - 23、图 4 - 6 - 24 所示。

（3）基金托管人，将数字签名中需要的公私钥全部填写正确，点击【加密】按钮，可以看到加密后的密文和数字签名。再次点击【加密】按钮，将加密好的基金合同发送给基金管理人。如图 4 - 6 - 25 所示。

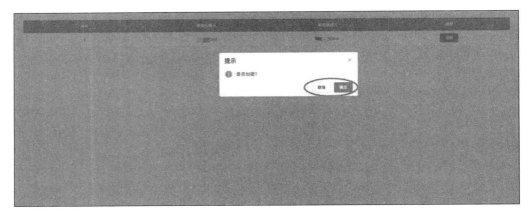

图 4 - 6 - 23　二次确认是否加密

图 4 - 6 - 24　数字签名加密过程

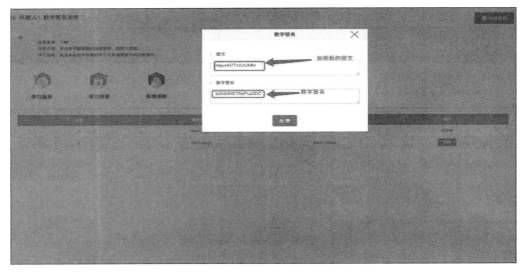

图 4 - 6 - 25　数字签名和密文

七、基金管理人接收基金合同

（1）基金管理人进入【接收基金合同】任务的实境演练中，在该任务中记录了基金托管人发送的基金合同。如图 4-6-26 所示。

图 4-6-26 接收基金合同

（2）在操作栏中，点击【接收】按钮，从接收状态变更为【解密】状态，点击【解密】弹窗显示解密的输入框。显示出需要解密的密文和已经加密的数字签名。如图 4-6-27 所示。

图 4-6-27 需要解密密文和数字签名

（3）点击【确定】按钮，进入解密的界面，需要输入自己的私钥，来匹配自己的公钥进行解密。如图 4-6-28 所示。

图 4 - 6 - 28　解密密文和数字签名

八、基金管理人签署基金合同

（1）基金管理人进入【签署基金合同】任务的实境演练中，进行签署合同的实训操作。如图 4 - 6 - 29 所示。

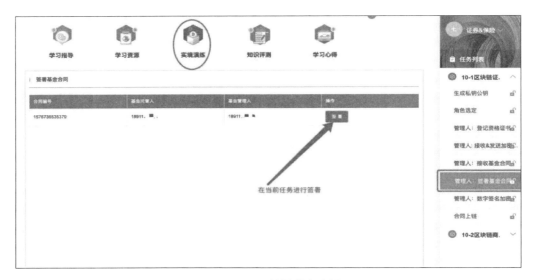

图 4 - 6 - 29　签署基金合同

（2）点击【签署】功能按钮，系统弹窗显示基金管理人填写的"私募基金合同"内容，进行确认操作。点击"私募基金合同"底部的【确定】完成签署操作。如图 4 - 6 - 30 所示。

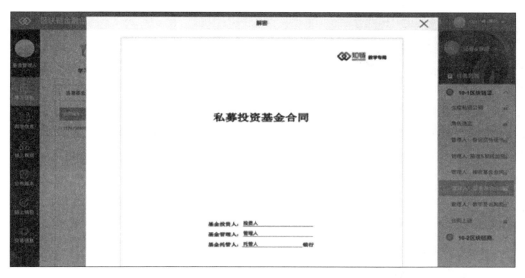

图 4-6-30 填写私募投资基金合同

九、基金管理人数字签名加密

（1）基金管理人进入【数字签名加密】任务的实境演练中，选择该班级下的基金投资人，将基金合同加密发送给该基金投资人。如图 4-6-31 所示。

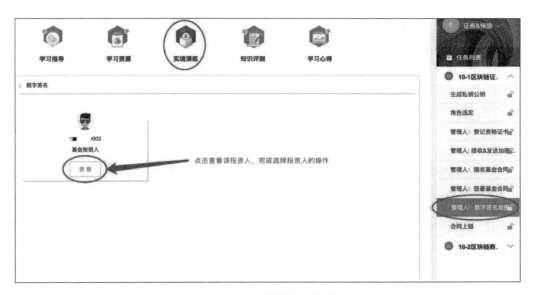

图 4-6-31 选择基金投资人

（2）点击【查看】进入该投资人发送界面。如图 4-6-32 所示。

（3）点击【加密】弹窗显示数字签名加密的过程，数字签名算法保证了链上接收人的唯一性以及信息的完整性。如图 4-6-33 所示。

（4）输入私钥以后，点击【确定】，进入数字签名执行后的结果界面。如图 4-6-34 所示。

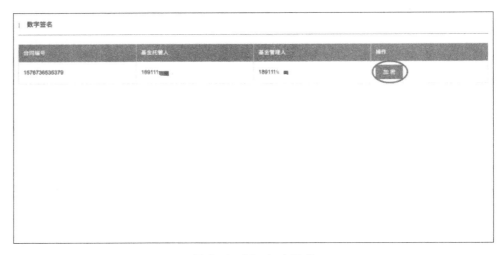

图 4-6-32 加密证书

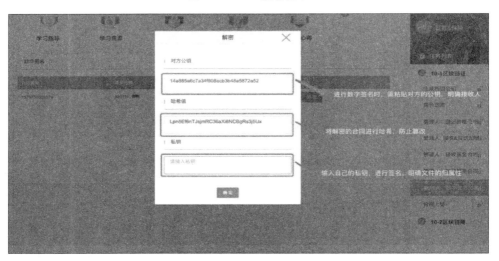

图 4-6-33 数字签名的加密过程

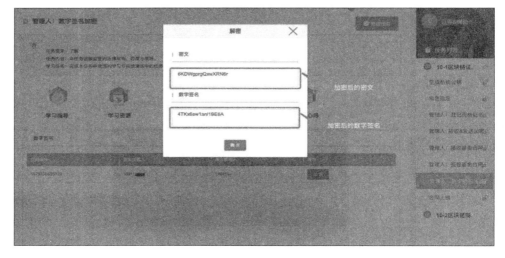

图 4-6-34 数字签名的加密结果确定

十、基金投资人接收基金合同

（1）基金投资人进入【接收基金合同】实训任务的实境演练中，点击【接收】按钮，由接收变更为解密按钮。如图4-6-35所示。

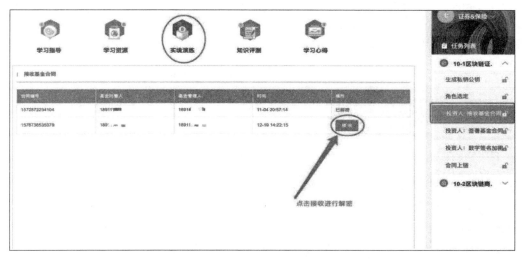

图4-6-35　解密基金合同

（2）点击【解密】按钮，弹窗显示，需要解密的"密文"和"数字签名"。如图4-6-36所示。

图4-6-36　需要解密的"密文"和"数字签名"

（3）点击【确定】按钮，进入解密密文的界面。这个解密的过程和解密过程是相互对应的操作。如图4-6-37所示。

（4）输入私钥完成数字签名的解密以后，系统自动弹窗显示数字摘要和明文的哈希值。这两个哈希值，分别来自数字签名加密时进行的两重加密。如图4-6-38所示。

图 4 - 6 - 37　数字签名的解密

图 4 - 6 - 38　解密基金合同

十一、基金投资人签署基金合同

（1）基金投资人进入【签署基金合同】任务的实境演练中。如图 4－6－39 所示。

图 4－6－39　进入签署基金合同任务

（2）点击【签署】按钮，弹窗显示"私募基金合同"的内容。点击【确定】完成签署操作。如图 4－6－40 所示。

图 4－6－40　签署私募投资基金合同

十二、基金投资人数字签名加密

（1）基金投资人进入【数字签名加密】任务的实境演练中，将合同发送给监管机构,在发送之前需要将合同进行数字签名,保证合同的不可篡改性和接收人的唯一性。如图 4 - 6 - 41 所示。

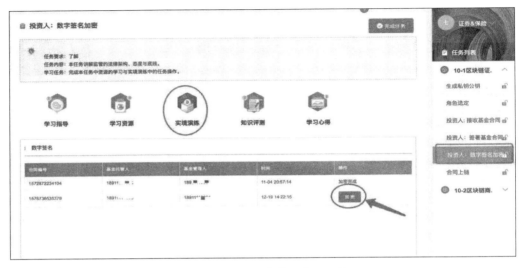

图 4 - 6 - 41 加密基金合同记录

（2）点击【加密】,弹窗显示加密的填写框。如图 4 - 6 - 42 所示。

图 4 - 6 - 42 数字签名过程

（3）在输入框中,输入投资人的私钥,进行加密。点击【确定】按钮,查看加密后的密文和生成的数字签名。再次点击【确定】完成加密操作。如图 4 - 6 - 43 所示。

十三、三方合同上链

基金投资人、基金托管人、基金管理人合同上链,进入【合同上链】任务的实境演练中,点击【上链】按钮,完成上链操作。如图 4 - 6 - 44、图 4 - 6 - 45 所示。

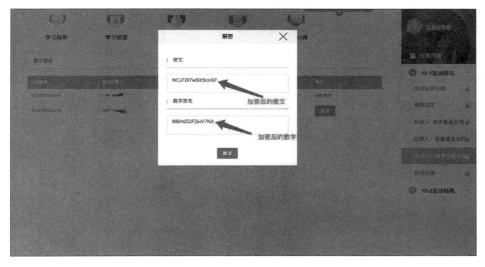

图 4 - 6 - 43　加密后的密文和数字签名

图 4 - 6 - 44　进入合同上链任务

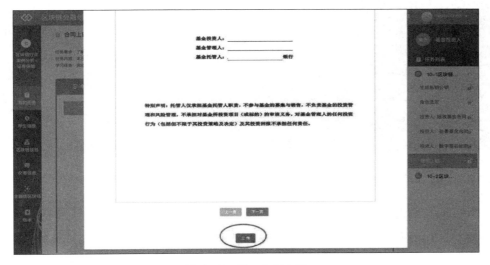

图 4 - 6 - 45　合同上链

十四、监管机构查看基金合同

（1）监管机构进入【查看基金合同】任务的实境演练中，进行基金合同的查看。如图 4-6-46 所示。

图 4-6-46 进入查看基金合同任务

（2）点击【接收】按钮，弹窗显示解密的输入框，输入私钥进行解密。如图 4-6-47 所示。

图 4-6-47 私钥解密合同

（3）输入私钥后，点击【确定】按钮，弹窗显示"私募投资基金合同"的详细内容，进行查看，并点击【确定】接收。如图 4-6-48 所示。

图 4 - 6 - 48 监管人将私募投资基金合同上链

十五、监管机构查看智能合约

（1）监管机构进入【查看智能合约】任务的实境演练中。如图 4 - 6 - 49 所示。

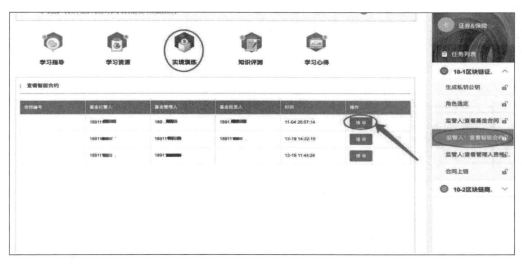

图 4 - 6 - 49 查看智能合约任务

（2）点击【接收】弹窗显示解密合同的输入框，输入监管机构的私钥。如图 4 - 6 - 50 所示。

（3）输入私钥后，单击【确定】将合同中的条款，转化为智能合约。点击【关闭】完成查看合约的实训任务。如图 4 - 6 - 51 所示。

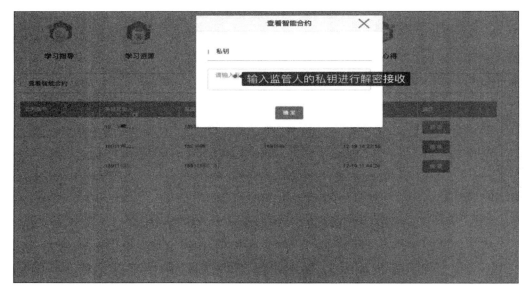

图 4 – 6 – 50　私钥解密合同

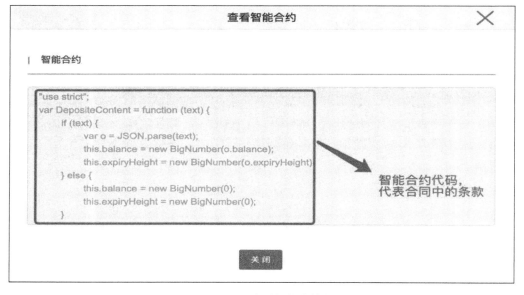

图 4 – 6 – 51　查看智能合约代码

十六、监管机构查看管理人资质

（1）监管机构进入【查看管理人资质】任务的实境演练中。如图 4-6-52 所示。

图 4-6-52　选择基金管理人

（2）点击【查看】，弹窗二次确定"是否查看证书"。如图 4-6-53 所示。

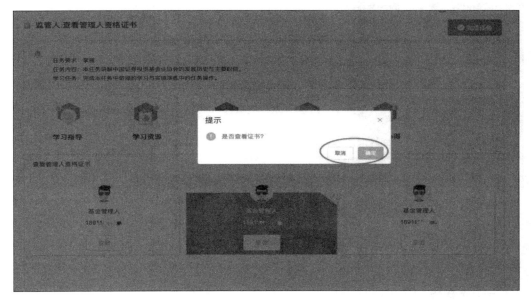

图 4-6-53　二次确定是否查看

（3）点击【确定】按钮，进入输入私钥解密资质证书的界面。如图 4-6-54 所示。

（4）输入私钥之后，点击【确定】进行解密，弹出资格证书的明文。如图 4-6-55 所示。

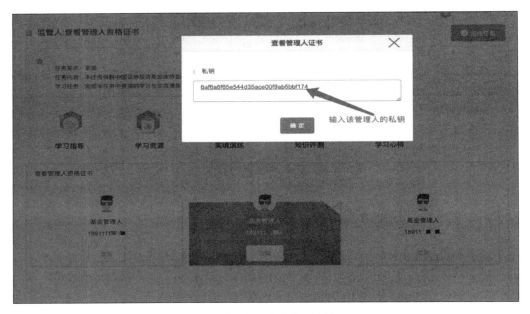

图 4 - 6 - 54 输入私钥解密

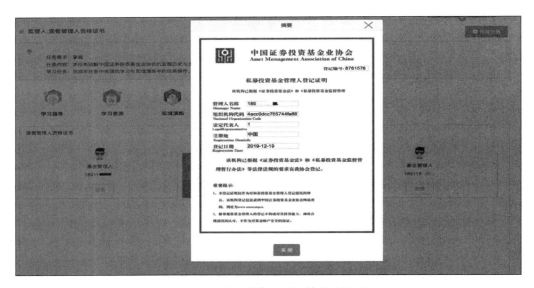

图 4 - 6 - 55 解密后显示的登记证明

练习题

一、选择题

1. 证券是指各类记载并代表一定权利的(　　　)。

A. 书面凭证　　　　B. 法律凭证　　　　C. 货币凭证　　　　D. 资本凭证

2. 证券按其性质不同,可以分为(　　　)。

A. 凭证证券和有价证券　　　　　　　　B. 资本证券和货币证券

C. 商品证券和无价证券　　　　　　　　D. 虚拟证券和有价证券

3. 证券市场的构成要素主要包括证券市场参与者、证券市场交易工具和（　　）等三个方面。

  A. 证券市场中介机构   B. 证券交易所

  C. 交易场所   D. 场内交易市场

4. 关于区块链的特征和作用，下列不正确的是（　　）。

  A. 省去第三方中间环节，降低交易成本

  B. 打通部门间的数据壁垒，加强自动化水平和处理效率

  C. 具有强大的容错能力，提升市场基础设施的数据安全等级

  D. 排除管理员外任何人修改信息的可能性，确保信息安全

二、判断题

1. 凭证证券是认定持证人是某种私权的合法权利者和持证人所履行的义务有效的书面证明文件，如存款单、信用证、证据等。（　　）

2. 证券市场的构成要素主要包括证券市场参与者、证券市场交易工具和交易场所等三个方面。（　　）

3. 登记是无记名证券情况下才有的概念。如果是记名证券，则不需要进行登记。（　　）

4. 在现代证券交易结算制度中，投资者一般需要通过特定的中介机构才能享受证券交易场所、登记结算机构的服务。（　　）

5. 上海证券交易所实行的是中国证券登记结算有限责任公司深圳分公司统一托管和证券营业部分别托管的二级托管制度。（　　）

6. 证券资金结算包括清算和交收两个环节，可以简单理解成买方交钱拿券、卖方交券拿钱的过程。（　　）

7. 通过算法可以从私钥生成公钥，也能够反向从公钥生成私钥。（　　）

8. 智能合约属于事前预定、预防执行模式，而传统合约采用的是事后执行，根据状态决定奖惩的模式。（　　）

三、名词解释

1. 证券

2. 证券登记

3. 证券结算

4. 公钥

5. 基金合同

6. 智能合约

项目五
区块链在保险业务中的应用

 **案例导入**

区块链赋能保险

区块链在支持交易方面有着强大能力。此外,区块链也可以通过智能合约建立起正式的商业关系。更进一步,这种能力有望实现流程自动化、促进理赔畅通度并减少保险欺诈活动,最终彻底改变整个保险行业的面貌。目前已有多家国内外保险公司运用区块链技术赋能。

例如,Insurwave 是一套基于区块链的海运船舶保险平台。该平台由 A.P.Moller-Maersk 集团、ACORD 以及微软公司的合作产物,预计该平台将在上线的 12 个月之内完成 50 万笔自动交易并处理 1 000 余艘商业船舶的保险业务。Insurwave 平台能够向保险公司与被保险方提供重要的实时信息,包括船舶位置、状况以及安全隐患等。因此,一旦船舶进入高风险区域,系统会检测到此情况并在保费计算中有所体现。

此外,泰康保险集团推出基于区块链技术的积分管理平台,泰康保险集团采用基于超级账本 Fabric 架构的企业级区块链,打造积分管理平台。中国人保推出区块链养殖保险服务平台,还与 DNVGL 和 VeChain 合作,深化区块链技术应用。众安保险自主研发的高性能高扩展通用性区块链协议 Annchain,已经成为工信部首批三大开源链之一,也是首批通过"区块链参考架构"测试的 5 个产品之一。

区块链具体如何赋能保险行业? 近年来保险业实际运用又是如何?

学习目标

1. 认识保险的本质和含义。

2. 了解保险合同的要素。

3. 认识到传统商业保险存在的行业痛点。

4. 了解区块链保险是什么,认识到区块链与保险的"基因相似性"。

5. 认识区块链对保险行业的作用。

6. 了解区块链技术在保险产品设计环节、销售环节、理赔环节、反欺诈领域、再保险以及相互保险中的应用。

 **素养目标**

1. 认知到区块链技术与保险业务嵌合在一起,不仅能对现有商业模式、交易流程进行简单的改造,更可以结合保险业务、监管和法律等要素,给保险行业带来创新。

2. 认知到区块链技术在我国迅速发展并能够与各行各业深度融合。

 **章节脉络**

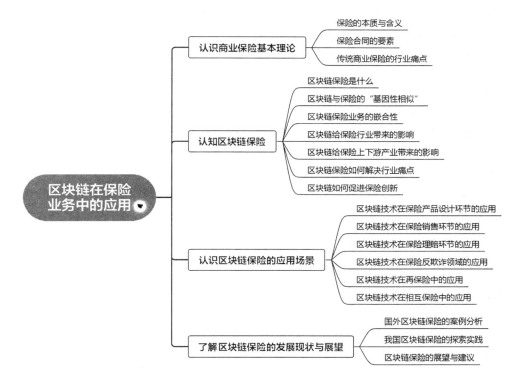

任务一 认识商业保险基本理论

一、保险的本质与含义

纵观保险的历史,保险学者们从不同角度对保险的本质进行论述,从而得出不同的学说及理论。例如"经济补偿制度说""经济补偿合同说""契约统一说""转移风险财务手段说"等等。

实际上,保险的含义从不同的视角,有不同的理解。想要完整地理解保险的本质,需要从几个方面进行分析。

从法律的意义来说,保险是一种合同行为。一方当事人按照约定支付另一方当事人一定数额的保险费,另一方当事人对保险标的因约定事故发生所造成的损失、损害,或者在双方约定事故的期限届满时,按照双方约定承担金钱赔偿或者给付义务,

保险的本质
与含义

双方在法律上地位平等,在平等、自愿的基础上,订立协议,以确立权利义务关系。例如由于某种风险,A 可能受损 1 000 元,为规避损失,A 决定向他人转移损失。为此,A 与 B 达成协议,A 向 B 支付 20 元,如果在一年内 A 受此损失,则 B 向 A 支付 1 000元,如果一年内 A 未受此损失,则 B 不必返还或支付任何利益。

从经济的角度上,保险是集合同类风险并巨资建立基金,为特定风险的后果提供经济保障,在同类风险单位间分摊损失的一种风险财务转移行为。通过这一机制,面临风险的经济单位,通过参与保险,将风险转移给保险人,以财务上确定的小额支出代替经济生活中的不确定性(可能的大额不确定损失)。

B 借助大数法则,将足够多的面临同样风险的经济单位组织起来,但这不代表 B 是亏损的。如果另有 999 人面临与 A 类似的风险且都以同样条件向 B 转移风险,则 B 可收取 20 000 元,而 B 可以基于过去这种风险发生的实际情况,预测到其所承受风险的发生概率。假设这个概率为 1.5%,则危险实际发生后,B 至多只需要对外赔付15 000 元即可,如果不考虑经营费用,B 因此可以盈利 5 000 元,甚至还可以运用所收取的保险费进行投资以取得收益。

从社会的角度来看,保险是指国家在既定的政策下,通过立法手段建立的社会保险基金,当劳动者由于年老、疾病、伤残、失业、生育以及死亡等原因,暂时或永久性失去劳动能力或劳动机会的时候,由国家或社会对其本人或家庭给予一定资助的社会保障行为。

二、保险合同的要素

《中华人民共和国保险法》第十条规定,"保险合同是投保人与保险人约定保险权利义务关系的协议"。一份保险合同的成立,需要几个基本条件,这就是保险合同的要素。

保险合同主体是指在合同中享有权利、承担义务的人。保险人与投保人是保险合同的当事人,也就是直接参与合同签订的人。其中,保险人又称承保人,即保险业务的经营人。保险人享有收取保险费的权利,同时约定当发生保险事故时,承担损失赔偿或给付保险金的责任。我国保险人是指取得监管机关许可、从事保险活动的保险公司。投保人又称要保人,是指与保险人订立保险合同,并负有支付保险费义务的人。投保人应当具有相应的民事权利能力,而且必须对保险标的之财产、责任或被保险人具有保险利益。

为了帮助保险合同的成立,广义的保险主体其实还包括被保险人、受益人和合同辅助人。被保险人受保险合同保障,且有权按照保险合同规定向保险人请求赔偿或给付保险金的人。受益人一般属于人身保险范畴的特定关系人,即在保险事故发生后享有保险赔偿与保险金请求权的人。受益人一般由被保险人或投保人指定。

保险合同的辅助人。由于保险合同的订立和履行是一个很复杂的过程,因此需要一些中介向投保人或被保险人提供专业帮助。保险公证人是依法设立,向委托人收取酬金,办理保险标的的查勘、鉴定、估损以及赔款的理算并予以证明的人。保险代理人是根据保险代理合同或授权书,向保险人收取保险代理手续费,并以保险人的名义代为办理保险业务的人。保险经纪人是给予投保人或被保险人的利益,提供中介服务、收取佣金的人。

☞ **特别提示:**
现代保险的产生与发展,无论从哪个角度理解,都在彰显现代社会发展尤为重视的互助与诚信。

☞ **特别提示:**
一般来说,保险合同由合同主体、合同客体和合同内容三部分组成。

保险合同的要素

保险代理人和保险经纪人最本质的区别是,保险代理人代表保险公司的利益。保险经纪人代表的是客户的利益。

保险合同的客体是指权利和义务所指向的对象,保险合同的客体是与保险标的联系在一起的,但并不是保险标的本身。因为事故发生后,保险人须对保险标的所遭受的损失进行赔偿,而不是恢复保险标的,所以保险合同客体是标的所具有的保险利益。

保险合同的内容,即保险条款,是指规定保险双方当事人的权利和义务及其他有关事项的条文,是当事人双方履行合同义务、承担法律责任的依据。分为基本条款、附加条款、保证条款。

三、传统商业保险的行业痛点

我国的保险业经历了近一个世纪的发展,既取得了很多耀眼的成绩,也产生了一些难以祛除的顽疾,今天我们来总结一下传统商业保险存在的一些行业痛点。

保险产品一般比较昂贵,很多消费者买不起,这也是我国保险深度和保险密度远低于发达国家的原因之一。保险为什么这么贵呢？传统保险行业存在中心化的保险公司,它们主要的资金来源就是保费收入,所以这些保险公司把大部分的精力放在了保险销售和资金管理上。设立了很多销售场所,聘请了很多保险代理人。各级分销渠道虽能帮助其推销保险产品,但也赚取了大部分的利润。例如,一些消费者坐飞机时,会顺手在出行软件上购买一份航空意外险。这份航空意外险可能是 20 元,但其中的 18 元是支付给订票平台的,保险公司实际只拿到了 2 元。这就导致保险虽然很贵,但真正用在保险产品设计和保险服务上的费用并没有那么多。

传统的保险产品数量虽然很多,可都是千人一面。保险公司没有充分地了解客户,就难以做到市场细分,设计的产品自然不够丰富。比如车险,开车 10 年都不出险的司机和三天两头撞车的司机,两者的风险系数不同,如果交同样的保费,就是不合理的。所以保险公司在费率订立上应当更具差异化,让这些高风险的人多出一点保费。这种方式可能会督促他们谨慎驾驶,又产生了有正面的社会意义。如果保险公司有足够的数据把客户细分,就能够做出更具个性化的保险产品,将有利于风险控制和整个行业的发展。

保险公司的服务能力存在弊端。一项商业保险消费调查显示,我国超六成民众不购买商业保险,主因是保险公司的诚信问题。很多消费者认为,有些保险公司的销售人员受利益驱动,在承揽商业保险时,没有向消费者履行如实告知的义务,夸大了保险产品的收益或服务范围,隐去了风险提示。

手工录入数据易出错。尽管互联网正在崛起,有些险种依然使用纸质合同作为保单的载体,手动录入大量数据是一个易出错的过程,需要人力进行监管。且保险本身具有复杂性,牵涉到消费者、中介、保险人、再保险人以及风险本身,每个环节都有失败的可能。

对于以车、房为保险标的的财险和意外险,一大难点在于收集处理理赔所需要的信息。假如 A 发生了车祸,B 为肇事者负全责。A 向他的保险公司提出索赔。保险公司进行查勘定损并向 B 的保险公司提出索赔,但 B 的保险公司或许有着不同看法,毕竟"损失"的界定可能是十分主观的。需要多方进一步协调沟通,导致理赔效率低。

☞ **特别提示：**
　　保险从业人员在执业活动中应恪守诚实守信原则,客观、全面地向客户介绍保险信息,不误导客户。

任务二　认识区块链保险

一、区块链保险是什么

☞ 事件提醒：
　　2019 年 7 月 16 日，银保监会下发《中国银保监会办公厅关于推动供应链金融服务实体经济的指导意见》，鼓励银行保险机构将物联网、区块链等新技术嵌入交易环节，提高智能风控水平。

区块链保险是什么

　　事实上，从 2016 年起，多家保险企业均将区块链技术嵌入业务环节。区块链技术在促进数据共享、优化业务流程、降低运营成本、提升协同效率、建立可信体系等方面拥有天然的优势，可以提供更安全、更及时、可追溯的交易机制，是促进保险行业数字化转型的重要支点。

　　具体是怎样实现的呢？以健康保险为例。现在一名肺炎患者去医院就医，他能否得到良好的治疗，取决于医生能否获得肺炎的准确信息和他以往的医疗记录。这个患者之前可能求诊过多位医生和多个专家，他的医疗记录分散在不同的医院和保险公司中。这些人所属的机构不同，在他们之间分享医疗数据是比较困难的。因此，先要请求相关机构提供有关的医疗数据，还要从他的保险公司取得相关权限，再向其提出索赔。这一流程完全是人工操作的，每一环都有可能失败。

　　而新引入的区块链技术，正是一种对所存储的共享数据进行加密保护的模式。通过建立全行业同步的信息数据库，向保单持有人、保险人等相关的信息需求者开放数据追踪的权限，保险公司和医疗机构因此可以共享病人的医疗信息。为了保证数据的真实性和唯一性，医疗记录的区块链系统可为分布式账本上每一记录保留加密签名，签名可为每一文档进行时间戳记，文档内容的任何变更都会在共享账簿中显示出来。这也就意味着，区块链是去中心化的，它能够建立一个基于网络的公共账本，所有数据公开透明、不可篡改。这样大家都可以看到保险人的数据，就不需要耗费很多的人力物力去查询核实信息了。信息公开后，整个保险体系更加公平、高效，这也极大提升了客户的投保意愿；保险公司可以依据这些真实有效的信息对每个投保个体定制专属保险产品，实现真正的差别定价并且能更好地契合投保人的实际需求。在最后的索赔阶段，可以利用区块链的智能合约，将保险条款和条件编成代码，当获得特定指令时，它可以自动确认保障范围，进行理赔。

二、区块链与保险的"基因性相似"

　　为什么区块链与保险能够结合得很好呢？保险之所以能够成为区块链的经典应用场景，是因为二者有着基因上的相似性。

　　保险作为市场机制下的社会互助形式，产生的基础是个体集合与协同；而区块链通过复杂技术构建的"全网共识"，也是为了建立高效的个体集合与协同。也就是说，二者的目的是相同的，所以才能实现融合创新。

　　它们的相似体现在四个特征之中。

（一）社会性

　　保险行业的运营法则是大数法则，主要是指保险在可保风险的范围内，根据自身的承保能力，尽可能多地承保风险和标的，来实现风险分散。根据保险大数法则，保险公司承保的每类标的数目必须足够大，才能够得数所需的数量规律。区块链也具备社会性特征，因为区块链技术的重要前提是全网共识，即所有的参与者的集体共识，而且，这种社会性不依赖一个"中心"，而是通过分布式技术和计算的信任体系，实现更加客观、民主的管理。

（二）唯一性

保险利益往往是依附于人的，所以人的唯一性是保险利益唯一性的前提。很多保险欺诈的发生都与唯一性有关，其本质是身份的识别与确认。传统的身份确认多采用物理方法，如居民的身份证、护照等显示身份信息的文件，不仅核实效率低，还容易受到篡改。区块链技术能够有效解决身份识别问题，无论是人还是物品，都能进行身份管理。由于采用了分布式技术，不再依赖某个"认证中心"，每个人对个人数据拥有控制权，这种数字身份会更加安全和便捷。

（三）时间性

大多数的保险责任均是以时间为基础的，具体表现为"保险期限"。在保险经营过程中，保单的期限在风险没有确定以前就应该确定，如果"先出险，后投保"，就是违法行为，保险公司不负责赔偿。因此，"时间管理"也是保险经营管理的一个重点。区块链是通过"时间戳"机制解决时间问题的，每个交易者在记账时都会盖上一个时间戳，一旦信息经过验证，就能在区块链上永久存储起来，形成可追溯的完整历史。每一笔数据都可以检索和查找，确保了交易的不可逆转性，形成一个不可篡改、不可伪造的数据库，从而验证某笔交易是否真实

（四）安全性

在大数据时代，信息安全无疑是至关重要的。作为以数据为载体的行业，保险正面临着维护信息安全的挑战，不仅要保证自身运营信息的安全问题，还要注重客户的隐私保护问题。区块链结构中应用了数字签名算法、哈希算法等多种密码学算法组合，能够保证信息的有效性、不可伪造性和不可抵赖性。区块链的安全性解决方案，维护成本相对低，具有巨大的应用前景。

三、区块链保险业务的嵌合性

区块链的基本特征也充分地适用于保险业务。如果把区块链技术运用到保险行业中，能为保险机构和保险业务带来很多优势。因此，区块链与保险有着天然的嵌合性。

由于区块链的开放性特征。除了一些隐私信息，其他信息都是公开的，投保人和承保人都能查询和追踪保险信息，有效解决了道德风险和逆向选择的问题。开放性特征也能提升云计算和大数据的运用，使保险产品的价格更加合理。

区块链保险业务的嵌合性

另外，区块链还有透明性。交易发生时，区块链网络会发布全网广播，并将这些信息发送到每个客户端，所有人都可以了解到详细的交易信息。提高了保险主体之间的信任程度，使产品营销变得更加精准，避免了保险信息的丢失。

但是，如果一切信息都被公开出来，岂不会泄露客户的身体状况、就医情况、资产规模这些私人信息吗？可以说，目前保险行业在隐私保护方面表现的的确不够好，亟须改善。区块链的密钥是由交易者自己保存的，为了保证个人隐私不被泄露，个人交易的具体内容只能由本人进行访问和查询，很多数据只能由交易者本人来更改。这是区块链的隐私性，即保险合同的具体内容只有投保方才有权查看。

虽然在区块链的帮助下,大家可以追踪到其他人的交易信息,但是对于与自己无关的交易内容,是无法获取交易者真实身份的,这就是区块链的匿名性。

另外一道安全防线是区块链的不可篡改性。一旦区块链上的数据通过验证,就会被永久储存起来。与此同时,区块链的时间戳为所有数据记录了添加的时间。想要篡改数据,难度是非常大的。因此,不可篡改性可以保障保险信息、保险合同以及资金的安全,提高了保险相关机构的风险控制能力。

区块链还可以助力保险行业降低成本。区块链具有分布式记录和储存功能,链上每一个节点的权利义务都是相同的。所以,区块链的去中心化可以帮助保险行业"脱媒",客户完全可以跳过中介机构选择合适自己的保险产品,减少了中介费与渠道费用。

最后是区块链的自治性。自治性是通过将法律变成代码,引入"脚本"使程序得以自动执行,从而提高保险业务的智能化水平。当保险合同达到特定条件时,能够自动履行合同义务,不仅减少了保险公司与客户之间的纠纷、保障双方的利益不受到侵害,还能为保险公司节约人力成本。

通过以上分析,能够得出结论:如果将区块链技术与保险行业嵌合在一起,能够促进保险行业的转型升级,有效摆脱困境。

四、区块链给保险行业带来的影响

区块链给保险行业带来的影响

区块链技术能够很好地与保险业务嵌合在一起,不仅能对现有商业模式、交易流程进行简单的改造,更可以结合保险业务、监管和法律等要素,构建出新流程和新模式。那么,区块链将给保险行业内部带来什么影响。

保险是一个覆盖口径大、关联性很强的行业,涉及众多的机构和部门,而目前的状况是,相关的数据割裂存在于不同的组织当中,出现了明显的数据孤岛。特别是保险公司本着对客户保密的商业原则,不愿意将信息资源提供给其他机构,极大地限制了数据开发的空间。因此,区块链打通了保险机构与其他相关组织之间数据共享的"最后一公里",可有效提高业务办理的效率,形成共赢互惠的效果,最终将更多的普惠功能传递给公众。

曾经的年金管理业务缺少一个标准的交互平台,受托人、账户管理人、托管人等主体只能两两交流互动。区块链可以连接多个参与方,在充分保障各方隐私安全的基础上进行链上信息共享及流转,不仅保证了数据的安全,还提升了交互效率,减少资金挂账,降低人工对账成本。

如果许多保险公司都开始使用区块链,就可以形成一种联盟型的区块链区域,更容易实现链中信息共享了。对于再保险和共同保险来说,保险事件一旦发生,与合同相关的所有保险人、再保险人和承保代理人都希望迅速跟进并开展谈判。利用区块链技术将保险条款编写进区块,所有成员都能在各自区块链节点获取相关业务数据并进行账单确认,监测到理赔的进展,从而打破信息不对称的现状,避免重复录入,大幅减少传统再保险及共同保险中的手工操作,助力形成再保、共保新生态。

信息准确健全还会提升保险行业的反欺诈能力。风险数据的分散化、碎片化分布削弱了行业的风险识别能力和反欺诈能力,风险信息共享成为行业内部互联互通的重要保证。区块链既能促进互联网保险业务更快地发展,确保数据隐私安全和数

☞ 特别提示:
区块链为整个世界带来的影响也将是巨大的、深刻的。区块链技术的融入将打破保险行业内的信息壁垒,提升业务协同效率及行业风控能力。

据所有权;又能做到实时共享、积极应对行业风险。以低成本、高透明的方式构建信任、安全的行业均衡发展体系。

例如:

(1) 促进年金管理业务中机构之间的协同交互。

(2) 解决再保险和共同保险中运营效率低的问题。

(3) 加强内部信息共享,提高反欺诈能力。

五、区块链给保险上下游产业带来的影响

区块链将能帮助保险行业实现内部信息共享,提高业务协同能力和工作效率。那么它又能给保险上下游产业带来哪些变革呢?

保险上下游产业是指与保险行业存在一定的技术经济关联,并依据特定的逻辑关系和时空布局关系客观形成的链条式关联关系形态。保险产业链中的上下游产业,一般包含非保险的金融服务业(银行、证券等)、健康医疗、养老、地产、汽车等各行各业。

保险行业与上下游产业之间的数据割裂,极大地限制了保险价值功能的实现,数据共享的外部环境并不理想。因此,如何"突破行业边界"对保险企业提出了更高的要求。

区块链的开放性突破了保险的业务范围,使保险业务沿着产业链上下游进入非保险业务市场中。不仅为自身客户提供了更多元化的产品和服务,增加了客户贡献价值。还能发挥渠道、资金等方面的协同效应,扩大客户基数,提高客户黏性。

保险行业与很多产业都能够连接在一起,例如跨境贸易就是一个很好的突破点。通过区块链技术搭建一个跨境贸易保险平台,跨境贸易企业可以在平台中录入交易信息、银行可以录入收付款信息、海关可以录入进出口产品的流转信息,保险公司能够及时进行风险识别和风险管理。各个主体间还能进行信息交叉验证,提升信息的准确性。这种方式实现了高效的信息传输和分享,构筑一个安全、便捷的跨境贸易环境。

医疗健康行业可以用同样的方法把居民的医疗、养老、健康、保险等数据收集起来。这样的话,医疗系统数据和保险系统数据可以进行互联互通,形成完整的用户医疗及保险档案,客户能够在更短时间内获得赔款,减轻经济压力;区块链隐私保护技术能对居民个人健康信息进行加密及隔离,通过区块链用户授权将数据的所有权交给用户本人,保护信息不被非法泄露及违规使用,也方便了医保、人社、保险监管等机构对每一笔数据进行实时监管。

保险与上下游的连接也在无形中增加了保险公司与客户的接触频次。一直以来,保险行业与客户的互动频率非常低,平均每年接触次数为 1 次,可以说保险公司对客户是不够了解的。而当前客户偏好通过互联网获取信息、消费和社交,期望与商户进行频繁互动。所以,如果我们用区块链搭建跨机构的积分流通平台,商户可以在平台上发行积分,商户之间可以进行积分兑换。那么用户的积分就能在所有参与机构之间流通,积极地支配自己的积分了。保险行业也可以借此增加用户黏度,优化客户体验。

区块链连接了保险行业上下游产业,推动行业的可持续发展。例如:

（1）保险与跨境贸易产业的连接，提升了保险服务实体经济的能力。

（2）保险行业与医疗健康行业的互联互通，实现了医院、患者、保险公司三方共赢。

（3）支持平台积分兑换，提升与客户的互动频次。

六、区块链保险如何解决行业痛点

目前保险行业正面临的几个行业痛点，比如道德风险和逆向选择，它们不仅影响着合同设计和产品的价格，还会降低市场效率。保险欺诈、销售佣金和高昂的渠道成本一直侵蚀着行业利润。另外，保险理赔的程序复杂、效率低，这些问题严重阻碍了保险市场的健康发展。这些都是困扰保险行业很久的顽疾。但区块链的出现为解决保险行业的痛点带来了一线曙光。

区块链保险如何解决行业痛点

它是如何解决逆向选择的呢？区块链是去中心化的，所有数据都是公开透明且不可篡改的，且这些数据随着时间的推移不断丰富翔实。保险公司可以针对每个投保人的不同情况，给他们定制专属的保险产品，不仅更好地满足了他们的需求，还有利于差别定价，这将有效解决保险行业中普遍存在的"逆向选择"问题。

信息不对称、逆向选择问题的解决让整个保险体系更加公平、高效，会极大提升客户的投保意愿，这将在一定程度上降低保险的销售难度，进而节省渠道费用。另一方面，区块链技术可以优化保险销售流程，降低各个环节的查询、核实以及保单管理的人力、物力成本，从而削减渠道成本。

传统保险行业中，保险服务的执行效率很低，完成理赔的流程多、时间长。而在区块链保险中，智能合约的存在会提升执行效率、缩短流程，提高用户体验。智能合约类似于计算机程序中的条件语句，根据预先设定好的条件执行不同的合同条款。相对于传统合约，智能合约改变了反映合约内容的形式，由代码进行定义，实现了"代码即法律"。另外，智能合约还具有强制执行功能。合约一旦开始实施就脱离了任何一方的控制，相当于数据链上传后，只要规定数据达到某个值，就能够自动触发理赔。

2018年10月，弘康人寿保险股份有限公司已经正式把所有理赔结果写入区块链，借助区块链技术公开全部理赔结果。写入区块链的理赔数据不涉及客户身份、就医记录等私人信息，上传的非私人数据也通过密码技术加密以保证信息安全。

由此我们可以看到，基于区块链技术的智能合约平台能够将所有赔案的相关证据、资金流向将通过区块链上的公证处、司法鉴定中心、电子证书中心和法院等实现全节点见证，最大程度实现公正透明。

总结起来，区块链如何解决保险行业的痛点，包括三个方面：

（1）区块链重构信用体系，实现真正的差别定价。

（2）区块链优化保险流程，有效削减渠道成本。

（3）智能合约技术能够提升理赔效率，实现"自我保险"。

七、区块链如何促进保险创新

区块链如何促进保险创新

随着科技创新与场景应用的不断渗透，保险客户对保险产品和服务的需求也不再仅仅限于基本的经济补偿功能，而更加趋向于服务功能的多样化、专属化、便捷化。区块链给保险行业注入了鲜活的生命力，保险行业的创新一方面体现在怎样实现保险业务的增长，另一方面是怎样提高自身的服务能力，更好地服务社会。

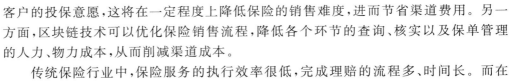

特别提示： 道德风险会导致诸多不利影响，如增加社会财富损失的概率、增加社会成本，导致市场低效率等。

特别提示： 由于信用体系不完善等问题，保险业一直面临较大的风控风险。区块链技术提供的信任机制在技术平台上执行，让保险这种基于预付的机制有了可控的风险体系。

（一）区块链可以推动保险行业产品和服务的创新

一直以来，保险都在强调定制化服务，因为市场中的保险产品同质化严重。所谓个性化定制保险是指保险公司针对不同的风险场景提供不同的投保产品，为投保人提供更多的机会去主动管理风险。可现实的问题是保险公司的数据采集能力有限，很难做到为每个客户定制专属产品。

随着区块链共识机制的融入，保险公司与用户之间达成了规则共识，实现了数据管理权转移，打破了信息孤岛现象。便于保险公司获取数据信息，不断推出全新产品，保险产品得到了创新。

（二）新兴市场和多维场景的保险应用

例如，利用区块链不可篡改的特征，搭配生物识别技术、全网共识机制，能够确保准确获取农业数据信息，解决传统农业"靠天吃饭"的问题，使农民得到更多的保障；利用区块链分布式储存、加密算法、智能合约等技术，能够建立供应链溯源体系，记录产品的生产、加工、储存、销售、购买、投诉等全流程信息，使保险公司更为准确地判断出产品的质量，及时调整保费，完善工业保险，保障公众的合法权益；利用区块链去中心化特征，为相互保险提供技术支持，形成自主运行的智能保险体系，降低互信门槛，吸引更多人参与到相互保险中，从而促进民生保险的发展。

（三）针对贵重物品这类特殊风险标的所作的创新

比如，书画作品等艺术品的市场价格浮动很大，不同的评估机构给出的估价也相差甚远，因此保险公司和投保方很难在保险金额上达成共识。由于基础数据的缺失，保险公司也很难计算损失率和费率。但是，区块链却恰恰适用于追溯保险标的的来源，可以将所有参与保险的物品记录上链，便于查找与追踪，有效地解决了这一难题。相信未来我们一定能探索出更多适合企业文化特点和需要的保险业务。

任务三　认识区块链保险的应用场景

一、区块链技术在保险产品设计环节的应用

大部分人都有过被推荐保险产品的生活经历，也都了解过一些保险产品。在我国，单是中国人寿的保险产品就有 600 多种，整个市场的保险产品恐怕有几万种。可惜的是，保险产品的种类看似很多，却并不能完全满足消费者的需求。可喜的是，区块链能够将用户信息、保单信息以及理赔信息记录储存起来，依靠安全多方计算技术挖掘数据价值，服务于保险产品的开发。

区块链技术在保险产品设计环节的应用

首先，现代保险业虽然产生了针对不同风险的多个具体险种，但是对于风险发生的环境并没有十分精确的把握，保险经营的基础是大数法则，即按照综合场景下风险事件发生的概率进行产品设计。针对这个情况，人们可以运用区块链、物联网、生物识别等技术提供个性化定制保险，开发特定风险场景的保险产品，提供较为精确的场景识别服务，基于不同场景承担不同的保险责任，为客户定制出更具个性化的保险产品。保险公司也可以根据现实风险场景为用户提供临时投保的产品，例如被保险人在自驾游期间突然遇到了恶劣天气，保险公司可以临时提高保障程度以应对风险，天

☞ **特别提示：**

保险公司不仅可以凭借区块链上记录的信息，将同样一份保单的合同按时间分段，也能在空间上提高弹性，确保保险产品的实施。

气好转之后即再降低保险条件。

比如保险公司的意外伤害险里都有一个免责条款，当一个人进入到战争地区时是免赔的，但又很难证明他是否进入到战争区域。这时，只要在区块链中加入地理位置信息定位，就可以实时地记录这个人去过的地方。一旦他进入了战区，区块链就能将当前的保单冻结，并生成一份临时保单，重新评估战区风险。当他离开了战区，临时保单失效，原保单被重新激活。这种柔性赔付机制，有助于保险公司更好地分布存量资金，提高赔付的精准度。

长期以来，保险公司更多地关注渠道创新，即使是互联网保险创新业务，也只是将线下的保险产品转移到线上，保险产品的形态设计没有得到重视。如果将区块链技术引入到产品设计阶段，就能加强保险公司产品开发的广度与深度，帮助保险公司更完整清晰地进行客户认知管理，依据客户的需求开发出更多有效的产品。保险公司也终将实现业务创新，服务水平也将得到质的飞跃。

二、区块链技术在保险销售环节的应用

目前我国国民的保险意识还不是很强，很多人对保险依然存在着抵触心理，对保险公司不信任。过高的信任成本给保险增加了更多的流程，保险公司不得不为此付出高额的运营和推广成本。在销售环节，保险公司为了获取客户，在全国设立了多家营销网点、花费着高昂的广告费、雇佣多达百万的营销人员进行产品推广。可以说，保险的产品销售很大一部分是通过中介渠道进行的，这些保险代理机构、保险代理人则过多地看重成交量和提成，对销售产品的熟悉程度并不高，容易忽视保险责任、理赔和除外责任等关键部分。这也导致后期的理赔阶段可能会出现服务不到位的情况。

销售前期的核保工作也是非常重要的。为了防止逆向选择和道德风险，每个人买保险前，保险公司要核实一下此人的健康状况、收入能力、投保动机等等，来决定要不要承保，保费收多少。投保审核的工作量是较大的，给保险公司增加了很大的开销。

另外，交易生成后通常采用纸质合同进行客户管理，还要使用相应的设备对客户数据进行维护，也提高了人力与材料成本。

如果能减少销售过程的支出，保费则会降低。因为从保险公司的角度看，运用区块链的去中心化与共识机制，投保人可以在平台上购买保单，后台数据会自动更新下单，平台根据分布存储的信息判断投保人是否符合标准，选择是否接受购买请求。

同时，区块链是天生的"记账专家"，赔偿标的价值可以追本溯源，并实现永久性跟踪。省去了以往人工传送、受理、审核、反馈等繁琐的流程，降低了销售过程的成本。

从消费者的角度看，区块链技术的出现，可以解决假保单的问题。比如，传统的航空意外险一直是保险造假的"重灾区"，渠道中介商抬高价格赚取差价的现象屡见不鲜。但多数航空意外险只有在飞机发生意外时才会出现理赔，所以在大多数情况下客户不会发现买到了假保险。为了防止被中间商抬高价格，买到"假保单"，阳光保险推出了"区块链＋航空意外险卡单"，它是国内首个将主流金融资产放在区块链上流通的产品。通过依托数据共享的特点，可以追溯卡单从源头到客户流转的全过程，没有了中间商，保险卡单的价格会很明显地降下来。各方可以查验到卡单的真伪，方便后续流程的实施。这说明国内的主流金融市场已经开始接纳区块链这项新技术

了,随着时代的发展,区块链的应用场景会越来越多。

三、区块链技术在保险理赔环节的应用

保险理赔与人们的权益息息相关,是消费者们最关心的问题。一旦保险事故发生,就会进入到理赔阶段。申请理赔时,投保人、被保险人或者受益人应当向保险人提供与确认保险事故的性质、原因、损失程度等有关的证明和资料。

目前正在运作的保险理赔流程包括"接案→立案→初审→调查→复核→审批→结案归档"这一系列步骤,其中有一部分工作需要手动操作,像是投保人通过填表或电话索赔,或者投保人提交理赔材料、保险公司派理赔员进行现场定损。比如说,驾驶汽车的时候发生了交通事故,必须出具交警部门的事故报告、维修机构的报告才能去申请理赔;因发生火灾而索赔的,应提供公安消防部门出具的证明文件;因发生暴风、暴雨、雷击、雪灾、冰雹而索赔的,应由气象部门出具证明。由于涉及多个部门协同合作,可能会等待较长的时间才有最终定论。

如果投保人利用理赔过程中的信息不对称、数据孤岛等弱点瞒报或谎报实际情况,就可能存在欺诈风险了。对保险公司而言,理赔所需的数据通常存储在多个独立的数据湖中,这大大增加了核赔的时间。如果保险公司与投保人之间因理赔条件、免责条款等发生分歧,可能要经过更多的周折。经常会有投保人和保险公司因为保险免责条款的问题打官司,这对双方而言,付出的成本都很高。

理赔这么耗时、程序还繁琐、服务质量还不稳定,肯定会伤害用户的体验。所以人们可借助区块链的赋能,使保险行业的理赔流程完成全新迭代,实现理赔效率的飞速提升。具体可以在以下几个方面体现出来:

第一,基于区块链技术的电子发票可以充当理赔凭证,在生成、传送、储存和使用的全过程中盖上时间戳,既保证了发票的真实性,又节省了人工审核环节,理赔流程被大大简化。

第二,应用区块链中的智能合约技术可简化索偿提交程序。我们都知道,保险理赔的依据是保险合同和保险的相关法律,智能合约将合同中的保险条款和法律条款代码化,变成了公开透明的状态,一旦满足条件就会自动触发赔款,针对参数简单的飞机延误、极端气候、自然灾害等产品特别适用。

第三,编入智能合约内的商业规则使理赔专员无须再审查每项索赔,系统完全脱离后台的干涉,通过分布式账本中的各项记录,识别出可疑行为,防止骗赔事件的发生。这样一来,"赔不赔""赔多少"的问题就不用担心了。

四、区块链技术在保险反欺诈领域的应用

保险欺诈是指保险当事人不遵守诚信原则发生的欺诈行为,也称为保险犯罪。比如投保人故意隐瞒有关保险标的的真实情况,诱使保险人承保,或故意制造、捏造保险事故造成保险公司损害,以牟取保险赔付金的做法,这是投保方欺诈。而保险人在缺乏必要偿付能力或未经批准擅自经营业务,并利用拟定保险条款和保险费率的机会,或夸大保险责任范围诱导、欺骗投保人和被保险人的,属于保险人欺诈。在美国,保险欺诈总额年均超过了 400 亿美元,不仅使保险公司蒙受损失,还会使美国普通家庭每年多承担 400 美元~700 美元的保费支出。

保险欺诈违反了保险基本原则,一经实施,必然造成严重危害,因此应该提出防范措施。为解决这个问题,应当从根源入手。欺诈根源在于保险公司和客户之间存在一定的信息不对称。首先,这给保险公司对客户的身份识别带来了很大难度;其次,理赔流程特别的繁琐且耗时,需要在投保人、保险人和再保险人之间频繁地转移交接文件信息,这就给了欺诈者充分的时间向多家保险公司就单个损失提出索赔;最后,保险公司业务人员可能利用职务上的便利,私售保单来获取保费,损害保险公司的利益。

针对各国养老保险存在的冒领保险金或者骗保的问题。人们可以发挥区块链的身份识别功能,通过使用生物识别、加密算法和分布式等技术建立"唯一可识别的身份信息",使每个人拥有独一无二的密码信息,发放保险金时只需要设置一道密码验证程序,就能够有效避免他人冒领保险金了。同时,区块链智能合约技术能够建立医院、社区、民政部门等机构在内的个人健康信息管理系统,全程跟踪被保险人的健康状态,保险公司通过此系统对各项交易记录进行验证,核保、核赔之时会做出更加快速准确的判断,也可以根据完善的行为记录将传统理赔过程中一票多报、虚报虚抵等欺诈行为挡在门外。

不仅人的身份能够被识别,物品也能被识别。Everledger 公司已经将区块链运用到了钻石所有权中。他们记录了 40 个元数据,对 160 万颗钻石进行了数字化处理,例如刻在钻石上的序列号,形状,切割风格等,结合钻石交易的历史记录,全部被保存在不可更改的分布式账簿中。假如珠宝商谎称一颗钻石丢失,并向保险公司提出了索赔。他想把这颗钻石重新包装成新的钻石拿去出售,可是这颗钻石的特征已经被区块链系统备案过了,就算卖出去,保险公司也能及时发现并追回它。

五、区块链技术在再保险中的应用

再保险也称为"分保"。是指保险人在原保险合同的基础上,通过签订分保合同,将其所承保的部分风险和责任向其他保险人进行保险的行为。

保险旨在帮助人们转嫁风险,但这一机制本身就具有极大的风险,比如火险、水险、航空险。所以原保险人为了分散经营中的风险,选择把一部分的业务转移给再保险人,由此产生了再保险。

我们假设 A 公司为原保险人,B 公司和 C 公司接受了这个业务,那么 B 公司和 C 公司成了再保险人,A 公司将对 B 公司和 C 公司支付再保险费。在确定保险的份额时,可以选择比例再保险,按照保险金额约定比例,例如 A：B：C＝5：3：2,表明三家公司将按照这一比例分担保险责任,订立再保险合同。当然,他们也可以选择非比例再保险。

在现实生活中,这个过程是复杂且低效的。ABC 对这次的风险都需要单独核保,在正式签约前,合同须经过三个月左右的时间进行推敲。计算和确定再保险金、收集理赔数据、调解争端都需要时间,不仅减慢了再保险的过程,而且容易出错。三家公司处理数据的标准也可能不同,对合同执行有不同的解释,需要交换数据以处理赔案。据普华永道估计,如果可以提高运营效率,整个行业可以节省 5 亿美元至 10 亿美元的再保险费用,消费者的保险费也会逐渐降低。

ABC 可以将复杂的法律条款写入智能合约,当满足预设条件时,合约自动向 B 公司和 C 公司执行保费支付操作。也能够分析各个参与者提供的数据并自动计算各相关方应分摊的赔款。B 公司和 C 公司无须等待 A 公司提供每项索赔的数据,因此可更快分配索赔资金,几乎能达到实时处理的水平。由于三家公司可同时保存有关保费和损失的详细数据,从而避免了在每起赔案发生时双方繁杂的文书来往。ABC公司以外的第三方数据提供者、资产管理公司、咨询公司等也可以在区块链上进行数据的记录、存储、审核,这样每个参与方都可以获取一致的信息。

六、区块链技术在相互保险中的应用

相互保险指具有同质风险保障需求的单位或个人,通过订立合同成为会员,并缴纳保费形成互助基金,由该基金对合同约定的事故发生所造成的损失承担赔偿责任,或者当被保险人死亡、伤残、疾病或者达到合同约定的年龄、期限等条件时承担给付保险金责任的保险活动。是实现社会互助的主要方式。因为我国相关法律政策的限制,相互保险在国内的市场份额极小,还处于起步阶段。但是,相互保险是国际保险市场的主要形式之一,占全球保险市场总份额的三分之一左右,在推动保险进步和发展过程中一直扮演着重要而独特的角色。

因此,相互保险的优势在于,首先,相互保险组织由所有投保人共有,相互保险组织的会员即保单持有者,也是组织实际上的所有人,所以投保人与承保人利益一致;其次,基于组织成员的信任,风险识别的成本相对较低,相互保险的展业费用低,可以为会员提供更具性价比的保险服务;最后,相互保险没有外部股东,不存在盈利压力,资金的使用会更多考虑保险人的长期利益,缓解了组织利益冲突。

但是,从全球的发展情况来看,相互保险无论是组织形式、还是监管制度等方面都越来越趋近于商业保险了,"相互"的意义越来越模糊。参与互助的个体,往往是被动参与,缺乏知情权和选择权,更难以解决本身的诉求。根本原因是其信任模式缺乏有效的约束和保障。现代保险面临着更加复杂的内外部风险,想要维持组织成员间的信任,比以往变得更难。

相互保险面临的困境,制约了自身的持续发展。当前保险科技,特别是区块链技术的深入应用,能给相互保险制度的转型与突破带来新的机遇。因为相互保险本质上也是一种去中心化的保险组织,与区块链技术存在基因性相似。采用"分布式自治组织"技术可以构建一个更为理想的互助环境,其本质是在公平公正的规则上,由系统自主执行。它能赋予互助者更多的主动性,使人们可以依据各自的风险偏好,形成更多的互助组合。例如我国首家大病互助平台——众托帮,通过区块链技术对会员的年龄、病例等资料进行验证,基于公有链设置平台公共账户,从而杜绝了因信息与资金不透明导致的信任危机、道德风险等问题。

☞ **特别提示:**
相互保险与商业保险最大的区别在于,商业保险是先交保费后履行合约,而相互保险是先履行合约后付保费。

任务四 了解区块链保险的发展现状与展望

一、国外区块链保险的案例分析

保险业对区块链应用的探索在不断深入,下面是国外区块链与保险的案例。

目前,不仅是保险公司,很多领域都进行了区块链的创新,一些网络公司甚至高

校都参与了进来,在多个种类的保险中都实现了突破性进展。比如欧洲最大的保险公司之一安联公司,能够利用区块链的智能合约技术,执行自然灾害保险互换,这是一种将风险从保险公司转移到再保险公司的金融工具。保险合同通过智能契约驱动,在事件发生时触发,并根据再保险协议自动支付给保险公司。

另外,安联保险基于超级账本联盟发布的 Hyperledger Fabric 区块链模型,推出了"专属自保"的模型,这个模型适用于职业保险和财产保险。通过与花旗集团的支付系统相关联,方便指令和款项的接收。将保单信息、保费支付和理赔记录等保单相关数据上传到区块链中,全程自动化处理取代了邮件往来和文件交换。

类似的还有 Docusign 公司和 Visa 合作推出的区块链原型,DocuSign 是一家提供电子签名服务的公司,还可以帮助用户实现文件的自动化管理,包括从数据收集到整个交易完结的全过程。他们创建的模型实现了租车和为车投保的在线处理。从选车到选保险直至付款的全过程都在区块链平台上被记录、上传及核验。这个模型不仅提高了后端处理效率,也为用户带来了优质的体验。

此外,医疗领域也是保险中的重要场景之一。创业企业 Gem 已经推出了 gem health network,使用基于以太坊区块链技术为医疗保健领域打造一个安全的、广泛的数据共享基础设施,使得患者能够掌控自己的医疗数据。该公司致力于让患者、医疗机构和保险公司实时查看患者的健康状况。目前该公司正与飞利浦公司合作,共同建立可用于企业医疗服务管理的私有区块链。

在区块链中存储医疗数据会降低信息获取的难度,使病人得到更快的理赔。出于这个考虑,很多国家都在医疗方面展开了研究。韩国三星集团正着手推出基于区块链的医疗索赔处理系统。在新的"区块链医疗网络"中,医院、药店、保险公司等相互关联。当用户在接受治疗后,会收到信息提示用户按下收据按钮和保险索赔按钮,之后用户的确认信息将自动发送至保险公司。这个应用将减少医疗机构的工作量,将医疗索赔处理成本降低 70% 以上。三星集团在区块链领域布局一直非常活跃,在区块链赛道上早已布下多条路线。从早期主攻物联网方向,目前已经推出区块链手机,还试图将更多的加密数字资产整合至三星支付。

二、我国区块链保险的探索实践

《国务院关于印发"十三五"国家信息化规划的通知》中首次提到了区块链,并明确提出加强区块链等新技术的创新、试验和应用,以实现抢占新一代信息技术主导权。在一系列的政策扶持下,区块链技术在我国迅速发展并与各行各业深度融合。

上海保险交易所推出的区块链保险服务平台。这个平台独立研发了 Golang 国密算法包,在电子保单存证场景中可以支持每秒五万笔的指纹数据验证上链,并能响应高并发的系统请求。其中,共识服务架构保证了链上数据的一致性;身份认证服务架构实现了身份数据的认证、审核等功能;智能合约服务架构实现了对智能合约的安装、应用和升级等服务功能;平台服务架构满足了动态组网、同一底层平台下多链的配置和访问方式服务。该系统可以广泛应用于保险交易、金融清算结算、反诈骗和监管合规性等领域。

信美人寿相互保险社上线了国内保险业首个爱心救助账户,实现了相互保险。其会员如果遭遇重大灾害、意外事故等,可以申请爱心救助账户的资金救助。引入了区块链记账技术后,每笔资金的流向都公开透明,流转数据都不可篡改,每笔资金的用途都有迹可查,能够确保爱心救助账户的透明性。

在航空险领域,就不得不提到阳光保险与区块链数字资产管理平台"数贝荷包"联合推出"飞常惠航空意外险"微信保险卡单。这款产品适用于高频乘机用户,用户也可以将电子卡单以红包的形式分享给好友,对方在出行前登记信息即可成为保单的受益人。借助区块链技术数据共享的特点,参与方可以追溯卡单从源头到客户流转的全过程,不仅确保卡单的真实性和唯一性,还能方便理赔流程。

众安科技联合连陌科技成立了"步步鸡"品牌,首次将区块链、人工智能、防伪等技术应用在农村散养鸡养殖中。农户和保险公司都可以监控到养殖全过程的信息,真实记录从鸡苗到成鸡、再到餐桌过程中的所有数据,还能检测养殖环境的各项指标、对疫情及时做出预警等。区块链的加入为保险公司提供了风险定价和风险控制的依据,同时也增加了保险公司对养殖资产的承保热情。

我国区块链的探索实践

通过这些案例,可以发现:目前我国在区块链领域的探索主要可以分为两种,一种是基于区块链的"公开账本"能力,将业务的数据上链,以此实现信息公开。比如众安科技推出的区块链养鸡项目;另一种则是尝试构建保险行业的联盟链。比如爱心人寿与腾讯云展开合作,探索将医疗机构、保险公司和卫生信息平台关联起来,形成区块链联盟。

三、区块链保险的展望与建议

虽然区块链在保险行业拥有广阔的前景,但仍处于早期发展阶段,其商业模式、实施方案还需要进一步完善。因此,应重视区块链自身发展中面临的各种问题,从而为保险行业创造更大的价值。

首先,区块链自身还存在一定的风险性。因为很多区块链技术尚未成熟,还在验证阶段,无法进行大规模的商业推广。想要解决自身不稳定带来的风险,需要解决相关的技术难题。比如,区块链是一个分布式账本,一旦出现冗余,很多应用的性能会受到影响,须进一步优化共识算法。另外,区块链主要用于数据的可信传递,这个特点决定了链上的信息无法被篡改,但如果这些信息本来就是错误的,区块链的应用将受到极大限制。因此,应加强区块链与物联网、人工智能、生物识别等技术相结合,才能创立全新业态。

特别提示:
区块链技术的应用可能会引发新的问题和风险,有业内人士担忧保险领域可能出现"区块链乱象",这也是未来保险监管新的挑战和内容。

其次,区块链与保险业的结合为我国保险监管也提出了不小的挑战。区块链技术在保险行应用方面的法律规范尚不完整,在之前的分业监管时代,保监会以政府监管为主,偏重制度监管和公司合规监管。鉴于区块链的快速发展,我国急需制定明确的行业规范,将区块链保险纳入监管框架中。从制度监管向技术监管、行业自律和社会监督监管转变,从事后监管向实时监管转变。因为随着保险业务日益开放,参与保险市场的企业越来越多元化,监管机构想要快速发现业务风险和违规操作,仅靠事前审核和事后约束是不够的。因此,区块链技术不仅给保险监管带来全新的方法和工具,也将改变未来监管环境。

最后,区块链的加入给保险从业人员提出了更高的标准和要求。由于区块链应用以联盟生态为主要表现形式,参与主体的跨区域、跨业务、跨领域将会形成常态化,所以未来保险所需要的人才将是"科技＋保险"的复合人才,既要掌握传统保险业的技能，又要具备一定的数字化技能，从而进一步加快保险企业从客户体验、产品创新、业务运营等多方面的创新改革。

一个行业想得到长久的发展，国家的支持、科技的进步、人才的培养都是必要的条件。所以对于区块链保险的未来，可以有以下展望：

（1）区块链将作为一种核心和底层技术，纳入保险行业信息技术发展的总体规划，推动共识机制、可编程合约、数字签名等关键技术的发展；

（2）保险市场的自由应该同时实现"市场自由"和"监管有效"，未来保监会的监管应该向技术监管转变，完成全网动态的实时监管；

（3）区块链保险需要"两栖"复合型人才，即能够应用区块链技术的特点，解决保险的痛点，设计出全新商业模式的人才，体现出"业务人才科技化，科技人才业务化"的重要特征。

（4）未来保险行业也需要顶层设计，全面规划，力求科学规范，有效整合资源，加快重点突破。

实　训　区块链应用与证券保险

本节为实训环节，实训场景中存在保险公司、投保人、保险经纪人、监管机构四种角色。进入区块链金融创新实训平台，找到第七课程模块【区块链行业案例分析——证券保险】，点击【进入课程】功能按钮，则可以进入到实训任务的界面，将实训任务定位到【区块链商业保险】，来开展本节的实训操作。如图 5-5-1 所示。

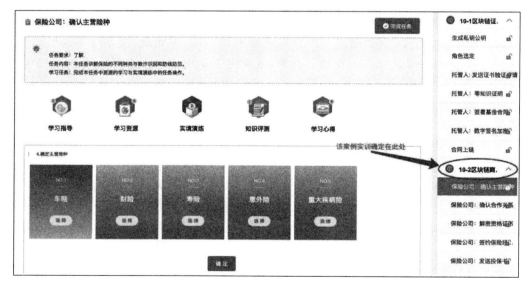

图 5-5-1　进入区块链商业保险模块

本实训过程主要围绕的保险公司、投保人、保险经纪人三方以相互之间进行投保业务操作以及签署合同的过程展开，交易流程如图 5-5-2 所示。

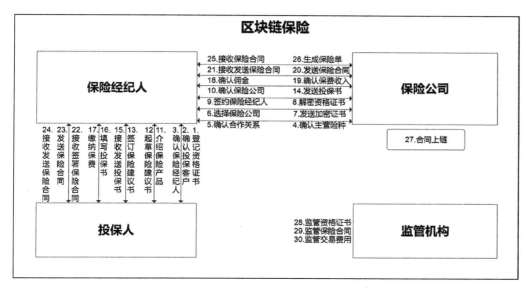

图 5-5-2 商业保险操作流程

一、保险经纪人登记资格证书

保险经纪人进入【登记资格证书】任务的实境演练中,填写资格证书:姓名、性别、出生日期、身份证号码、日期等登记信息。填写完登记信息,点击【登记】功能按钮,完成登记资格证书的操作。如图 5-5-3 所示。

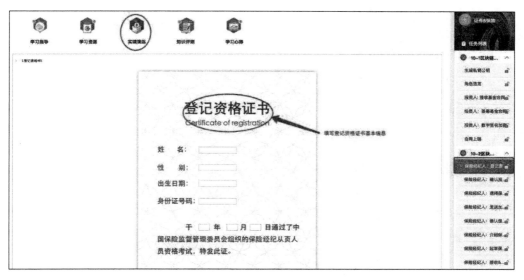

图 5-5-3 填写登记资格证书

二、保险经纪人确认投保客户

保险经纪人进入【确认投保客户】任务的实境演练中,选择班级内的投保人,点击【授权】,对自己的投保人进行授权。如图 5-5-4 所示。

图 5-5-4　确认投保客户

　　点击【授权】功能按钮，系统弹出【授权委托书】的填写界面，填写内容包括：委托人、受托人、保险经纪公司的企业名称、日期等相关信息。

　　点击【发送】功能按钮，将填写好的信息发送给目标投保人。如图 5-5-5 所示。

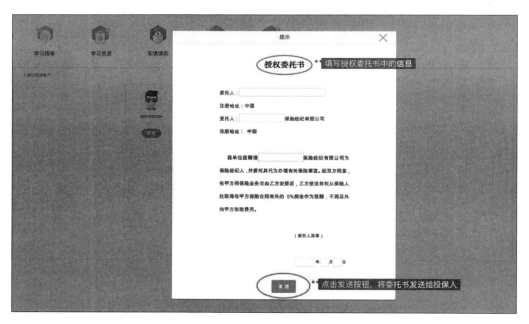

图 5-5-5　填写授权委托书

三、投保人确认保险经纪人

　　投保人进入【确认保险经纪人】任务的实境演练中，点击【接收】功能按钮，系统弹窗提示"接收成功"。

接收成功之后,由【接收】变换为【查看】功能,点击该功能按钮,查看基金投资人发送的授权委托书。如图5-5-6所示。

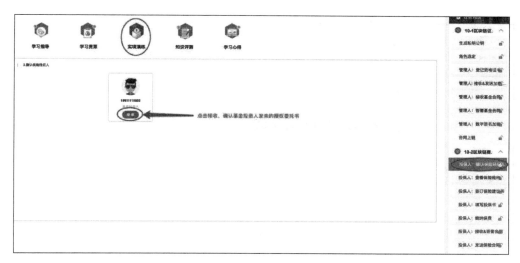

图5-5-6　接收授权委托书

四、保险公司确认主营险种

保险公司进入【确认主营险种】任务的实境演练中,系统提供了五种主营的险种:车险、财险、寿险、意外险、重大疾病险。

保险公司选择其中一个险种,点击【选择】,进行选中。再点击【确定】按钮,完成主营险种的确定,选择成功之后,系统弹窗提示"选择成功"。如图5-5-7所示。

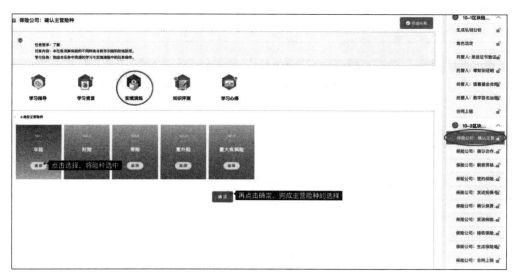

图5-5-7　选择主营险种

五、保险公司确认合作关系

保险公司进入【确认合作关系】任务的实境演练中,选择班级内的保险经纪人,点击【申请】按钮。系统弹窗提示"发起成功"，将确认合作关系的消息发送给保险经纪人。如图 5 - 5 - 8 所示。

图 5 - 5 - 8　选择保险经纪人

六、保险经纪人选择保险公司

保险经纪人进入【选择保险公司】任务的实境演练中，接收保险公司发送的确认合作关系的请求。保险经纪人点击【接收】按钮，和保险公司确认合作关系。如图 5 - 5 - 9 所示。

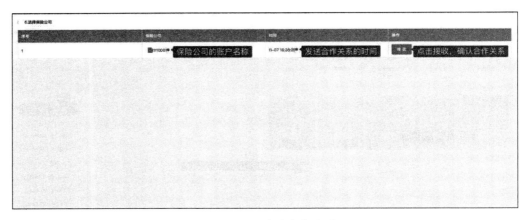

图 5 - 5 - 9　确认合作关系

七、保险经纪人发送加密证书

保险经纪人进入【发送加密证书】任务的实境演练中，点击【查看】，查看填写好的"资格证书"。如图 5 - 5 - 10 所示。

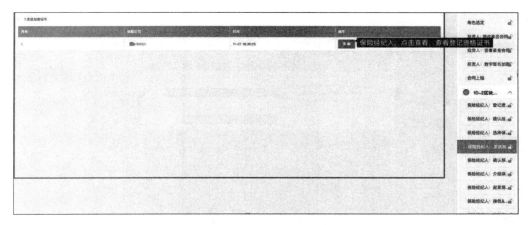

图 5 - 5 - 10　发送加密证书

点击【查看】弹窗显示填写的资格证书,在资格证书的底部,点击【摘要加密】,完成资格证书的加密。将证书中的部分内容进行哈希加密,生成一段字符串。如图5 - 5 - 11、图 5 - 5 - 12 所示。

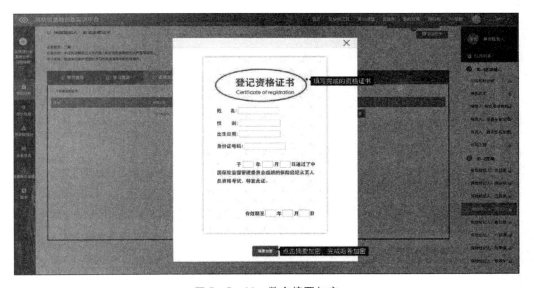

图 5 - 5 - 11　数字摘要加密

八、保险公司解密资格证书

保险公司进入【解密资格证书】任务的实境演练中,点击【接收】按钮,系统弹窗提示"接收成功",由接收状态转化为【解密】状态,点击【解密】功能,将证书解密成功。如图 5 - 5 - 13 所示。

九、保险公司签约保险经纪人

保险公司进入【签约保险经纪人】任务的实境演练中,点击【签约】按钮,确定保险公司与保险经纪人完成签约关系。如图 5 - 5 - 14 所示。

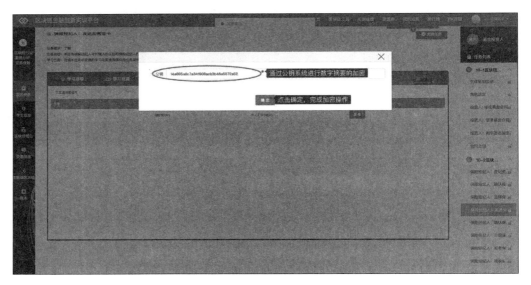

图 5 - 5 - 12 公钥系统进行数字摘要的加密

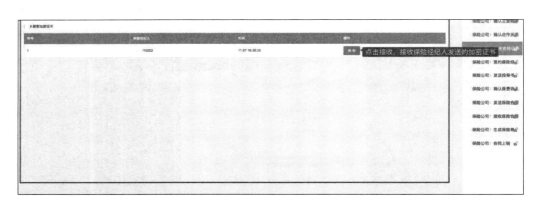

图 5 - 5 - 13 解密资格证书

图 5 - 5 - 14 签约保险经纪人

点击【签约】系统弹出"保险个人代理合同书",须填写合同生效期限、甲方签字、乙方签字、时间等基本信息。

点击【发送】按钮,将填写好的"保险个人代理合同书",发送给保险公司。

成功将合同书发送给保险公司后,保险经纪人与保险公司更新为已签约状态。如图 5－5－15、图 5－5－16、图 5－5－17 所示。

图 5－5－15　填写保险个人代理合同书

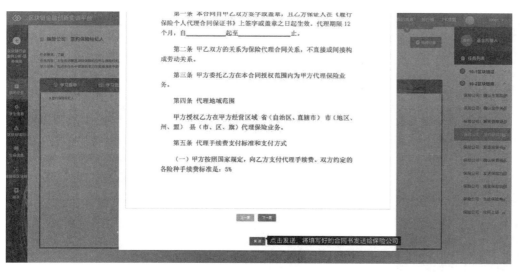

图 5－5－16　发送保险合同

十、保险经纪人确认保险公司

保险经纪人进入【确认保险公司】任务的实境演练中,点击【接收】按钮,将保险公司发送的合同书接收。

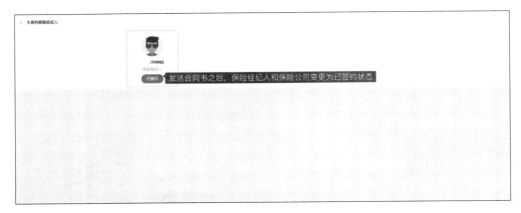

图 5 - 5 - 17　已签约状态

点击【接收】弹窗显示"保险个人代理合同书",进行预览和查看,点击【确定】,完成合同书的接收。如图 5 - 5 - 18、图 5 - 5 - 19 所示。

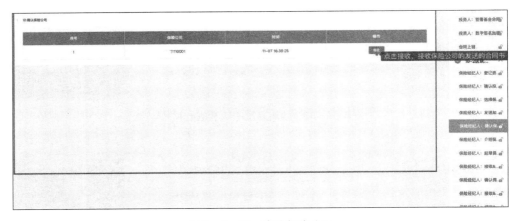

图 5 - 5 - 18　确认保险公司

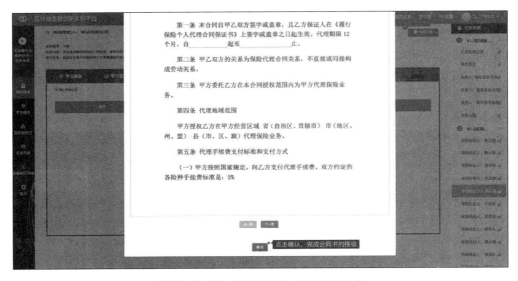

图 5 - 5 - 19　接收保险个人代理合同书

十一、保险经纪人介绍保险产品

【线下任务】：所有扮演保险经纪人的学生，搜集代理的产品资料，向投保人介绍自己代理的保险产品。

保险经纪人起草保险建议书。

保险经纪人进入【起草保险建议书】任务的实境演练中，查看本班级中的投保人，从中选择一个投保人。如图 5-5-20 所示。

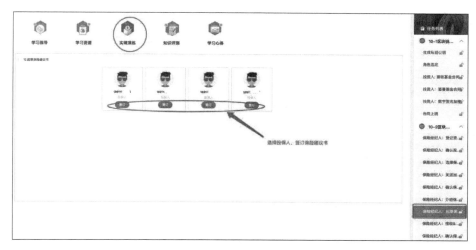

图 5-5-20　选择投保人

点击【签订】按钮，弹窗显示"经纪类保险建议书"，由保险经纪人完成填写，包括：公司简介、公司概况、保险经纪人、投保人等信息。

点击【发送】，将填写好的"保险建议书"，发送给投保人，完成保险建议书的起草。如图 5-5-21 所示。

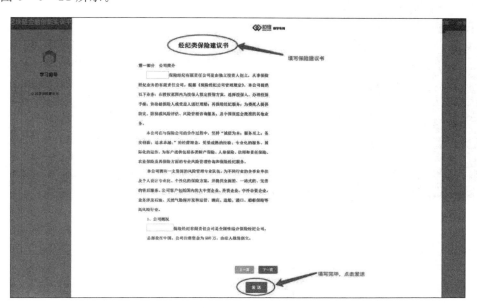

图 5-5-21　填写并发送经纪类保险建议书

十二、投保人签订保险建议书

投保人进入【签订保险建议书】任务的实境演练中,点击【接收】按钮,接收来自保险经纪人起草的保险建议书。如图 5-5-22 所示。

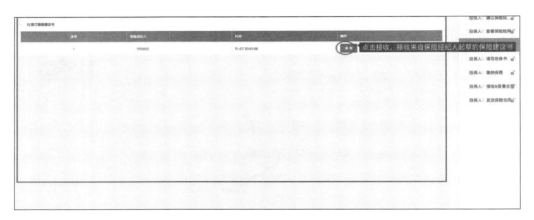

图 5-5-22　接收保险建议书

点击【接收】弹窗显示保险经纪人起草的"经纪类保险建议书",进行预览和审核,并填写投保人的名称,点击【发送】将保险建议书发送给保险公司。如图 5-5-23、图 5-5-24 所示。

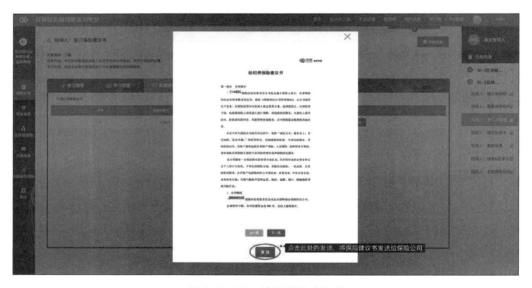

图 5-5-23　填写保险建议书

十三、保险公司发送投保书

保险公司进入【发送投保书】任务的实境演练,选择班级内的保险经纪人,点击【发送】按钮。如图 5-5-25 所示。

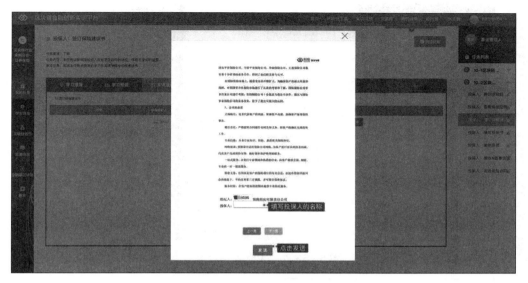

图 5-5-24 发送保险建议书

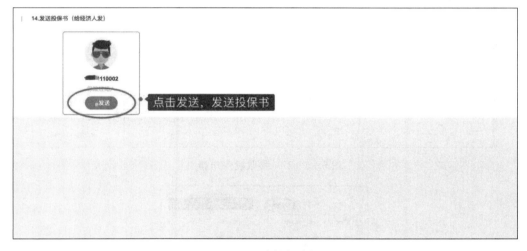

图 5-5-25 选择保险经纪人

点击发送按钮，弹窗显示"投保申请书"，填写投保书内的相关信息，包括：被保险人、保险财产地址、保险期限、投保人、电话、地址、日期等信息。

点击"投保申请书"底部的【发送】按钮，将填好的"投保申请书"发送给保险经纪人。如图 5-5-26 所示。

十四、保险经纪人接收并发送投保申请书

保险经纪人进入【接收并发送投保书】任务的实境演练，点击【接收】按钮，接收保险公司发来的投保书。

点击接收，系统弹窗提示"接收成功"，操作栏目中的接收变更为查看。如图 5-5-27 所示。

点击【查看】，弹窗显示接收的投保申请书的详细内容。如图 5-5-28 所示。

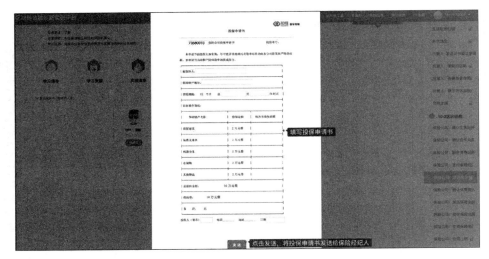

图 5 - 5 - 26 发送投保申请书

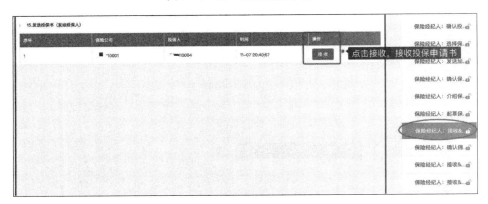

图 5 - 5 - 27 接收投保申请书

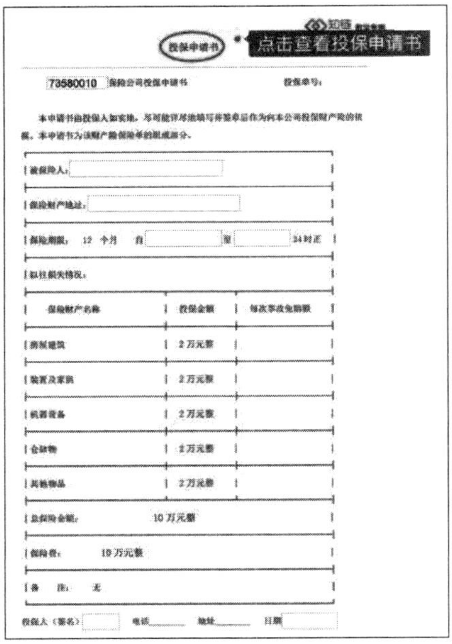

图 5 - 5 - 28 查看投保申请书

十五、投保人填写投保申请书

投保人进入【填写投保申请书】任务中的实境演练中,浏览班级所有的保险经纪人,点击【接收】按钮,接收投保申请书。

点击【接收】,弹窗显示"投保申请书",填写相关内容。

投保书填写完毕之后,点击【发送】按钮,将投保申请书发送给保险经纪人。如图5-5-29、图5-5-30所示。

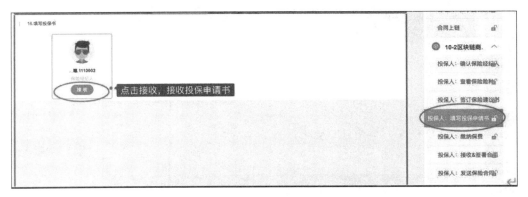

图 5-5-29　投保人接收投保申请书

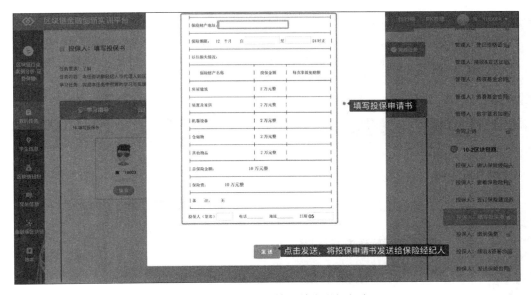

图 5-5-30　投保人填写并发送投保书

十六、投保人缴纳保费

投保人进入【缴纳保费】任务中的实境演练中,进行缴纳保费的操作。

第一步:选择钱包文件,点击该区域弹窗显示本地下载好的密码库文件,进行上传。如图 5 - 5 - 31 所示。

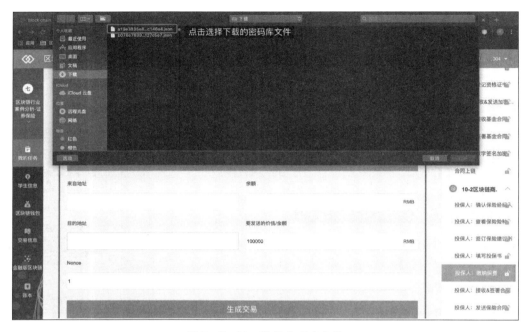

图 5 - 5 - 31　选择密码库文件

　　第二步：输入匹配密码库文件的密码，自己设置的密码必须和密码库文件保持
一致，否则不予通过。

　　第三步：点击解锁，校验密码库文件和密码的正确性，自动将区块链地址和账户
余额带出显示。如图 5 - 5 - 32 所示。

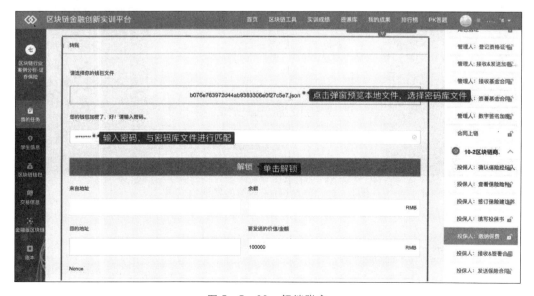

图 5 - 5 - 32　解锁账户

第四步：目的地址，输入需要转账的目的地址和需要发送的金额。

第五步：Nonce，当前的交易是第几笔交易。如图 5-5-33 所示。

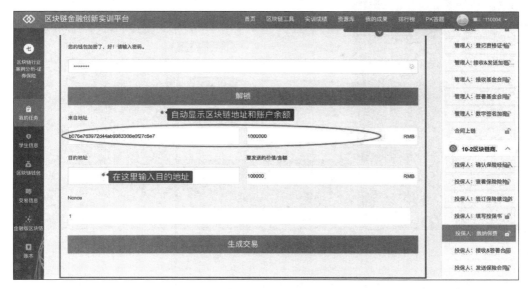

图 5-5-33　输入目的地址

第六步：生成交易，显示出原始交易和签名交易。

第七步：发送交易，点击发送交易，弹窗显示交易的详细信息。

第八步：点击【发送交易】按钮，生成交易哈希和交易收据。如图 5-5-34、图 5-5-35、图 5-5-36 所示。

图 5-5-34　生成交易

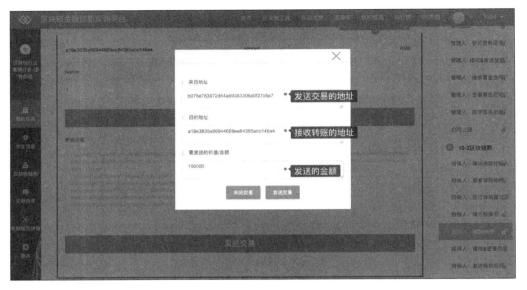

图 5-5-35　发送交易

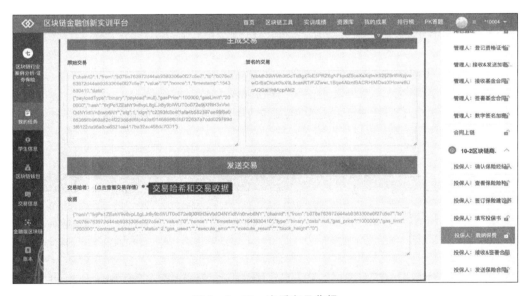

图 5-5-36　查看交易收据

十七、保险经纪人确认佣金

保险经纪人进入【确认佣金】任务的实境演练,进行佣金的确认。解锁钱包完成接收佣金的操作。

余额中由 1 000 000 变为 1 100 000,多余的 100 000 是由投保人发送的。如图 5-5-37 所示。

保险经纪人将保费发送给保险公司,在目的地址中输入保险公司的地址,如:4af23e78738d484aa332e6edd5b1df13。如图 5-5-38、图 5-5-39 所示。

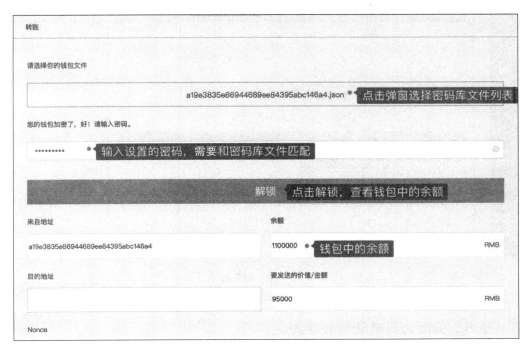

图 5 - 5 - 37　确认佣金

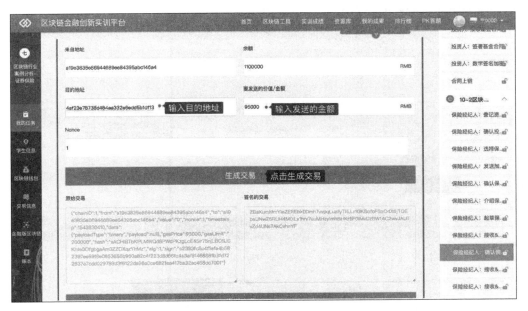

图 5 - 5 - 38　生成交易

图 5 - 5 - 39　查看收据

十八、保险公司确认保费收入

保险公司进入【确认保费收入】任务的实境演练，输入自己的密码库文件和密码，查看账户余额。保险公司的最初余额为 1 000 000，现在为 1 095 000，多出 95 000，是由保险经纪人转账来的。如图 5 - 5 - 40 所示。

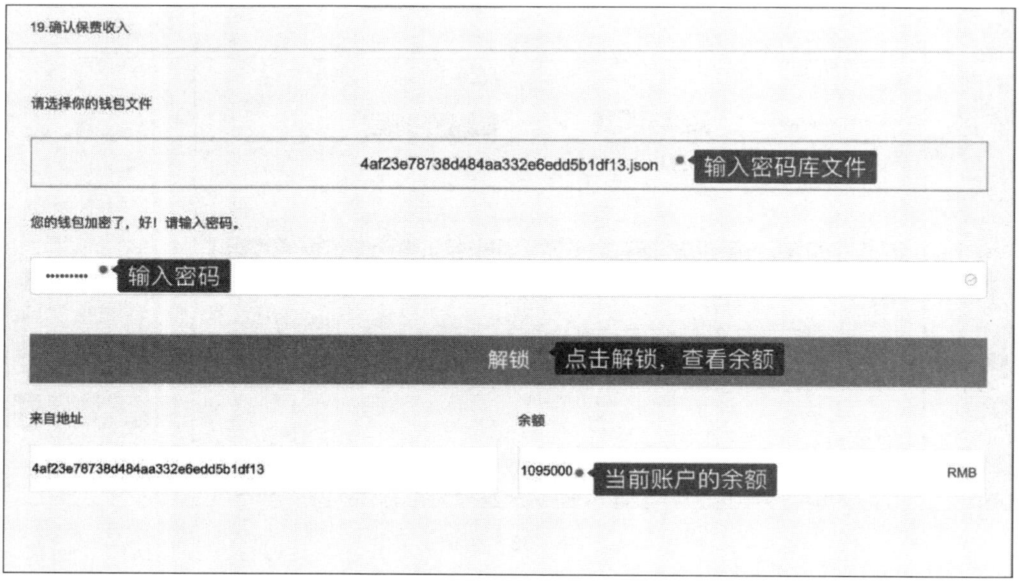

图 5 - 5 - 40　解锁账户

十九、保险公司发送保险合同

保险公司进入【发送保险合同】任务的实境演练中,保险公司选择班级内的保险经纪人。点击【合同】按钮,与保险经纪人签订合同。如图 5-5-41 所示。

图 5-5-41　签订合同

点击【合同】,弹窗显示保险合同签署界面,包含:甲方、保险经纪人、保险期限、甲方等信息。

点击保险合同底部的【发送】按钮,将填写好的合同发送给保险经纪人。如图 5-5-42 所示。

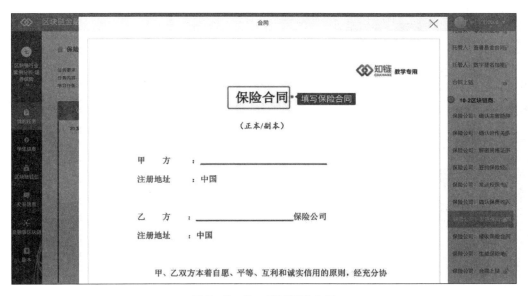

图 5-5-42　填写保险合同

二十、保险经纪人接收并发送保险合同

保险经纪人进入【接收保险合同】任务的实境演练中,点击【接收】。系统提示"接收成功",接收成功后,由接收变为发送。

点击发送，系统弹窗提示"发送成功"。将保险合同发送给投保人。如图5-5-43所示。

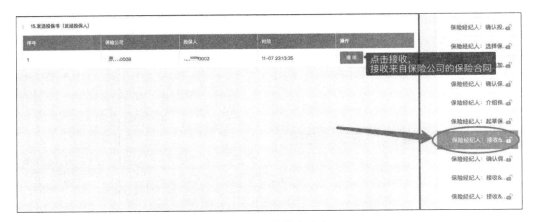

图 5-5-43　接收保险合同

二十一、投保人接收并签署合同

投保人进入【接收并签署合同】任务的实境演练中，选择投保人，点击【接收】，系统弹窗二次提示"是否接收"，点击确定。如图5-5-44、图5-5-45所示。

图 5-5-44　投保人接收保险合同

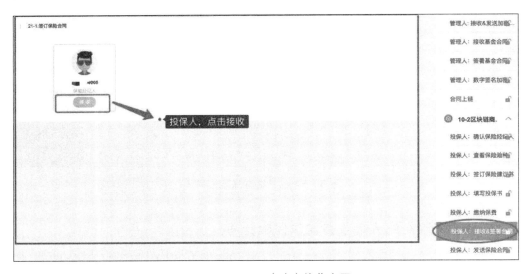

图 5-5-45　二次确定接收合同

点击【确定】，弹窗显示保险合同的详细内容，投保人填写投保人信息，完成保险合同的签署。如图 5 - 5 - 46 所示。

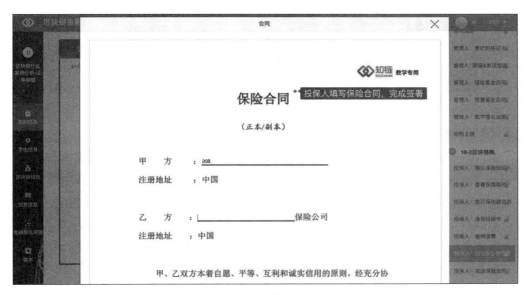

图 5 - 5 - 46　填写保险合同

二十二、投保人发送保险合同

投保人进入【发送保险合同】任务的实境演练中，单击【加密】按钮，进行加密发送操作，防止合同在发送的过程中被泄露和篡改。

点击【加密】，系统二次弹窗确认"是否加密"，点击【确认】。如图 5 - 5 - 47、图 5 - 5 - 48 所示。

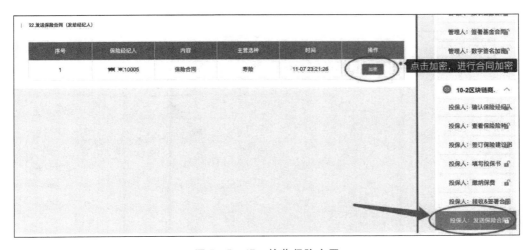

图 5 - 5 - 47　接收保险合同

点击【确定】，系统弹出保险合同的详细内容，点击发送完成加密发送的过程。如图 5 - 5 - 49 所示。

图 5 - 5 - 48　二次确定是否接收加密

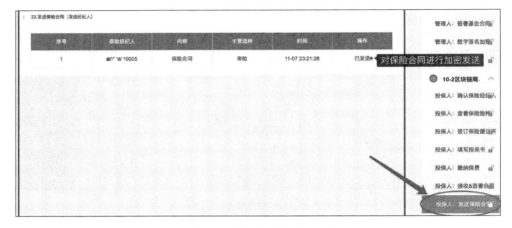

图 5 - 5 - 49　发送加密合同

二十三、保险经纪人接收并发送合同

保险经纪人进入【接收并发送合同】任务的实境演练中,接收来自投保人的保险合同,点击【接收】。

完成接收动作,操作状态变更为发送,点击【发送】将合同发送给保险公司。如图 5 - 5 - 50、图 5 - 5 - 51 所示。

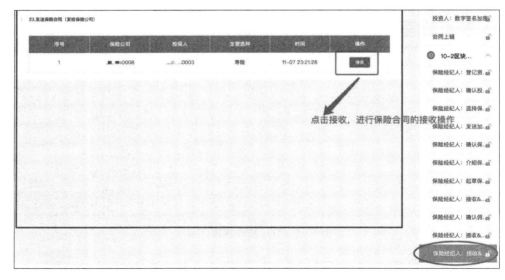

图 5 - 5 - 50　接收合同任务

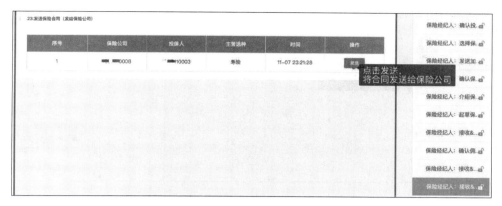

图 5-5-51 发送合同给保险公司

点击【发送】，系统弹窗显示"发送成功"，操作状态由发送变更为查看，点击查看弹窗显示合同保险内容。如图 5-5-52 所示。

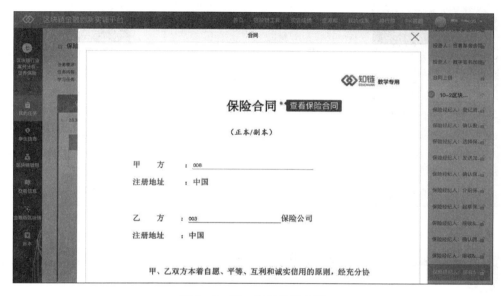

图 5-5-52 查看保险合同

二十四、保险公司接收保险合同

保险公司进入【接收保险合同】任务的实境演练中，选择保险经纪人，点击【接收】按钮，系统提示"接收完成"。

接收完成之后，操作状态变更为查看，点击【查看】，弹窗显示保险合同。如图 5-5-53、图 5-5-54 所示。

二十五、保险公司生成保险单

保险公司进入【生成保险单】任务的实境演练中，填写保险单中的保险公司名称、保险期限、时间等信息。

点击【确定】，完成保险单的生成。如图 5-5-55 所示。

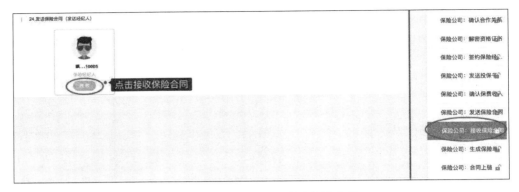

图 5 - 5 - 53　保险公司接收保险合同

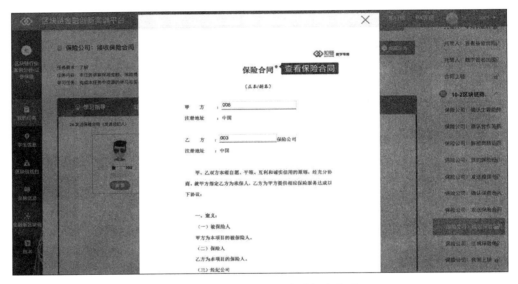

图 5 - 5 - 54　保险公司查看保险合同

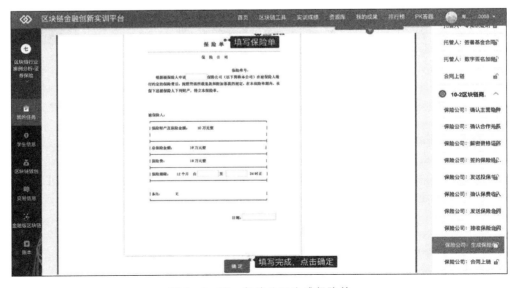

图 5 - 5 - 55　保险公司生成保险单

二十六、保险公司合同上链

保险公司进入【合同上链】任务的实境演练中,点击【上链】按钮,将保险合同进行上链。上链的合同,可在左侧侧边栏的金融版区块链中进行查看。如图 5-5-56 所示。

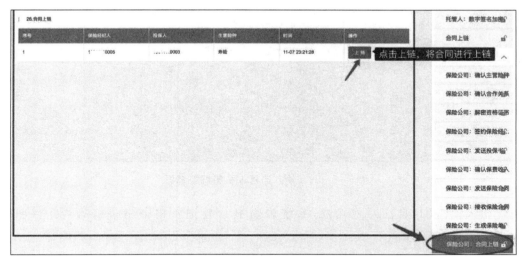

图 5-5-56　合同上链

二十七、监管机构监管资格证书

监管机构进入【监管资格证书】任务的实境演练中,选中班级内的保险经纪人,进行资格证书的查看。

点击【查看】,弹窗显示输入私钥的填写框(注:资格证书经过了数字签名的加密,防止信息的篡改和信息隐私,输入接收人的私钥方可解密)。如图 5-5-57、图 5-5-58 所示。

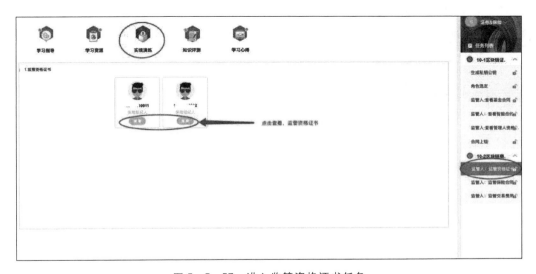

图 5-5-57　进入监管资格证书任务

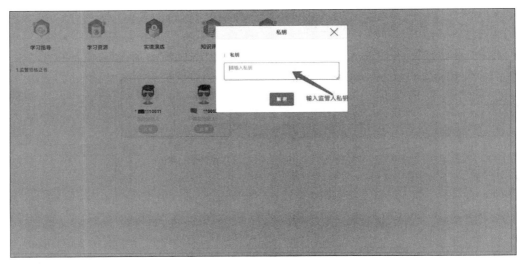

图 5-5-58　输入监管人私钥解锁查看

　　输入私钥，并且配对成功后，系统弹窗显示登记资格证书进行查看。如图
5-5-59所示。

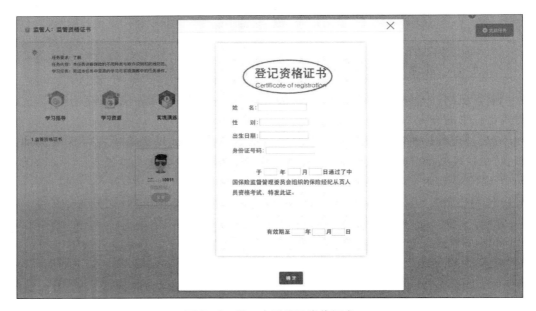

图 5-5-59　查看登记资格证书

二十八、监管机构监管保险合同

　　监管机构进入【监管保险合同】任务的实境演练中，选中班级内的保险公司，进行
保险合同的查看。

　　点击【查看】，弹窗显示输入私钥的填写框（注：保险合同经过了数字签名的加
密，可防止信息的篡改和信息隐私的泄露，输入接收人的私钥方可解密）。如图
5-5-60、图 5-5-61所示。

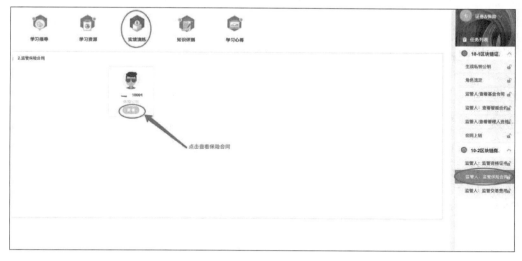

图 5 - 5 - 60 进入监管合同任务

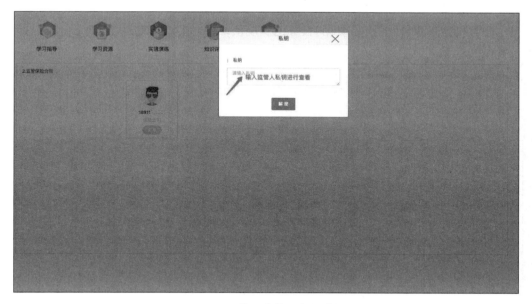

图 5 - 5 - 61 输入监管人私钥进行查看

　　输入私钥,并且配对成功后,系统弹窗显示保险合同进行查看。如图 5 - 5 - 62 所示。

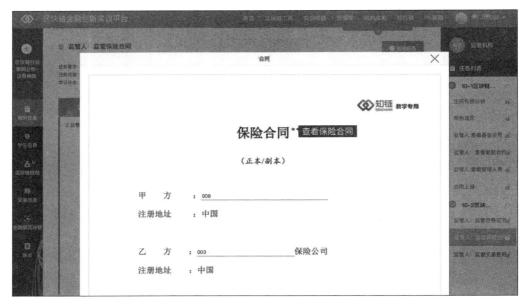

图 5 - 5 - 62　查看保险合同

二十九、监管机构监管交易费用

　　监管机构进入【监管交易费用】任务的实境演练中,选中班级内的投保人,进行交易费用的查看。

　　点击【查看】,弹窗显示输入私钥的填写框(注:交易费用经过了数字签名的加密,防止信息的篡改和信息隐私的泄露,输入接收人的私钥方可解密)。如图 5 - 5 - 63、图 5 - 5 - 64 所示。

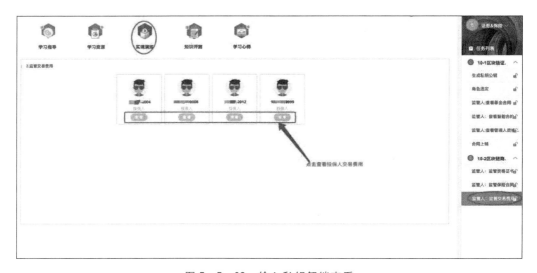

图 5 - 5 - 63　输入私钥解锁查看

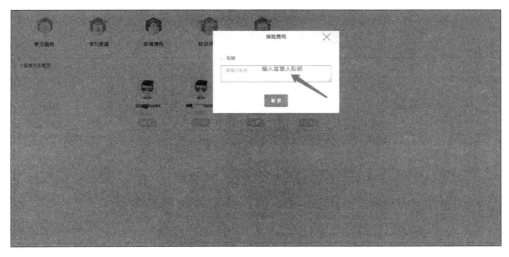

图 5-5-64　选择投保人

输入私钥,并且配对成功后,系统弹窗显示保险费进行查看。保险费的来源:缴纳保费的区块链地址。

保险费的去向:保费接收的区块链地址。保费金额:缴纳的保费金额。

交易哈希:缴纳保费这一笔订单,在区块链上的哈希值。在区块链上每一笔交易都有自己的哈希值,目的是便于交易信息的追溯和交易查询。如图 5-5-65 所示。

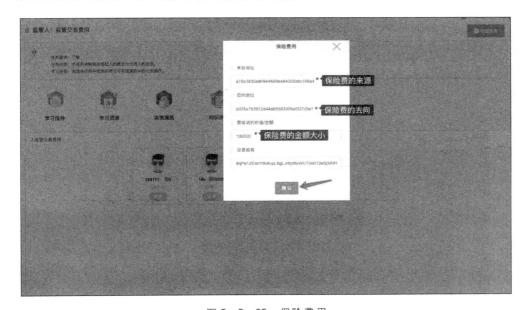

图 5-5-65　保险费用

练习题

一、填空题

1. 从法律的意义来说,保险是一种_____行为,是通过合同的方式集合多数受同类风险威胁的人,组成共同团体集聚资金,用以补偿该团体成员在生活中特定事故发生时所遭受损失的行为。

2. 一般来说,保险合同由_____、合同客体和_____三部分组成。

3. 区块链与保险的"基因性相似"体现在社会性、唯一性、时间性和_____四个特征之中。

二、判断题

1. 社会意义的保险是一种社会保障机制,是国家对失去劳动能力的公民提供物质帮助的行为。　　　　　　　　　　　　　　　　　　　　　　（　　）

2. 保险合同的主体是指权利和义务所指向的对象。　　　　　　　　（　　）

3. 一旦区块链上的数据通过的验证,就会被永久储存起来。　　　　（　　）

4. 在保险经营过程中,可以"先出险,后投保"。　　　　　　　　　（　　）

5. 从保险公司的角度看,运用区块链的去中心化与共识机制,可以帮助公司省去以往人工传送、受理、审核、反馈等繁琐的流程,降低了销售过程的成本。（　　）

三、名词解释

1. 保险

2. 保险合同的内容

3. 区块链保险

4. 再保险

5. 相互保险

项目六
区块链金融的未来

 **案例导入**

区块链时代来临

目前,区块链的应用已延伸到物联网、智能制造、供应链管理、数字资产交易、企业金融等多个领域,将为云计算、大数据、移动互联网等新一代信息技术的发展带来新的机遇,有能力引发新一轮的技术创新和产业变革。在金融领域,区块链技术已在数字货币、支付清算、票据与供应链、信贷融资、金融交易、证券、保险、租赁等细分领域进行实践应用;在企业级市场,区块链技术当前主要应用于企业间的关联交易、对账等活动;在物联网领域,区块链技术可以被用于追踪设备的历史数据,从而协调处理设备与设备之间的交易。未来的应用场景包括对分布式光伏、水电表、电子病历等领域大数据的记录、保存及管理。

在中国金融体系中,经过一段时间的探索,监管机构对区块链的态度呈现出鲜明的政策基调:一方面,坚决打击以虚拟货币、加密货币、首次代币发行(ICO)等为名义的非法集资活动。另一方面,肯定区块链技术作为新兴科技的潜力,鼓励以及规范区块链技术的发展。那么,在政策驱动以及金融机构期望通过技术手段赋能自身业务的大背景下,区块链技术到底能为金融行业带来哪些应用价值,是我们需要进一步探索的问题。

学习目标

1. 了解具体的区块链平台。
2. 掌握超级账本含义及功能。
3. 了解物联网的含义、应用范围以及运作。
4. 了解区块链监管中存在的问题以及应对策略。
5. 了解四大会计师事务所的区块链布局。
6. 掌握区块链审计职能的特性。

 素养目标

1. 了解区块链技术在其他金融业的应用,把握区块链金融的发展趋势。

2.通过对金融风险案例的了解认知区块链技术,能对区块链金融案例进行一定的分析和比较。

章节脉络

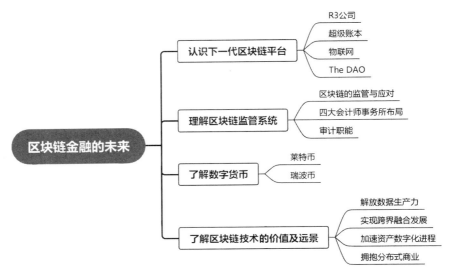

任务一　认识下一代区块链平台

一、R3 公司

比特币自诞生以来从开始的无人问津,到后来的大起大落。2013 年的过山车事件之后,业内人士分为了两大派系:一派将比特币奉为正统,另一派则转向了数字加密货币交易以外的领域,就此一大批新的区块链平台出现。

比如 R3 公司,是区块链的忠实倡导者。R3 公司成立于 2014 年的美国纽约,专注于研究新一代金融服务技术,在区块链和分布式账本技术的开发和探索成果显著。随着区块链技术在世界范围内的逐渐成熟,R3 的名气也越来越大。

公司快速发展的全球生态系统由六大洲的 200 多家公司和监管机构组成,使其成为区块链领域同类产品中规模中最大的合作项目。合作方几乎遍布全球。包括巴克莱、瑞士信贷、摩根士丹利、高盛、汇丰、ING 在内的世界顶级金融机构都聚焦于此。

R3 公司共有三项垂直业务为金融创新者提供解决方案。

(1) CRYPTO(加密)2.0:专注于全球金融市场中的密码技术与分布式分类账簿协议的智能应用。

(2) EXCHANGES(交易):R3 作为交易创新解决方案提供商,对传统的资产交易模式进行了全新定义。

(3) VENTURES(风险):对致力于创造新一代金融服务业务的创业公司进行早期投资。

R3 是区块链的倡导者,它为何能走在区块链技术探索的前列?

R3 公司发布了类区块链的分布式账本应用 Corda,提出了 8 个不同的可进行区块链概念验证试验的领域等,都为塑造未来金融提供了可能。这 8 种概念验证包括:系统互操作性、支付、结算、贸易金融、企业债券、回购、互换和保险。

Corda 平台使企业能够直接进行交易,消除了商业交易中代价高昂的摩擦。选择适合企业的独特的 Corda,开源或企业版本,无论行业规模和开发阶段如何,使企业能够直接,无缝,安全地进行交易。

☞ **特别说明:**
　　Corda 平台是一个顶尖的区块链多元化平台。

二、超级账本

超级账本和会计学里面的账簿并非一个概念,"超级账本(Hyperledger)"的成立是为了建立一个开源的企业级区块链技术平台,可以让开发者们专注地构建强大的、针对特定行业的技术平台以及软硬件系统,从而提高用于记录和验证交易的区块链技术,如图 6-1-1 所示。即所有技术人员都可以参与其中,共享代码来促进区块链技术应用落地。超级账本的区块链应用不仅涉及金融行业,还涵盖制造业、国际贸易、物联网等多种非金融行业,它能够以安全、有效的方式实现数字化资产、智能交易等多类型的交易,并易于追踪和审计。

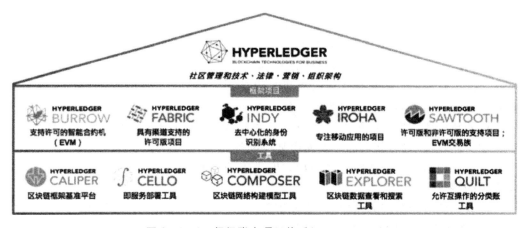

图 6-1-1　超级账本项目体系(Green House)

超级账本

如此实用先进的区块链平台受到不少青睐。"超级账本(Hyperledger)"成立后 2 个月就宣布有 30 名创始成员,包括荷兰银行、埃森哲、澳新银行、纽约梅隆银行、思科等。而根据"超级账本"官网显示,目前该组织的会员企业已经有 245 个。其中,至尊会员 18 个,百度、英特尔、思科均在其中;普通会员 184 个,包括蚂蚁金服、联想、华为、招商银行、民生银行等企业;准会员 43 个,浙江省区块链技术应用协会也在里面。此外,"超级账本(Hyperledger)"还收纳学术合作机构 20 个,包括北京大学、湖南大学、浙江大学、中山大学等中国高校。

超级账本由四个部分组成:数字化身份认证、策略服务、智能合约和区块链。数字化身份认证包括识别用户的注册身份和秘钥交易;策略服务用于管理植入协议,例如联盟规则和隐私保护协议等;智能合约服务负责将传统合约移植在区块链网络上,通过安全轻便的计算机语言运行;区块链服务则是通过点对点协议控制流向和连接请求,维护分布式账本。

超级账本在金融资产交易和供应链金融中都发挥了巨大的作用。超级账本通过在区块链网络上注册金融资产,实现了去中心化存储,网络上的利益相关者可以自由访问和发起点对点交易。交易过程不需要中心化的层层审核,可以在很短期限内快速解决,并且进行实时结算。交易双方还可以通过设置智能合约进行智能资产创建,并且将资产和交易的相关机密信息进行保密,实现私人财产的保护,并进行智能交易。

区块链技术应用于供应链行业,可以建立去中心化、去信任化的数据登记平台和交易系统,有助于减少不符合规则的乱象,便于监管并提高行业声誉。由于区块链的可追溯性,可以确保供应链中的每一步、商品的每一个部件都可以追溯到出处。

三、物联网

物联网的本质还是互联网,只不过终端不再是计算机(PC、服务器),而是嵌入式计算机系统及其配套的传感器。这是计算机科技发展的必然结果,为人类服务的计算机呈现出各种形态,如穿戴设备、环境监控设备、虚拟现实设备等等。只要有硬件或产品连上网,发生数据交互,就叫物联网。

物联网

物联网已经随着科技的飞速进步而日益成熟,在未来,万物互联将是必然的趋势。智能设备已经越来越多地出现在我们的周围,例如,家庭网络技术将智能家电、PC、安全系统、照明系统和广域网连接在一起,进行家庭安全警报,自动调控灯光、温度、背景音乐、门禁控制等智能操控功能。随着智能设备的指数级增长态势,物联网生态合作体系中的设备包括了从大型机械设备到微小的传感装置在内的庞大网络,我们可以将任何合同条款编辑为开源代码并通过区块链技术运行,条款的生效和数字资产的转移通过事件的触发自动执行。例如,将电脑控制的装置和数字加密货币连接在一起,付款之后就自动可以使用某项设备。

在日常生活中人们能够感受到物联网带来的便利,那么物联网在其他领域是如何应用的呢?

物联网的应用范围非常广泛,遍及智能家居、国家安防、医疗健康、贸易物流、农业监测、智能交通、智能电网、工业监测、环境保护、智慧城市等众多领域。根据 IDC 的报告我们可以看出,在未来四年之内,物联网的设备和市场规模都将有巨大突破,规模将分别突破 300 亿台设备和 3 万亿美元。在未来,地球上的几十亿人口和成百上千亿台机器设备可以连接在同一个网络上,区块链技术可以帮助物联网建立一个可不断拓展并且自由进出的网络,同时又通过共识机制和去中心化等特征保障了安全和保护隐私。

物联网的每一个设备都需要由两部分组成,第一个,也是必不可少的——互联网。任何一个物联网设备都离不开网络。第二个,是智能手机或移动设备,每个物联网设备都需要另外一个或多个设备相互交换数据才能确保其正常工作,这也是目前控制物联网设备的唯一方法。当您要使用智能手机控制物联网设备时,必须在手机上安装一个专门用于控制和管理设备的应用程序。

物联网通过多种渠道来嵌入设备共享数据,这些数据与数以亿计的设备和事物相互关联。例如现在大家基本上都会用到无线或蓝牙,这是目前最常用的无线网络技术。此外，还有一些电子设备通过 LTE 和卫星技术连接到物联网。

四、The DAO

The DAO(Decentralized Autonomous Organization)，是一种分布式的自治组织。分布式的自治组织是通过智能合约运行的实体。其金融交易和规则被编码在区块链上，有效地消除了对中心化的需求。因此，对它的描述为"分布式"和"自主的"。

通过智能合约运行说明 The DAO 是一串智能合约代码。The DAO 建立在以太坊之上，通过以太坊众筹而得的基金以数字加密货币以太币的形式存在于智能合约代码当中。该项目类似于一个风投基金，但是却没有人能单独动用这些钱，即使是参与众筹的人也不行。该组织没有政府和国家法律的约束，一切运行按照智能合约当中的代码运行。

The DAO 是如何进行众筹的呢？在创建期间，任何人都可以将以太币发送到一个指定的钱包地址，以换取 1—100 的 DAO Token。在创建期间，它取得意外的成功，成功地收集了当时价值约 1.5 亿美元以太币，使它成为当时有史以来最大的众筹。

从本质上讲，这个平台可以让任何有项目的人向社区宣传他们的想法和项目，并有可能从 The DAO 那里获得资金。任何有 DAO Token 的人都可以对投资计划进行投票。如果项目营利，就会得到回报。随着融资到位，一切都可顺利进行。

众筹不但吸引了投资者，同时也吸引了黑客的注意，The DAO 在开放融资窗口期间，一名黑客在编码上发现了漏洞，使得他可以从 The DAO 上抽走资金。在攻击的头几个小时，360 万个以太币被转出，在当时价值相当于 7 000 万美元，今天则达到了 21 亿美元。黑客达成了他想要的破坏，退出了攻击。

尽管黑客可以继续抽取资金，但是他并没有这样做，以太坊社区和团队很快就控制了局面，并提出了多项应对攻击的建议。这些资金被存入一个账户，有一个 28 天锁定期，黑客无法转走。为了退还损失的钱，以太坊通过硬分叉把被黑资金退还到原所有者的账户上。退还汇率是 1 ETH 兑 100 DAO，与首次公开发行时的汇率相同。硬分叉是将系统回滚，倒回被盗事件发生之前。虽然这些提案听起来都和区块链不可逆和安全的基本特征相违背，但可使众筹参与者最终找回他们的资金。

可见区块链技术还不够成熟，存在一定的风险。黑客的攻击意味着 The DAO 的终结，但也给大家提供了宝贵的教训与经验。区块链技术还是一项年轻的技术，在演变的过程中会遇到各种各样的问题，这些问题却也提醒着人们需要如何改进和优化解决方案。

任务二　理解区块链监管系统

一、区块链的监管与应对

建立有效的监管，目的是促进金融市场的透明性、效率性、确定性和稳定性，让开放自由的市场正常繁荣地运作。正是由于区块链技术具有去中心化、信任度高、追溯性强、自治度高等特点,才能够实现社会共同监管,代替了现实中需要某个中介机构作为担保的作用。

在区块链监管上,去中心化有三个特征:无明确领导、无法关闭、很难修改。

第一个特点是无明确领导,一旦出了什么事,你很难找到具体的负责人,这给监管带来了难度。第二个特点是无法关闭。有人形容区块链是一台一旦启动就无法停机的信用机器,例如比特币一旦启动之后,没有任何人能够明确地决定它如何发展,而且它本身是不可关闭的,因为它是基于 P2P 网络的,只要有一个人在运行的全节点,那么这个项目就继续存在,而要想把全世界范围内的全节点全关闭,基本上是不可能的。第三个特点是很难修改。比特币的发展是基于共识的,要修改规则是非常困难的,只有当大多数人接受的时候才能修改,而且要以硬分叉这种成本很大、风险很高的方式进行。正是以上几个特点使得区块链项目不同于传统的中心化项目,给政府和行业的监管造成了一定的困难。

区块链的监管与应对

应对监管中所面临的诸多挑战的策略:

以比特币为例,对于使用工作量证明机制(POW)的项目而言,因为它有很强的去中心化属性,没有具体的负责人、无法关闭而且也难以修改,所以可能无法从货币的供给端加以限制,人们可以从使用端、需求端加以限制。也就是说,人们可能无法阻止比特币的发行,但是可以从使用端着手。比如说对税收而言,人们可以要求所有接受比特币支付的商家,如期上报所有比特币的收支记录,或者干脆就由中央银行的某种数字软件,自动统计,自动缴税;比如从客户信息角度,在现实商业中,出于商业安全的角度考虑,一般都要求系统知道买卖双方的信息,虽然比特币本身是基于公私钥密码对,但是当你购买服务时,比如你买衣服时,你是在淘宝网站上购买,淘宝上有你的个人数据,也有你的快递信息,所以信息是能够核实的。简单来说,就是转变思路,虽然无法监管比特币,但是人们可以监管使用比特币的人和商家。

股权证明机制(POS)本身有着很多的优势,它环保、高效、转账时间快,手续费低等,而且它与当前传统金融里的股权模式最为接近,大众理解起来没有压力;传统的股权本质上就是一种股权证明机制,所以传统的关于金融领域的很多监管法规是可以直接适用的。

另外,区块链项目还有一些明显的特点,比如它直接就是全球化的,比如它的注册地可能在某个不知名的而且监管非常宽松的小国,而它的运营全是在线上的,同时它的投资人、持有者遍布全世界。这个时候出现两个特殊情况:一个是公司主体消失;一个是投资人国界分散。即没有法人主体,公司的税收就没法征收;投资人太分散,个人所得税的征收也存在困难;而且出现违法犯罪行为需要追责的时候,也无从追起。

这个时候最好的办法就是淡化法人概念,慢慢将监管由法人主体转成个人主体,无论是征税还是监管还是责任都得从个人的角度出发。对那种跨国项目,可以按照"谁融资谁负责,谁赢利谁交税"的原则。也就是说,一个区块链项目虽然业务范围在全球,但是必须得有人负责,大的原则就是谁融资谁就要负责到底。并且项目不管再怎么全球化,也必须有一个注册地,一定要严格遵守所在国家的法律,这样如果后期出现法律纠纷,才有法可依。而每一个参与项目的投资人,从投资当中获益的部分,在卖出时直接由交易所或者钱包代扣代缴税收,税收按投资人的国籍划分归属,因为虽然投资没有国界,但是投资人有国界,当然这需要交易所、钱包、商户等多个机构的配合。

二、四大会计师事务所布局

四大会计师事务所的区块链技术专家曾经举行了一场专门会议。与美国注册会计师协会会面，商讨建立会计行业的分类账联盟，并制定新的区块链标准。这必然推动区块链技术在会计领域的变革，他们都想要在这次竞争中保持领先的地位。

由于区块链的范围很广，需要集中精力和时间研究如何更好地使用它来构建实际应用程序，因此业务评估领域和相关的审计活动可能需要更多的时间进行更改，并受到区块链的影响。区块链的时代到来，不仅让审计得到进一步的发展，采用新的程序来处理与区块链环境相关的风险。同时，审计工作也要改变，以适应区块链发展的需求。且四大会计师事务所也早早地开始区块链领域的布局。

之前章节提到，区块链是一种"去中心化"的数据库，包括一张被称作"区块"的列表，其中每个区块都含有一个"时间戳"、一条与前一个区块的"链接"和交易数据。区块链也叫去中心化的分布式账簿。由此，可以总结区块链具有去中心化、开放性、自动化、匿名性这四大特点。结合这些特点，区块链中信息安全呈现出了不可比拟的天然优势，分布式存储更是有效降低了数据集中管理风险，使区块链技术在多个领域备受青睐。其中自然也包括财务领域。这也是区块链被四大会计师事务所青睐的原因。

（一）普华永道

在区块链的应用和解决方案方面，普华永道主要将重心放在审计板块，并在此多有沉淀。其中，具体有几项代表性事件：

（1）2016 年 8 月，该公司利用区块链技术发布新的细节验证概念系统，可为保险市场的实时审计提供帮助。

（2）2018 年 3 月，普华永道正式推出区块链审计服务，其可以允许企业提供对区块链技术使用情况的外部审查，从而确保他们正确使用区块链，并使员工能够监控公司的区块链交易。

（3）2018 年 5 月 4 日，普华永道收购了中国初创公司 VeChain 的少数股份。据报道，普华永道打算将 VeChain 的服务平台整合到其基础设施中，这将需要使用 VeChain 代币来访问和执行交易。通过建立一个透明的供应链来保护客户的品牌和产品，从而保证产品的真实性和可追溯性。

（二）德勤

德勤开展区块链相关业务紧随普华永道之后。

（1）2016 年 5 月，德勤推出了区块链解决方案 RubixCore，同时，在都柏林设立了第一个区块链实验室，以便与那些希望在不同国家推出区块链解决方案的国际组织合作。

（2）2017 年 5 月，德勤宣布其正式加入以太坊企业联盟和超级账本项目。

（3）2018 年 5 月 29 日，德勤公布一项重要研究，认为不研究区块链技术的企业"有落后的风险"，并预测区块链将成为"金融、制造业和消费行业的标准运营技术"。

（三）毕马威

毕马威区块链技术的起步阶段着眼于纯金融领域服务。

（1）2016 年 9 月，毕马威在微软的助力下推出了分布式账本服务，协助金融服务

☞ **特别提示：**

全球四大会计师事务所，简称"四大"，指的是：普华永道（PWC）、德勤（DTT）、毕马威（KPMG）、安永（EY）。

公司发挥区块链的潜力,使交易更快,更安全,并通过使用区块链技术降低成本。

(2)2018年10月16日,在新一届区块链领导层的带领下,毕马威决定"更新"区块链发展战略,开始将区块链业务向纯金融服务之外领域拓展。具体来说,是将重点放在跨境制造和供应链满足金融、关税、税收和合规性的应用方面。在毕马威看来,分布式账本的价值更存在于海关和贸易领域。

毕马威此次战略调整有两个原因:首先是海关业务的发展现状,如今跨境制造业交易和关税业务系统混杂交错,而大部分海关工作都是外包的。作为大企业、集团的企业税务顾问,毕马威深知海关业务的复杂性和痛点。

(3)2018年9月份,毕马威更换了新的区块链领导团队,新区块链领导团队倾向于税务和审计应用的合作。

(四)安永

该事务所在区块链运用的特点是技术运用范围广,涉及身份管理、交通、航运等多个领域。安永在区块链业务上虽然起步较晚,但发展较快。

(1)2017年安永成为首家接受比特币服务的咨询公司。自2017年初以来,安永瑞士公司的客户可以选择用比特币结算审计和咨询服务费用。

(2)2017年3月1日,安永为澳大利亚客户推出基于区块链技术的身份管理平台。该区块链身份ID平台是为了帮助客户更好地管理客户注册和验证,同时解决数据管理和隐私性中固有的挑战。

(3)2018年5月,安永与上海漕河泾新兴技术开发区共同启动安永漕河泾高增长企业成长中心项目,聚焦人工智能、创新医疗器械、物联网、区块链、机器人等深度科技项目。

总结一下,四大会计师事务所在区块链领域的战略布局主要经历了三个阶段,

第一阶段:合作结盟阶段。主要指与技术公司、科技巨头的结盟与合作。在这种模式下,"四大"等专业服务公司可以迅速掌握区块链的核心技术,技术公司则可以借助于"四大"庞大的客户网络,快速地开展区块链应用方面的研究。

第二阶段:提出解决方案阶段。在消化和吸收区块链技术之后,"四大"陆续推出了基于区块链技术的解决方案,并逐步加大了投资,组建团队、搭建技术实验室。

第三阶段为应用阶段,"四大"开始与客户合作应用区块链相关技术。"四大"之间在区块链技术应用上,也是有合作的。"四大"曾共同加入了由20家中国台湾银行组成的试点计划,测试区块链技术在财务审计中的应用,旨在将区块链技术运用于外部审计,从而简化审计流程,颠覆性地提高审计工作的效率。

三、审计职能

审计是一种经济监督活动,经过几百年的发展形成了一套完整的系统职能,以确保审计工作可以达成期望的目标,对被审企业的经济活动合法合规性和财务报表的真实公允性发表独立、客观、公正的看法。

之前学习的审计风险经典案例表明,由于失误的存在、技术的缺陷和人类的贪婪,审计的客观公正性总是面临着威胁。随着科技的发展进步,终于有一种技术——区块链,可以从技术层面解决信任问题。区块链的自身特征天然符合权益相关者对于审计的全部要求。

区块链审计职能具备的特性：

（一）独立性特征

独立性是审计工作得以进行的基础，审计机构必须为独立的专设机构，审计人员与被审公司没有经济利益和往来，审计机构和人员也需要保持职业道德上的独立性，从而做出客观、公正的判断。

区块链监管系统：审计职能

审计的独立性受着多方威胁，如自身利益、自我评价、过度推介、亲密关系和外在压力。自身利益可以来自经济利益，例如审计师拥有客户股份，审计师会希望客户的利润增长以推动股票价格上升。审计师利益也可以来自亲密关系，如商务合作伙伴关系或家庭及个人关系。

以上独立性的威胁都来自人为因素，在区块链系统当中，人为的干扰被降低到最小，一切以事先植入的算法协议自动运行。去中心化的系统要求全体成员共同维护，只要不超过 50％ 的节点被攻击，系统会一直稳定运行下去。而又由于区块链的不可篡改特征，使得事后的伪造和篡改无所遁形。基于算法自动运行的系统并不具有人类的情感特征，也不会受到亲密关系或外在压力的影响，即使是自我评价也能保持独立，能够公正地进行审阅。因此，区块链系统可以摆脱长久以来困扰着审计行业的独立性威胁，是比第三方独立审计机构更加独立的系统。

（二）正直性特征

审计的正直性要求审计人员能够诚实，直接处理审计工作中遇到的各种问题，看到了差错时不去隐瞒，也不会睁一只眼闭一只眼，坦白地表述出遇到的所有问题，而不是蒙混过关。不够正直也许是一种人性的缺点，那么摒弃了人性的区块链在处理问题时则是绝对正直的。虚假贸易和差错会被节点所拒绝，从而导致交易失败，即使是侥幸逃脱，也将由于区块链的不可篡改性而永久地保存在记录当中。

（三）客观性特征

审计人员应该以客观事实为凭证，并且仅以客观事实为依据。审计工作应该避免偏见、利益冲突和不当影响。区块链系统可以根据事先植入的算法进行智能运行，只要保持了算法的客观性，就可以保证后续处理的客观性，人为的不正当干预不会起到影响。人的专业能力会有偏差，人为工作能力也有一定的局限性，会产生误差和错误。基于机器算法的区块链系统杜绝了人为的失误，突破了人类工作的局限，只要将立法和会计准则的发展随时以植入协议的方式加在区块链的协议层，保持系统的更新，严谨的算法可以将失误的概率减小到最低。

（四）保密性特征

审计的保密性分为人为泄露和被攻击泄露两种。区块链一方面杜绝了人为泄露秘密的可能性，一方面由于加密算法和数字签名技术而产生的去信任化，区块链节点中的交易可以不用揭露很多自身信息就可以取得双方信任从而完成交易。区块链的匿名性使得企业隐私更加受到保护。

（五）专业行为特征

审计人员需要行为专业，合法合规，不能破坏专业信誉。例如，审计机构在推介自己专业服务的同时，不能诋毁或贬低其他机构，只能推介自己擅长的专业服务，不应该批评其他专业人士。审计人员的专业行为仍然受到个人性格的主观影响，由于区块链的客观性，在专业行为方面可以比审计机构更加值得信赖。

任务三　了解数字货币

一、莱特币

(一) 不同于比特币的莱特币

在现实生活中,有超过 3 000 种加密货币,而且一直有更多的加密货币出现。其中莱特币是主流的加密货币之一。在比特币诞生几年后,莱特币也诞生了。莱特币是一种类似于区块链的技术,但是它与比特币有何不同呢?

2009 年,由于比特币的代码是开源的,这意味着它可以被任何人修改并自由地用于其他项目。许多加密货币已经推出了此代码的修改版本,并取得了不同程度的成功。2011 年,莱特币宣布,目标成为比特币"黄金"。两个密码可能看起来相似,但它们在市场接受度和技术机制方面实际上是截然不同的。

当它在 2009 年推出时,比特币交易大约需要 10 分钟才能完成。由于网络规模和比特币区块链的增长,今天的交易可能需要 30 分钟,在极端情况下,需要超过 24 小时。莱特币旨在解决的另一个问题是采矿"军备竞赛"。挖掘——创建新比特币和莱特币的过程——涉及使用计算机处理能力来运行复杂算法,在区块链上创建新块。一旦比特币开始以美元等"真实"货币进行交易,比特币采矿业将迅速演变为"军备竞赛",因为矿工们越来越多地将处理能力投入创造硬币中。

(二) 莱特币相对于比特币的优势

1. 公众接受程度——比特币更受欢迎

比特币在市场的知名度和接受度明显比莱特币要高,在市场上比莱特币要高得多,比特币的压倒性优势使其成为加密投资界的明显选择。由于密码被视为具有内在风险,因此比特币具有极高的市值,因此似乎相对稳定。

2. 莱特币可以容纳更多的硬币数额

比特币和莱特币之间的关键区别在于每种加密货币能够产生的硬币总数。比特币网络不能超过 2 100 万个硬币,但莱特币最多可以达到 8 400 万个硬币。虽然这似乎有利于莱特币,但他们的货币和比特币的价值可以分为极小的数额。但对于一些喜欢在整个单元而不是单元中完成交易的用户来说,莱特币可能是一个更具吸引力的选择。莱特币和比特币都有一个特定的钱币限额,并且在采矿过程中发现区块的金额会被奖励。比特币的上限是 2 100 万枚,莱特币的上限是 8 400 万枚。一旦加密货币达到这些硬币的限制,就不会有新的货币被释放到系统中。

3. 莱特币具有更快的事务处理速度

莱特币确认交易比比特币更快。由于更快的生成,莱特币可以处理更多的交易。如果比特币试图与此匹配,则需要对比特币网络上的每个人当前正在运行的代码进行更新。比特币交易至少需要等待 10 分钟才能进行一次比特币确认。

4. 加密算法与技术

这些不同的脚本值得注意,因为它们影响了新硬币开采过程。莱特币和比特币都需要大量的计算能力才能确认交易。SHA256 被认为比 Scrypt 更复杂,但同时它

☞ 特别提示:
莱特币由前谷歌工程师 Charlie Lee 于 2011 年创建。目的是创建一种基于区块链的货币,这将解决比特币固有的一些问题,特别是传输速度慢。

☞ 特别提示:
比特币和莱特币之间最大的技术差异在于他们使用的不同加密算法。比特币使用 SHA256 算法,而 Litecoin 使用 Scrypt。

允许更多的并行处理。这意味着比特币矿工现在能够使用更先进的方法来开采硬币。但这也意味着普通用户难以进行比特币挖掘。

5. 挖矿差异

就像比特币一样,莱特币是一种由采矿产生的加密货币。莱特币由前谷歌工程师 Charles Lee 于 2011 年 10 月创建。其创建背后的动机是改进比特币。最终用户的关键差异是 2.5 分钟时间产生一块莱特币,而不是比特币的 10 分钟一块。

二、瑞波币

查看近年来的加密货币市值排行榜,会发现,每年都有不少"新面孔"进入前十,但能多年稳居前十的币种屈指可数,瑞波币是其中之一。

关于瑞波币,大部分人的印象可能只停留在"市值第三""跨境支付"两个标签上,并没有真正深入了解过。大部分业内人士都不太了解该币种,为什么瑞波币能长期稳居市值前十? 它到底解决了什么问题呢?

每一个币种都有各自肩负的使命:比特币要做"点对点的电子现金系统",取代银行和信任中介;以太坊要打造成一个运行智能合约的去中心化平台;企业操作系统(EOS)想做高性能、可大规模商用的底层公链;莱特币致力于成为小额支付工具。瑞波币的使命,是给用户顺畅的全球支付体验。

说到全球支付,因为牵涉到跨境,往往流程手续繁琐,转账速度缓慢,交易费用高昂。目前,在跨境支付方面最常用的是 1974 年推出的 SWIFT 国际结算系统。该系统为传统的银行机构结算提供了安全、可靠、快捷、标准化、自动化的通讯业务,从而大大提高了结算速度。然而,随着时代的快速发展,3～5 个工作日、高额的手续费以及跨境支付牵涉各种材料证明和漫长的审核流程,让 SWIFT 国际结算系统已经无法满足现代企业和个人在跨境支付方面的需求。

2012 年,OpenCoin 公司推出瑞波项目,想让瑞波币成为金融机构用来解决全球跨境支付的"中间桥接货币",以构建转账更便捷、成本更低廉的全球支付网络。瑞波币之所以能长期稳居市值前十,由于瑞波的主要目标是打造跨境支付网络,而不是挑战现有的法币体系,所以很多银行、金融机构、政府机构愿意参与到瑞波的网络中,通过瑞波网络更好地解决跨境支付方面的业务需求。

任务四　了解区块链技术的价值及远景

一、解放数据生产力

2020 年 4 月,中共中央、国务院发布《关于构建更加完善的要素市场化配置体制机制的意见》,将数据作为一种新型生产要素写入文件,首次将数据与土地、劳动力、资本以及技术要素相提并论,并强调要加快培育数据要素市场,探索建立统一的数据标准规范,支持构建多领域数据开发利用共享场景,全面提升数据要素价值。2020年 10 月,全国人大法工委公开就《中华人民共和国个人信息保护法(草案)》征求意见,强调在现行法律基础上制定出台专门法律,增强法律规范的系统性、针对性和可操作性,在个人信息保护方面形成更加完备的制度、提供更加有力的法律保障。2021年6月,全国人大常委会公布《数据安全法》,要求采取必要措施,保障数据得到有效保护和合法利用。这一系列的文件具有提纲挈领的意义,标志着我国将高度重视数据要素市场建设。

事实上,数据要素有别于过去我们所看到的一些生产要素,本身具备一些比较独特的特性。第一,分散性非常明确,数据往往由很多的个人或者机构拥有;第二,数据价值只有聚合起来才能发挥价值;第三,数据要素具备非竞争性,难以实现排他,确权也会比较困难,同时又存在非常强的易复制性。这些特性导致数据要素存在产权难以界定、容易形成数据孤岛、不易评估以及发挥聚合价值、容易泄露、容易盗用、容易滥用以及难以追踪等挑战。

相应地,未来如果要解放数据要素的生产力,就需要解决三个非常核心的问题:一是需要提供安全存储的解决方案,二是要提供一些可信传输的手段,三是需要提供一个协同生产的机制。

因此,区块链的重要趋势和使命之一,就是如何通过对自身技术能力的挖掘和发挥,以及如何与其他前沿科技进行深度融合,以便能够有效攻克以上三个数据要素需要突破的问题,实现数据要素的产权可以被界定,价值可以被存储,同时这些价值也能够被评估,以及可以有效地流通,最终真正能够实现数据生产力的全面解放。

二、实现跨界融合发展

新冠疫情发生之后,非接触式服务愈加普及,数字化的进程不断加速,几乎每个人都能切身感受到全面数字化的时代已经来临。而如果进一步分析各个行业领域的数字化程度,不难发现,居民衣食住行等生活消费领域和金融服务领域的数字化程度已经成熟,而包括第一第二产业与公共部门在内的产业领域的数字化进程还有大幅提升的空间。因此,产业互联网与产业数字化成了当下最重要的发展机遇。

从根本上看,产业数字化的核心是要完成从产业世界和物理世界到数字世界的映射,构建起基于数据驱动的商业模式。在这个方向上,区块链不仅有助于让"数据"这个新生产要素更合理地流动和配置,同样也是"产业数字化"破题的关键。

首先,区块链技术给产业互联网的发展引进了新的工具与路径,区块链的价值在于通过传递信任,消除中间机构、信息共享与交易核对的复杂性来优化业务流程、提高运营和协同效率,从而实现成本的降低。

其次,各产业的数字化升级亦给区块链技术的落地带来了巨大的机遇,随着技术的不断发展,区块链将更好地融入实体经济,区块链的价值也有望从降低成本逐步转变为商业模型的升级以及收入结构的创新。一方面,区块链能够把泛产业中的物理世界和数字世界连接起来,这不仅仅是简单的信息、物品数字化的过程,而是有密码学算法保证了数据之间、数据和实体之间的可信对应,达到可信确权的目标。另一方面,区块链还可以在实体之间进行价值传输和共享协作,实现更深层次、更广领域的信任传递。

更进一步地,从产业数字化发展所需要的金融支持角度来看,产业区块链应用的普及,还有望促进金融与产业的跨界融合发展,实现金融支持实体产业经济的无限可能。过去,以互联网为销售渠道,金融与互联网进行了浅层跨界融合;预计未来,金融或将与其他产业进行更多的跨界融合、互联。其他产业自身的升级、互联网化数字化需要金融信息化助力,从而可以产生新的金融服务需求。而金融业数字化和信息化水平比较靠前,通过深度合作,亦可以拉动提高其他产业的数字化和信息化水平,反过来带来更多的金融创新产品机会。

三、加速资产数字化进程

全球金融行动特别工作组(FATF)发布了关于稳定币和虚拟资产的重要指引,强调大型全球稳定币可能会导致虚拟资产生态系统发生变化,造成较大的洗钱风险。经过多个监管机构质疑后,相关协会也改变了定位,表示将锚定单一法币的稳定币,并放弃向无许可公有链系统的过渡计划。与此同时,海南省工业和信息化厅发布政策表示支持龙头企业探索数字资产交易平台建设,推动数字资产相关业态在海南先行先试。

一系列的事件与动态表明,单一的数字资产或因资产锚难以明确,以至于存在较多的灰色空间与权责争议,未来面临的监管也将趋严,而原本有价值的资产的数字化反而是政府部门鼓励推进落地的对象。

伴随产业区块链和资产数字化的发展,预计未来数字经济中的服务、产品、资产等大多将以数字形式或区块链方式来承载,那么数字人民币作为数字化的法定货币将有机会成为数字资产最佳的资金结算工具,进而成为数字经济的关键金融基础设施。

四、拥抱分布式商业

在"新全球化""双循环"等新形势下,过去几十年被印证可行的众多商业模式都面临着巨大挑战。与此同时,全球各国的货币与财政政策迎来前所未有的宽松,中国也正在加大深化改革开放的力度,积极释放制度红利,各个产业亦加快了自身的数字化转型升级,不难预见,引领下一个十年或更长时间的新范式正在酝酿之中。"永远不要浪费一场好危机",洞见并把握当下危中之机,才能在新的范式下立于不败之地。

信任是商业的基础。在众多的挑战中,最值得关注的一点是疫情和贸易摩擦加剧了信任危机的发酵,这也提醒我们换一个角度来思考商业模式的发展路径。在过去的很长时期内,尽管法律、监管、协议等正式制度的出现有效降低了交易成本,但社会成员间的一般性信任等非正式制度依然在经济生活中扮演着重要作用。而当技术的发展水平仍不足以弥合信息的不对称带来的信任问题时,商业信任的建立较为困难,商业主体往往只能选择中心、权威、集中式的信任机制,甚至只能选择信任"自己",这也助长了集中式商业的发展路径。

通过区块链和分布式账本技术,还可以实现信息或信任的可信传输,从而进行更深层次、更广领域的信任传递。因此,在这种新型的信任机制和信任传递能力之下,多方参与、共享资源、跨越国界协作的分布式商业模式便具备了现实基础,成为新的商业路径选择。分布式商业模式通过松散耦合、自下而上、智能协同等能力或特征,可以加强商业韧性,提升全局的响应速度、迭代速度和应变能力,进而降低风险与成本。的确,数字科技推动了信任机制的变革,为分布式商业提供了坚实的技术基础和机制基础。同时,信任的普惠化重新定义了我们的商业边界并助力商业不断创新,从而加速了分布式商业的不断发展。

练习题 ··+·

一、填空题

1. 超级账本由四个部分组成：数字化身份认证、策略服务、_____和
_____。

2. 物联网的每一个设备都需要由两部分组成，第一个，也是必不可少的
_____；第二个，是智能手机或移动设备。

3. The DAO 建立在_____之上，通过以太坊众筹而得的基金以数字加密货币
以太币的形式存于智能合约代码当中。

4. 全球四大会计师事务所，简称"四大"，指的是_____、德勤（DTT）、毕马威
（KPMG）、安永（EY）。

5. 区块链审计职能的五个特征，分别是_____、正直性、_____、保密性专业
行为特征。

二、判断题

1. 超级账本中的智能合约用于管理植入协议，例如联盟规则和隐私保护协议等。
（　　）

2. 从本质上讲，The DAO 这个平台可以让任何有项目的人向社区宣传他们的想
法和项目，并有可能从 The DAO 那里获得资金。　　　　　　　　　（　　）

3. 在区块链监管上，去中心化有三个特征：无明确领导、可以关闭、很难修改。
（　　）

4. 去中心化的系统要求全体成员共同维护，只要被攻击的节点不超过 50%，系
统就会一直稳定运行下去。　　　　　　　　　　　　　　　　　　（　　）

5. 比特币和莱特币之间的关键区别在于每种加密货币能够产生的硬币总数。
（　　）

三、名词解释

1. 超级账本
2. 物联网
3. 莱特币

主要参考文献

［1］黄尹旭.区块链应用技术的金融市场基础设施之治理——以数字货币为例［J］.东方法学,2020(05)：56－65.

［2］鲁钊阳,张珂瑞.金融科技研究进展与评析［J］.金融理论与实践,2020(08)：34－42.

［3］朱兴雄,何清素,郭善琪.区块链技术在供应链金融中的应用［J］.中国流通经济,2018,32(03)：111－119.

［4］许闲.区块链与保险创新：机制、前景与挑战［J］.保险研究,2017(05)：43－52.

［5］庄雷,赵成国.区块链技术创新下数字货币的演化研究：理论与框架［J］.经济学家,2017(05)：76－83.

［6］张荣.区块链金融：结构分析与前景展望［J］.南方金融,2017(02)：57－63.

［7］巴曙松,白海峰.金融科技的发展历程与核心技术应用场景探索［J］.清华金融评论,2016(11)：99－103.

［8］李政道,任晓聪.区块链对互联网金融的影响探析及未来展望［J］.技术经济与管理研究,2016(10)：75－78.

［9］刘振友.区块链金融：未来金融的核心竞争力［M］.北京：文化发展出版社,2018：1－250.

［10］余丰慧.金融科技：大数据、区块链和人工智能的应用与未来［M］.杭州：浙江大学出版社,2018：1－228.

［11］华为区块链技术开发团队.区块链技术及应用［M］.北京：清华大学出版社,2019：1－219.

［12］如是金融研究院.区块链：数字经济时代的机遇和风险［M］.北京：人民出版社,2019：1－222.

软件授权提货单

学校和院系名称：_____ （需院系盖章）

学校联系人：_____ 联系方式：_____

感谢贵校使用 陈俊金 等编写的《区块链金融》(978-7-04-057702-0)。为便于学校统一组织教学，学校可凭本提货单向北京知链科技有限公司（简称"北京知链"）免费申请体验《区块链金融创新实训平台软件》（以学校为单位申请免费体验1次、允许60个学生同时使用，开通账号之日起免费120天体验期）。

提货方式：

1. 详细填写本提货单第一行学校和院系名称（院系盖章）及相关信息；

2. 把本提货单传真或拍照发给高等教育出版社相关业务部门审核（联系方式见下），

   获取提货单号；

3. 凭完整的提货单号和院系名称，向北京知链申请试用；

4. 本提货单最终解释权归北京知链所有。

高等教育出版社联系方式：

手机：13761157915   座机：021-56718737

传真：021-56718517   QQ：122803063

北京知链联系方式：

手机：18516961510   QQ：275435653

北京知链科技有限公司

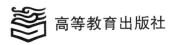 高等教育出版社

仅限教师索取

教学资源索取单

尊敬的老师：

您好！感谢您使用**陈俊金**等编写的**《区块链金融》**。

为便于教学，我社教材多配有课程相关教学资源，如贵校已选用了本书，您只要加入以下教师论坛 QQ 群，或者关注微信公众号"高职财经教学研究"，或者把下表中的相关信息以电子邮件方式发至我社即可免费获得。

我们的联系方式：

财经基础课 QQ 群：374014299

微信公众号：高职财经教学研究

联系电话：(021)56961310/56718921　　电子邮箱：800078148@b.qq.com

服务 QQ：800078148（教学资源）

姓　　名		性别		出生年月		专　　业	
学　　校			学院、系			教研室	
学校地址						邮　　编	
职　　务			职　　称			办公电话	
E-mail						手　　机	
通信地址						邮　　编	
本书使用情况	用于_____学时教学，每学年使用_____册。						

您还希望从我社获得哪些服务？

☐ 教师培训　　　　☐ 教学研讨活动

☐ 寄送样书　　　　☐ 相关图书出版信息

☐ 其他_____